个人信息保护
法规汇编

法律出版社法规中心 编

北京

图书在版编目（CIP）数据

最新个人信息保护法规汇编／法律出版社法规中心编．－－2 版．－－北京：法律出版社，2025．－－ISBN 978－7－5197－9801－7

Ⅰ．D923.7

中国国家版本馆 CIP 数据核字第 20241LB668 号

最新个人信息保护法规汇编
ZUIXIN GEREN XINXI BAOHU
FAGUI HUIBIAN

法律出版社法规中心 编

责任编辑 董　昱
装帧设计 李　瞻

出版发行 法律出版社	开本 A5
编辑统筹 法规出版分社	印张 8.375　　字数 274 千
责任校对 张红蕊	版本 2025 年 1 月第 2 版
责任印制 耿润瑜	印次 2025 年 1 月第 1 次印刷
经　　销 新华书店	印刷 北京中科印刷有限公司

地址：北京市丰台区莲花池西里 7 号（100073）
网址：www.lawpress.com.cn　　　　销售电话：010－83938349
投稿邮箱：info@lawpress.com.cn　　客服电话：010－83938350
举报盗版邮箱：jbwq@lawpress.com.cn　咨询电话：010－63939796
版权所有·侵权必究

书号：ISBN 978－7－5197－9801－7　　　定价：30.00 元

凡购买本社图书，如有印装错误，我社负责退换。电话：010－83938349

目 录

一、法 律

中华人民共和国宪法(节录)(2018.3.11 修正) …………（ 1 ）
中华人民共和国个人信息保护法(2021.8.20)……………（ 2 ）
中华人民共和国民法典(节录)(2020.5.28)………………（ 15 ）
中华人民共和国刑法(节录)(2020.12.26 修正)…………（ 18 ）
中华人民共和国数据安全法(2021.6.10)…………………（ 19 ）
中华人民共和国网络安全法(2016.11.7)…………………（ 27 ）
中华人民共和国电子商务法(2018.8.31)…………………（ 41 ）
中华人民共和国反电信网络诈骗法(节录)(2022.9.2)…（ 55 ）
中华人民共和国消费者权益保护法(节录)(2013.10.25 修正)…（ 56 ）
中华人民共和国未成年人保护法(节录)(2024.4.26 修正) ………（ 58 ）
全国人民代表大会常务委员会关于加强网络信息保护的决定(2012.12.28)…………………………………………（ 59 ）
全国人民代表大会常务委员会关于维护互联网安全的决定(2009.8.27 修正)……………………………………（ 61 ）

二、行政法规

中华人民共和国计算机信息系统安全保护条例(2011.1.8 修订)……（ 64 ）
征信业管理条例(2013.1.21)………………………………（ 67 ）
关键信息基础设施安全保护条例(2021.7.30)……………（ 75 ）

互联网信息服务管理办法(2024.12.6 修订) ……………………（ 83 ）
互联网上网服务营业场所管理条例(2024.12.6 修订) …………（ 87 ）
未成年人网络保护条例(2023.10.16) ……………………………（ 95 ）
网络数据安全管理条例(2024.9.24) ……………………………（105）

三、司法解释

民事案件案由规定（节录）(2020.12.14 修正) …………………（118）
最高人民法院关于审理利用信息网络侵害人身权益民事纠纷案件
　适用法律若干问题的规定(2020.12.29 修正) ………………（119）
最高人民法院关于审理使用人脸识别技术处理个人信息相关民事
　案件适用法律若干问题的规定(2021.7.27) …………………（122）
最高人民法院、最高人民检察院关于办理侵犯公民个人信息刑事
　案件适用法律若干问题的解释(2017.5.8) ……………………（126）
最高人民法院、最高人民检察院关于办理非法利用信息网络、帮助
　信息网络犯罪活动等刑事案件适用法律若干问题的解释
　(2019.10.21) ……………………………………………………（129）
最高人民法院、最高人民检察院、公安部关于依法惩处侵害公民个
　人信息犯罪活动的通知(2013.4.23) …………………………（134）

四、部门规章

电信和互联网用户个人信息保护规定(2013.7.16) ……………（137）
儿童个人信息网络保护规定(2019.8.22) ………………………（141）
汽车数据安全管理若干规定（试行）(2021.8.16) ………………（144）
网络交易监督管理办法(2021.3.15) ……………………………（148）
规范互联网信息服务市场秩序若干规定(2011.12.29) …………（158）
互联网新闻信息服务管理规定(2017.5.2) ………………………（162）
侵害消费者权益行为处罚办法（节录）(2020.10.23 修订) ……（167）

个人信息出境标准合同办法(2023.2.22)……………… (168)

五、规范性文件

常见类型移动互联网应用程序必要个人信息范围规定(2021.3.
　12)…………………………………………………………… (171)
App 违法违规收集使用个人信息行为认定方法(2019.11.28) …… (176)
个人信用信息基础数据库管理暂行办法(2005.8.18)…………… (179)
互联网个人信息安全保护指南(2019.4.10)……………………… (184)
移动互联网应用程序信息服务管理规定(2022.6.14)…………… (200)
即时通信工具公众信息服务发展管理暂行规定(2014.8.7) ……… (204)
互联网用户账号信息管理规定(2022.6.27)……………………… (206)
互联网信息搜索服务管理规定(2016.6.25)……………………… (210)
互联网直播服务管理规定(2016.11.4)…………………………… (211)
寄递服务用户个人信息安全管理规定(2023.2.13)……………… (214)

附　　录

最高人民法院指导性案例
指导性案例 192 号:李某祥侵犯公民个人信息刑事附带民事公益
　诉讼案 ……………………………………………………… (218)
指导性案例 193 号:闻某等侵犯公民个人信息案 ……………… (221)
指导性案例 194 号:熊某恒等侵犯公民个人信息案 …………… (224)
指导性案例 195 号:罗某君、瞿某珍侵犯公民个人信息刑事附带民
　事公益诉讼案 ……………………………………………… (227)
最高人民检察院典型案例
关于印发检察机关依法惩治侵犯公民个人信息犯罪典型案例的通
　知(2022.12.2)……………………………………………… (229)

其他案例

民法典颁布后人格权司法保护典型民事案例(节录) ………………（242）
人民法院贯彻实施民法典典型案例(第二批)(节录) ……………（243）
个人信息保护检察公益诉讼典型案例 ………………………………（245）

动态增补二维码*

---

* 鉴于本书出版后至下一版本出版前不免有新文件发布或失效文件更新，为了方便广大读者及时获取个人信息保护领域的新法律文件，本书推出动态增补服务。读者可扫描"动态增补二维码"，查看、阅读本书出版后一段时间内更新的或新发布的法律文件。

一、法　律

中华人民共和国宪法（节录）

1. 1982年12月4日第五届全国人民代表大会第五次会议通过
2. 1982年12月4日全国人民代表大会公告公布施行
3. 根据1988年4月12日第七届全国人民代表大会第一次会议通过的《中华人民共和国宪法修正案》、1993年3月29日第八届全国人民代表大会第一次会议通过的《中华人民共和国宪法修正案》、1999年3月15日第九届全国人民代表大会第二次会议通过的《中华人民共和国宪法修正案》、2004年3月14日第十届全国人民代表大会第二次会议通过的《中华人民共和国宪法修正案》和2018年3月11日第十三届全国人民代表大会第一次会议通过的《中华人民共和国宪法修正案》修正

第三十三条　【公民资格及其平等权】[①]凡具有中华人民共和国国籍的人都是中华人民共和国公民。

中华人民共和国公民在法律面前一律平等。

国家尊重和保障人权。

任何公民享有宪法和法律规定的权利，同时必须履行宪法和法律规定的义务。

第三十八条　【人格尊严权】中华人民共和国公民的人格尊严不受侵犯。禁止用任何方法对公民进行侮辱、诽谤和诬告陷害。

第四十条　【通信自由和秘密权】中华人民共和国公民的通信自由和通信秘密受法律的保护。除因国家安全或者追查刑事犯罪的需要，由公安机关或者检察机关依照法律规定的程序对通信进行检查外，任何组织或者个人不得以任何理由侵犯公民的通信自由和通信秘密。

---

① 条文主旨为编者所加，下同。

中华人民共和国个人信息保护法

1. 2021 年 8 月 20 日第十三届全国人民代表大会常务委员会第三十次会议通过
2. 2021 年 8 月 20 日中华人民共和国主席令第 91 号公布
3. 自 2021 年 11 月 1 日起施行

目　　录

第一章　总　　则
第二章　个人信息处理规则
　第一节　一般规定
　第二节　敏感个人信息的处理规则
　第三节　国家机关处理个人信息的特别规定
第三章　个人信息跨境提供的规则
第四章　个人在个人信息处理活动中的权利
第五章　个人信息处理者的义务
第六章　履行个人信息保护职责的部门
第七章　法律责任
第八章　附　　则

第一章　总　　则

第一条　【立法目的】为了保护个人信息权益,规范个人信息处理活动,促进个人信息合理利用,根据宪法,制定本法。

第二条　【个人信息受法律保护】自然人的个人信息受法律保护,任何组织、个人不得侵害自然人的个人信息权益。

第三条　【适用范围】在中华人民共和国境内处理自然人个人信息的活动,适用本法。

　　在中华人民共和国境外处理中华人民共和国境内自然人个人信息的活动,有下列情形之一的,也适用本法:

　　(一)以向境内自然人提供产品或者服务为目的;

　　(二)分析、评估境内自然人的行为;

(三)法律、行政法规规定的其他情形。

第四条 【个人信息与个人信息处理】个人信息是以电子或者其他方式记录的与已识别或者可识别的自然人有关的各种信息,不包括匿名化处理后的信息。

个人信息的处理包括个人信息的收集、存储、使用、加工、传输、提供、公开、删除等。

第五条 【合法、正当、必要、诚信原则】处理个人信息应当遵循合法、正当、必要和诚信原则,不得通过误导、欺诈、胁迫等方式处理个人信息。

第六条 【目的明确与最小化原则】处理个人信息应当具有明确、合理的目的,并应当与处理目的直接相关,采取对个人权益影响最小的方式。

收集个人信息,应当限于实现处理目的的最小范围,不得过度收集个人信息。

第七条 【公开透明原则】处理个人信息应当遵循公开、透明原则,公开个人信息处理规则,明示处理的目的、方式和范围。

第八条 【信息质量原则】处理个人信息应当保证个人信息的质量,避免因个人信息不准确、不完整对个人权益造成不利影响。

第九条 【安全责任原则】个人信息处理者应当对其个人信息处理活动负责,并采取必要措施保障所处理的个人信息的安全。

第十条 【依法处理原则】任何组织、个人不得非法收集、使用、加工、传输他人个人信息,不得非法买卖、提供或者公开他人个人信息;不得从事危害国家安全、公共利益的个人信息处理活动。

第十一条 【国家关于个人信息保护的职能】国家建立健全个人信息保护制度,预防和惩治侵害个人信息权益的行为,加强个人信息保护宣传教育,推动形成政府、企业、相关社会组织、公众共同参与个人信息保护的良好环境。

第十二条 【国际合作】国家积极参与个人信息保护国际规则的制定,促进个人信息保护方面的国际交流与合作,推动与其他国家、地区、国际组织之间的个人信息保护规则、标准等互认。

第二章 个人信息处理规则

第一节 一般规定

第十三条 【处理个人信息的情形】符合下列情形之一的,个人信息处理者方可处理个人信息：

（一）取得个人的同意；

（二）为订立、履行个人作为一方当事人的合同所必需，或者按照依法制定的劳动规章制度和依法签订的集体合同实施人力资源管理所必需；

（三）为履行法定职责或者法定义务所必需；

（四）为应对突发公共卫生事件，或者紧急情况下为保护自然人的生命健康和财产安全所必需；

（五）为公共利益实施新闻报道、舆论监督等行为，在合理的范围内处理个人信息；

（六）依照本法规定在合理的范围内处理个人自行公开或者其他已经合法公开的个人信息；

（七）法律、行政法规规定的其他情形。

依照本法其他有关规定，处理个人信息应当取得个人同意，但是有前款第二项至第七项规定情形的，不需取得个人同意。

第十四条 【知情同意规则】基于个人同意处理个人信息的，该同意应当由个人在充分知情的前提下自愿、明确作出。法律、行政法规规定处理个人信息应当取得个人单独同意或者书面同意的，从其规定。

个人信息的处理目的、处理方式和处理的个人信息种类发生变更的，应当重新取得个人同意。

第十五条 【个人有权撤回同意】基于个人同意处理个人信息的，个人有权撤回其同意。个人信息处理者应当提供便捷的撤回同意的方式。

个人撤回同意，不影响撤回前基于个人同意已进行的个人信息处理活动的效力。

第十六条 【不同意不影响使用产品和服务】个人信息处理者不得以个人不同意处理其个人信息或者撤回同意为由，拒绝提供产品或者服务；处理个人信息属于提供产品或者服务所必需的除外。

第十七条 【应当告知的事项】个人信息处理者在处理个人信息前，应当以显著方式、清晰易懂的语言真实、准确、完整地向个人告知下列事项：

（一）个人信息处理者的名称或者姓名和联系方式；

（二）个人信息的处理目的、处理方式，处理的个人信息种类、保存期限；

(三)个人行使本法规定权利的方式和程序;

(四)法律、行政法规规定应当告知的其他事项。

前款规定事项发生变更的,应当将变更部分告知个人。

个人信息处理者通过制定个人信息处理规则的方式告知第一款规定事项的,处理规则应当公开,并且便于查阅和保存。

第十八条　【应当告知的例外情形】个人信息处理者处理个人信息,有法律、行政法规规定应当保密或者不需要告知的情形的,可以不向个人告知前条第一款规定的事项。

紧急情况下为保护自然人的生命健康和财产安全无法及时向个人告知的,个人信息处理者应当在紧急情况消除后及时告知。

第十九条　【个人信息的保存期限】除法律、行政法规另有规定外,个人信息的保存期限应当为实现处理目的所必要的最短时间。

第二十条　【合作处理个人信息】两个以上的个人信息处理者共同决定个人信息的处理目的和处理方式的,应当约定各自的权利和义务。但是,该约定不影响个人向其中任何一个个人信息处理者要求行使本法规定的权利。

个人信息处理者共同处理个人信息,侵害个人信息权益造成损害的,应当依法承担连带责任。

第二十一条　【委托处理个人信息】个人信息处理者委托处理个人信息的,应当与受托人约定委托处理的目的、期限、处理方式、个人信息的种类、保护措施以及双方的权利和义务等,并对受托人的个人信息处理活动进行监督。

受托人应当按照约定处理个人信息,不得超出约定的处理目的、处理方式等处理个人信息;委托合同不生效、无效、被撤销或者终止的,受托人应当将个人信息返还个人信息处理者或者予以删除,不得保留。

未经个人信息处理者同意,受托人不得转委托他人处理个人信息。

第二十二条　【组织机构变更对个人信息处理的影响】个人信息处理者因合并、分立、解散、被宣告破产等原因需要转移个人信息的,应当向个人告知接收方的名称或者姓名和联系方式。接收方应当继续履行个人信息处理者的义务。接收方变更原先的处理目的、处理方式的,应当依照本法规定重新取得个人同意。

第二十三条　【个人信息处理者对外提供个人信息】个人信息处理者向其

他个人信息处理者提供其处理的个人信息的,应当向个人告知接收方的名称或者姓名、联系方式、处理目的、处理方式和个人信息的种类,并取得个人的单独同意。接收方应当在上述处理目的、处理方式和个人信息的种类等范围内处理个人信息。接收方变更原先的处理目的、处理方式的,应当依照本法规定重新取得个人同意。

第二十四条 【利用个人信息进行自动化决策】个人信息处理者利用个人信息进行自动化决策,应当保证决策的透明度和结果公平、公正,不得对个人在交易价格等交易条件上实行不合理的差别待遇。

通过自动化决策方式向个人进行信息推送、商业营销,应当同时提供不针对其个人特征的选项,或者向个人提供便捷的拒绝方式。

通过自动化决策方式作出对个人权益有重大影响的决定,个人有权要求个人信息处理者予以说明,并有权拒绝个人信息处理者仅通过自动化决策的方式作出决定。

第二十五条 【个人信息不得公开】个人信息处理者不得公开其处理的个人信息,取得个人单独同意的除外。

第二十六条 【安装图像采集、个人身份识别设备】在公共场所安装图像采集、个人身份识别设备,应当为维护公共安全所必需,遵守国家有关规定,并设置显著的提示标识。所收集的个人图像、身份识别信息只能用于维护公共安全的目的,不得用于其他目的;取得个人单独同意的除外。

第二十七条 【处理已公开的个人信息】个人信息处理者可以在合理的范围内处理个人自行公开或者其他已经合法公开的个人信息;个人明确拒绝的除外。个人信息处理者处理已公开的个人信息,对个人权益有重大影响的,应当依照本法规定取得个人同意。

第二节 敏感个人信息的处理规则

第二十八条 【敏感个人信息的定义及处理原则】敏感个人信息是一旦泄露或者非法使用,容易导致自然人的人格尊严受到侵害或者人身、财产安全受到危害的个人信息,包括生物识别、宗教信仰、特定身份、医疗健康、金融账户、行踪轨迹等信息,以及不满十四周岁未成年人的个人信息。

只有在具有特定的目的和充分的必要性,并采取严格保护措施的情形下,个人信息处理者方可处理敏感个人信息。

第二十九条 【敏感个人信息特别同意规则】处理敏感个人信息应当取得

个人的单独同意；法律、行政法规规定处理敏感个人信息应当取得书面同意的，从其规定。

第三十条　【敏感个人信息告知义务】个人信息处理者处理敏感个人信息的，除本法第十七条第一款规定的事项外，还应当向个人告知处理敏感个人信息的必要性以及对个人权益的影响；依照本法规定可以不向个人告知的除外。

第三十一条　【未成年人个人信息的处理规则】个人信息处理者处理不满十四周岁未成年人个人信息的，应当取得未成年人的父母或者其他监护人的同意。

　　个人信息处理者处理不满十四周岁未成年人个人信息的，应当制定专门的个人信息处理规则。

第三十二条　【处理敏感个人信息的法定限制】法律、行政法规对处理敏感个人信息规定应当取得相关行政许可或者作出其他限制的，从其规定。

第三节　国家机关处理个人信息的特别规定

第三十三条　【国家机关处理个人信息的法律适用】国家机关处理个人信息的活动，适用本法；本节有特别规定的，适用本节规定。

第三十四条　【国家机关处理个人信息的权限与程序】国家机关为履行法定职责处理个人信息，应当依照法律、行政法规规定的权限、程序进行，不得超出履行法定职责所必需的范围和限度。

第三十五条　【个人的知情权及其例外】国家机关为履行法定职责处理个人信息，应当依照本法规定履行告知义务；有本法第十八条第一款规定的情形，或者告知将妨碍国家机关履行法定职责的除外。

第三十六条　【个人信息的境内存储与向境外提供】国家机关处理的个人信息应当在中华人民共和国境内存储；确需向境外提供的，应当进行安全评估。安全评估可以要求有关部门提供支持与协助。

第三十七条　【法定授权组织处理个人信息的法律适用】法律、法规授权的具有管理公共事务职能的组织为履行法定职责处理个人信息，适用本法关于国家机关处理个人信息的规定。

第三章　个人信息跨境提供的规则

第三十八条　【向境外提供个人信息的条件】个人信息处理者因业务等需要，确需向中华人民共和国境外提供个人信息的，应当具备下列条件之一：

(一)依照本法第四十条的规定通过国家网信部门组织的安全评估；

(二)按照国家网信部门的规定经专业机构进行个人信息保护认证；

(三)按照国家网信部门制定的标准合同与境外接收方订立合同,约定双方的权利和义务；

(四)法律、行政法规或者国家网信部门规定的其他条件。

中华人民共和国缔结或者参加的国际条约、协定对向中华人民共和国境外提供个人信息的条件等有规定的,可以按照其规定执行。

个人信息处理者应当采取必要措施,保障境外接收方处理个人信息的活动达到本法规定的个人信息保护标准。

第三十九条 【向境外提供个人信息的告知与同意】个人信息处理者向中华人民共和国境外提供个人信息的,应当向个人告知境外接收方的名称或者姓名、联系方式、处理目的、处理方式、个人信息的种类以及个人向境外接收方行使本法规定权利的方式和程序等事项,并取得个人的单独同意。

第四十条 【个人信息的境内存储与信息出境的安全评估】关键信息基础设施运营者和处理个人信息达到国家网信部门规定数量的个人信息处理者,应当将在中华人民共和国境内收集和产生的个人信息存储在境内。确需向境外提供的,应当通过国家网信部门组织的安全评估；法律、行政法规和国家网信部门规定可以不进行安全评估的,从其规定。

第四十一条 【境外司法或执法机构获取个人信息的处理和批准】中华人民共和国主管机关根据有关法律和中华人民共和国缔结或者参加的国际条约、协定,或者按照平等互惠原则,处理外国司法或者执法机构关于提供存储于境内个人信息的请求。非经中华人民共和国主管机关批准,个人信息处理者不得向外国司法或者执法机构提供存储于中华人民共和国境内的个人信息。

第四十二条 【个人信息提供黑名单制度】境外的组织、个人从事侵害中华人民共和国公民的个人信息权益,或者危害中华人民共和国国家安全、公共利益的个人信息处理活动的,国家网信部门可以将其列入限制或者禁止个人信息提供清单,予以公告,并采取限制或者禁止向其提供个人信息等措施。

第四十三条 【对等原则】任何国家或者地区在个人信息保护方面对中华

人民共和国采取歧视性的禁止、限制或者其他类似措施的,中华人民共和国可以根据实际情况对该国家或者地区对等采取措施。

第四章 个人在个人信息处理活动中的权利

第四十四条 【知情权和决定权】个人对其个人信息的处理享有知情权、决定权,有权限制或者拒绝他人对其个人信息进行处理;法律、行政法规另有规定的除外。

第四十五条 【查阅权、复制权、信息转移权】个人有权向个人信息处理者查阅、复制其个人信息;有本法第十八条第一款、第三十五条规定情形的除外。

个人请求查阅、复制其个人信息的,个人信息处理者应当及时提供。

个人请求将个人信息转移至其指定的个人信息处理者,符合国家网信部门规定条件的,个人信息处理者应当提供转移的途径。

第四十六条 【更正权、补充权】个人发现其个人信息不准确或者不完整的,有权请求个人信息处理者更正、补充。

个人请求更正、补充其个人信息的,个人信息处理者应当对其个人信息予以核实,并及时更正、补充。

第四十七条 【删除权】有下列情形之一的,个人信息处理者应当主动删除个人信息;个人信息处理者未删除的,个人有权请求删除:

(一)处理目的已实现、无法实现或者为实现处理目的不再必要;

(二)个人信息处理者停止提供产品或者服务,或者保存期限已届满;

(三)个人撤回同意;

(四)个人信息处理者违反法律、行政法规或者违反约定处理个人信息;

(五)法律、行政法规规定的其他情形。

法律、行政法规规定的保存期限未届满,或者删除个人信息从技术上难以实现的,个人信息处理者应当停止除存储和采取必要的安全保护措施之外的处理。

第四十八条 【规则解释说明权】个人有权要求个人信息处理者对其个人信息处理规则进行解释说明。

第四十九条 【死者个人信息利益保护】自然人死亡的,其近亲属为了自身的合法、正当利益，可以对死者的相关个人信息行使本章规定的查阅、复制、更正、删除等权利；死者生前另有安排的除外。

第五十条　【申请受理和处理机制】 个人信息处理者应当建立便捷的个人行使权利的申请受理和处理机制。拒绝个人行使权利的请求的，应当说明理由。

个人信息处理者拒绝个人行使权利的请求的，个人可以依法向人民法院提起诉讼。

第五章　个人信息处理者的义务

第五十一条　【确保个人信息安全义务】 个人信息处理者应当根据个人信息的处理目的、处理方式、个人信息的种类以及对个人权益的影响，可能存在的安全风险等，采取下列措施确保个人信息处理活动符合法律、行政法规的规定，并防止未经授权的访问以及个人信息泄露、篡改、丢失：

（一）制定内部管理制度和操作规程；

（二）对个人信息实行分类管理；

（三）采取相应的加密、去标识化等安全技术措施；

（四）合理确定个人信息处理的操作权限，并定期对从业人员进行安全教育和培训；

（五）制定并组织实施个人信息安全事件应急预案；

（六）法律、行政法规规定的其他措施。

第五十二条　【个人信息保护负责人】 处理个人信息达到国家网信部门规定数量的个人信息处理者应当指定个人信息保护负责人，负责对个人信息处理活动以及采取的保护措施等进行监督。

个人信息处理者应当公开个人信息保护负责人的联系方式，并将个人信息保护负责人的姓名、联系方式等报送履行个人信息保护职责的部门。

第五十三条　【境外个人信息处理者设立专门机构或者指定代表的义务】 本法第三条第二款规定的中华人民共和国境外的个人信息处理者，应当在中华人民共和国境内设立专门机构或者指定代表，负责处理个人信息保护相关事务，并将有关机构的名称或者代表的姓名、联系方式等报送履行个人信息保护职责的部门。

第五十四条　【个人信息处理活动合规审计义务】 个人信息处理者应当定

期对其处理个人信息遵守法律、行政法规的情况进行合规审计。

第五十五条 【事前个人信息保护影响评估义务】有下列情形之一的,个人信息处理者应当事前进行个人信息保护影响评估,并对处理情况进行记录:

(一)处理敏感个人信息;

(二)利用个人信息进行自动化决策;

(三)委托处理个人信息、向其他个人信息处理者提供个人信息、公开个人信息;

(四)向境外提供个人信息;

(五)其他对个人权益有重大影响的个人信息处理活动。

第五十六条 【个人信息保护影响评估内容】个人信息保护影响评估应当包括下列内容:

(一)个人信息的处理目的、处理方式等是否合法、正当、必要;

(二)对个人权益的影响及安全风险;

(三)所采取的保护措施是否合法、有效并与风险程度相适应。

个人信息保护影响评估报告和处理情况记录应当至少保存三年。

第五十七条 【个人信息泄露、篡改、丢失时的补救和通知义务】发生或者可能发生个人信息泄露、篡改、丢失的,个人信息处理者应当立即采取补救措施,并通知履行个人信息保护职责的部门和个人。通知应当包括下列事项:

(一)发生或者可能发生个人信息泄露、篡改、丢失的信息种类、原因和可能造成的危害;

(二)个人信息处理者采取的补救措施和个人可以采取的减轻危害的措施;

(三)个人信息处理者的联系方式。

个人信息处理者采取措施能够有效避免信息泄露、篡改、丢失造成危害的,个人信息处理者可以不通知个人;履行个人信息保护职责的部门认为可能造成危害的,有权要求个人信息处理者通知个人。

第五十八条 【大型互联网平台的特别义务】提供重要互联网平台服务、用户数量巨大、业务类型复杂的个人信息处理者,应当履行下列义务:

(一)按照国家规定建立健全个人信息保护合规制度体系,成立主要由外部成员组成的独立机构对个人信息保护情况进行监督;

(二)遵循公开、公平、公正的原则,制定平台规则,明确平台内产品或者服务提供者处理个人信息的规范和保护个人信息的义务;

(三)对严重违反法律、行政法规处理个人信息的平台内的产品或者服务提供者,停止提供服务;

(四)定期发布个人信息保护社会责任报告,接受社会监督。

第五十九条 【受托人的个人信息保护义务】接受委托处理个人信息的受托人,应当依照本法和有关法律、行政法规的规定,采取必要措施保障所处理的个人信息的安全,并协助个人信息处理者履行本法规定的义务。

第六章 履行个人信息保护职责的部门

第六十条 【履行个人信息保护职责的部门】国家网信部门负责统筹协调个人信息保护工作和相关监督管理工作。国务院有关部门依照本法和有关法律、行政法规的规定,在各自职责范围内负责个人信息保护和监督管理工作。

县级以上地方人民政府有关部门的个人信息保护和监督管理职责,按照国家有关规定确定。

前两款规定的部门统称为履行个人信息保护职责的部门。

第六十一条 【个人信息保护职责】履行个人信息保护职责的部门履行下列个人信息保护职责:

(一)开展个人信息保护宣传教育,指导、监督个人信息处理者开展个人信息保护工作;

(二)接受、处理与个人信息保护有关的投诉、举报;

(三)组织对应用程序等个人信息保护情况进行测评,并公布测评结果;

(四)调查、处理违法个人信息处理活动;

(五)法律、行政法规规定的其他职责。

第六十二条 【国家网信部门统筹协调职能】国家网信部门统筹协调有关部门依据本法推进下列个人信息保护工作:

(一)制定个人信息保护具体规则、标准;

(二)针对小型个人信息处理者、处理敏感个人信息以及人脸识别、人工智能等新技术、新应用,制定专门的个人信息保护规则、标准;

（三）支持研究开发和推广应用安全、方便的电子身份认证技术，推进网络身份认证公共服务建设；

（四）推进个人信息保护社会化服务体系建设，支持有关机构开展个人信息保护评估、认证服务；

（五）完善个人信息保护投诉、举报工作机制。

第六十三条 【个人信息保护监督检查措施及当事人的协助配合义务】履行个人信息保护职责的部门履行个人信息保护职责，可以采取下列措施：

（一）询问有关当事人，调查与个人信息处理活动有关的情况；

（二）查阅、复制当事人与个人信息处理活动有关的合同、记录、账簿以及其他有关资料；

（三）实施现场检查，对涉嫌违法的个人信息处理活动进行调查；

（四）检查与个人信息处理活动有关的设备、物品；对有证据证明是用于违法个人信息处理活动的设备、物品，向本部门主要负责人书面报告并经批准，可以查封或者扣押。

履行个人信息保护职责的部门依法履行职责，当事人应当予以协助、配合，不得拒绝、阻挠。

第六十四条 【个人信息安全风险处置及侵害公民个人信息事件移送处理】履行个人信息保护职责的部门在履行职责中，发现个人信息处理活动存在较大风险或者发生个人信息安全事件的，可以按照规定的权限和程序对该个人信息处理者的法定代表人或者主要负责人进行约谈，或者要求个人信息处理者委托专业机构对其个人信息处理活动进行合规审计。个人信息处理者应当按照要求采取措施，进行整改，消除隐患。

履行个人信息保护职责的部门在履行职责中，发现违法处理个人信息涉嫌犯罪的，应当及时移送公安机关依法处理。

第六十五条 【投诉、举报权益保障】任何组织、个人有权对违法个人信息处理活动向履行个人信息保护职责的部门进行投诉、举报。收到投诉、举报的部门应当依法及时处理，并将处理结果告知投诉、举报人。

履行个人信息保护职责的部门应当公布接受投诉、举报的联系方式。

第七章 法律责任

第六十六条 【行政处罚】违反本法规定处理个人信息，或者处理个人信息未履行本法规定的个人信息保护义务的,由履行个人信息保护职责的部门责令改正,给予警告,没收违法所得,对违法处理个人信息的应用程序,责令暂停或者终止提供服务;拒不改正的,并处一百万元以下罚款;对直接负责的主管人员和其他直接责任人员处一万元以上十万元以下罚款。

有前款规定的违法行为,情节严重的,由省级以上履行个人信息保护职责的部门责令改正,没收违法所得,并处五千万元以下或者上一年度营业额百分之五以下罚款,并可以责令暂停相关业务或者停业整顿、通报有关主管部门吊销相关业务许可或者吊销营业执照;对直接负责的主管人员和其他直接责任人员处十万元以上一百万元以下罚款,并可以决定禁止其在一定期限内担任相关企业的董事、监事、高级管理人员和个人信息保护负责人。

第六十七条 【失信约束】有本法规定的违法行为的,依照有关法律、行政法规的规定记入信用档案,并予以公示。

第六十八条 【国家机关不履行个人信息保护义务、履行个人信息保护职责部门的工作人员渎职的法律责任】国家机关不履行本法规定的个人信息保护义务的,由其上级机关或者履行个人信息保护职责的部门责令改正;对直接负责的主管人员和其他直接责任人员依法给予处分。

履行个人信息保护职责的部门的工作人员玩忽职守、滥用职权、徇私舞弊,尚不构成犯罪的,依法给予处分。

第六十九条 【民事侵权责任】处理个人信息侵害个人信息权益造成损害,个人信息处理者不能证明自己没有过错的,应当承担损害赔偿等侵权责任。

前款规定的损害赔偿责任按照个人因此受到的损失或者个人信息处理者因此获得的利益确定;个人因此受到的损失和个人信息处理者因此获得的利益难以确定的,根据实际情况确定赔偿数额。

第七十条 【个人信息保护公益诉讼】个人信息处理者违反本法规定处理个人信息,侵害众多个人的权益的,人民检察院、法律规定的消费者组织和由国家网信部门确定的组织可以依法向人民法院提起诉讼。

第七十一条 【治安管理处罚、刑事责任】违反本法规定,构成违反治安管理行为的,依法给予治安管理处罚;构成犯罪的,依法追究刑事责任。

第八章 附 则

第七十二条 【对本法适用范围的特别规定】自然人因个人或者家庭事务处理个人信息的,不适用本法。

法律对各级人民政府及其有关部门组织实施的统计、档案管理活动中的个人信息处理有规定的,适用其规定。

第七十三条 【用语定义】本法下列用语的含义:

(一)个人信息处理者,是指在个人信息处理活动中自主决定处理目的、处理方式的组织、个人。

(二)自动化决策,是指通过计算机程序自动分析、评估个人的行为习惯、兴趣爱好或者经济、健康、信用状况等,并进行决策的活动。

(三)去标识化,是指个人信息经过处理,使其在不借助额外信息的情况下无法识别特定自然人的过程。

(四)匿名化,是指个人信息经过处理无法识别特定自然人且不能复原的过程。

第七十四条 【施行日期】本法自2021年11月1日起施行。

中华人民共和国民法典(节录)

1. 2020年5月28日第十三届全国人民代表大会第三次会议通过
2. 2020年5月28日中华人民共和国主席令第45号公布
3. 自2021年1月1日起施行

第一百一十一条 【个人信息受法律保护】自然人的个人信息受法律保护。任何组织或者个人需要获取他人个人信息的,应当依法取得并确保信息安全,不得非法收集、使用、加工、传输他人个人信息,不得非法买卖、提供或者公开他人个人信息。

第四编 人 格 权

第九百九十九条 【人格权的合理使用】为公共利益实施新闻报道、舆论监督等行为的,可以合理使用民事主体的姓名、名称、肖像、个人信息等;使用不合理侵害民事主体人格权的,应当依法承担民事责任。

第一千零三十条　【民事主体与信用信息处理者之间关系的法律适用】民事主体与征信机构等信用信息处理者之间的关系，适用本编有关个人信息保护的规定和其他法律、行政法规的有关规定。

第六章　隐私权和个人信息保护

第一千零三十二条　【隐私权及隐私】自然人享有隐私权。任何组织或者个人不得以刺探、侵扰、泄露、公开等方式侵害他人的隐私权。

隐私是自然人的私人生活安宁和不愿为他人知晓的私密空间、私密活动、私密信息。

第一千零三十三条　【隐私权侵害行为】除法律另有规定或者权利人明确同意外，任何组织或者个人不得实施下列行为：

（一）以电话、短信、即时通讯工具、电子邮件、传单等方式侵扰他人的私人生活安宁；

（二）进入、拍摄、窥视他人的住宅、宾馆房间等私密空间；

（三）拍摄、窥视、窃听、公开他人的私密活动；

（四）拍摄、窥视他人身体的私密部位；

（五）处理他人的私密信息；

（六）以其他方式侵害他人的隐私权。

第一千零三十四条　【个人信息的定义】自然人的个人信息受法律保护。

个人信息是以电子或者其他方式记录的能够单独或者与其他信息结合识别特定自然人的各种信息，包括自然人的姓名、出生日期、身份证件号码、生物识别信息、住址、电话号码、电子邮箱、健康信息、行踪信息等。

个人信息中的私密信息，适用有关隐私权的规定；没有规定的，适用有关个人信息保护的规定。

第一千零三十五条　【个人信息处理的原则和条件】处理个人信息的，应当遵循合法、正当、必要原则，不得过度处理，并符合下列条件：

（一）征得该自然人或者其监护人同意，但是法律、行政法规另有规定的除外；

（二）公开处理信息的规则；

（三）明示处理信息的目的、方式和范围；

（四）不违反法律、行政法规的规定和双方的约定。

个人信息的处理包括个人信息的收集、存储、使用、加工、传输、提供、公开等。

第一千零三十六条 【处理个人信息免责事由】处理个人信息,有下列情形之一的,行为人不承担民事责任:

(一)在该自然人或者其监护人同意的范围内合理实施的行为;

(二)合理处理该自然人自行公开的或者其他已经合法公开的信息,但是该自然人明确拒绝或者处理该信息侵害其重大利益的除外;

(三)为维护公共利益或者该自然人合法权益,合理实施的其他行为。

第一千零三十七条 【个人信息主体的权利】自然人可以依法向信息处理者查阅或者复制其个人信息;发现信息有错误的,有权提出异议并请求及时采取更正等必要措施。

自然人发现信息处理者违反法律、行政法规的规定或者双方的约定处理其个人信息的,有权请求信息处理者及时删除。

第一千零三十八条 【信息处理者的信息安全保护义务】信息处理者不得泄露或者篡改其收集、存储的个人信息;未经自然人同意,不得向他人非法提供其个人信息,但是经过加工无法识别特定个人且不能复原的除外。

信息处理者应当采取技术措施和其他必要措施,确保其收集、存储的个人信息安全,防止信息泄露、篡改、丢失;发生或者可能发生个人信息泄露、篡改、丢失的,应当及时采取补救措施,按照规定告知自然人并向有关主管部门报告。

第一千零三十九条 【国家机关、承担行政职能的法定机构及其工作人员的保密义务】国家机关、承担行政职能的法定机构及其工作人员对于履行职责过程中知悉的自然人的隐私和个人信息,应当予以保密,不得泄露或者向他人非法提供。

中华人民共和国刑法（节录）

1. 1979年7月1日第五届全国人民代表大会第二次会议通过
2. 1997年3月14日第八届全国人民代表大会第五次会议修订
3. 根据1998年12月29日第九届全国人民代表大会常务委员会第六次会议通过的《关于惩治骗购外汇、逃汇和非法买卖外汇犯罪的决定》、1999年12月25日第九届全国人民代表大会常务委员会第十三次会议通过的《中华人民共和国刑法修正案》、2001年8月31日第九届全国人民代表大会常务委员会第二十三次会议通过的《中华人民共和国刑法修正案（二）》、2001年12月29日第九届全国人民代表大会常务委员会第二十五次会议通过的《中华人民共和国刑法修正案（三）》、2002年12月28日第九届全国人民代表大会常务委员会第三十一次会议通过的《中华人民共和国刑法修正案（四）》、2005年2月28日第十届全国人民代表大会常务委员会第十四次会议通过的《中华人民共和国刑法修正案（五）》、2006年6月29日第十届全国人民代表大会常务委员会第二十二次会议通过的《中华人民共和国刑法修正案（六）》、2009年2月28日第十一届全国人民代表大会常务委员会第七次会议通过的《中华人民共和国刑法修正案（七）》、2009年8月27日第十一届全国人民代表大会常务委员会第十次会议通过的《关于修改部分法律的决定》、2011年2月25日第十一届全国人民代表大会常务委员会第十九次会议通过的《中华人民共和国刑法修正案（八）》、2015年8月29日第十二届全国人民代表大会常务委员会第十六次会议通过的《中华人民共和国刑法修正案（九）》、2017年11月4日第十二届全国人民代表大会常务委员会第三十次会议通过的《中华人民共和国刑法修正案（十）》、2020年12月26日第十三届全国人民代表大会常务委员会第二十四次会议通过的《中华人民共和国刑法修正案（十一）》修正

第二百五十三条之一 【侵犯公民个人信息罪】违反国家有关规定,向他人出售或者提供公民个人信息,情节严重的,处三年以下有期徒刑或者拘役,并处或者单处罚金;情节特别严重的,处三年以上七年以下有期徒刑,并处罚金。

违反国家有关规定,将在履行职责或者提供服务过程中获得的公民个人信息,出售或者提供给他人的,依照前款的规定从重处罚。

窃取或者以其他方法非法获取公民个人信息的,依照第一款的规定

处罚。

单位犯前三款罪的,对单位判处罚金,并对其直接负责的主管人员和其他直接责任人员,依照各该款的规定处罚。

中华人民共和国数据安全法

1. 2021年6月10日第十三届全国人民代表大会常务委员会第二十九次会议通过
2. 2021年6月10日中华人民共和国主席令第84号公布
3. 自2021年9月1日起施行

目　　录

第一章　总　　则
第二章　数据安全与发展
第三章　数据安全制度
第四章　数据安全保护义务
第五章　政务数据安全与开放
第六章　法律责任
第七章　附　　则

第一章　总　　则

第一条　【立法目的】为了规范数据处理活动,保障数据安全,促进数据开发利用,保护个人、组织的合法权益,维护国家主权、安全和发展利益,制定本法。

第二条　【适用范围】在中华人民共和国境内开展数据处理活动及其安全监管,适用本法。

在中华人民共和国境外开展数据处理活动,损害中华人民共和国国家安全、公共利益或者公民、组织合法权益的,依法追究法律责任。

第三条　【概念】本法所称数据,是指任何以电子或者其他方式对信息的记录。

数据处理,包括数据的收集、存储、使用、加工、传输、提供、公开等。

数据安全,是指通过采取必要措施,确保数据处于有效保护和合法利用的状态,以及具备保障持续安全状态的能力。

第四条 【数据安全保障】维护数据安全,应当坚持总体国家安全观,建立健全数据安全治理体系,提高数据安全保障能力。

第五条 【主管机关】中央国家安全领导机构负责国家数据安全工作的决策和议事协调,研究制定、指导实施国家数据安全战略和有关重大方针政策,统筹协调国家数据安全的重大事项和重要工作,建立国家数据安全工作协调机制。

第六条 【职责分工】各地区、各部门对本地区、本部门工作中收集和产生的数据及数据安全负责。

工业、电信、交通、金融、自然资源、卫生健康、教育、科技等主管部门承担本行业、本领域数据安全监管职责。

公安机关、国家安全机关等依照本法和有关法律、行政法规的规定,在各自职责范围内承担数据安全监管职责。

国家网信部门依照本法和有关法律、行政法规的规定,负责统筹协调网络数据安全和相关监管工作。

第七条 【权益保护】国家保护个人、组织与数据有关的权益,鼓励数据依法合理有效利用,保障数据依法有序自由流动,促进以数据为关键要素的数字经济发展。

第八条 【数据处理原则】开展数据处理活动,应当遵守法律、法规,尊重社会公德和伦理,遵守商业道德和职业道德,诚实守信,履行数据安全保护义务,承担社会责任,不得危害国家安全、公共利益,不得损害个人、组织的合法权益。

第九条 【宣传普及】国家支持开展数据安全知识宣传普及,提高全社会的数据安全保护意识和水平,推动有关部门、行业组织、科研机构、企业、个人等共同参与数据安全保护工作,形成全社会共同维护数据安全和促进发展的良好环境。

第十条 【加强行业自律】相关行业组织按照章程,依法制定数据安全行为规范和团体标准,加强行业自律,指导会员加强数据安全保护,提高数据安全保护水平,促进行业健康发展。

第十一条 【国际交流合作】国家积极开展数据安全治理、数据开发利用等领域的国际交流与合作,参与数据安全相关国际规则和标准的制定,促进数据跨境安全、自由流动。

第十二条 【投诉举报】任何个人、组织都有权对违反本法规定的行为向有关主管部门投诉、举报。收到投诉、举报的部门应当及时依法处理。

有关主管部门应当对投诉、举报人的相关信息予以保密，保护投诉、举报人的合法权益。

第二章 数据安全与发展

第十三条 【国家统筹】国家统筹发展和安全，坚持以数据开发利用和产业发展促进数据安全，以数据安全保障数据开发利用和产业发展。

第十四条 【数据创新应用与数字经济发展规划】国家实施大数据战略，推进数据基础设施建设，鼓励和支持数据在各行业、各领域的创新应用。

省级以上人民政府应当将数字经济发展纳入本级国民经济和社会发展规划，并根据需要制定数字经济发展规划。

第十五条 【公共服务智能化】国家支持开发利用数据提升公共服务的智能化水平。提供智能化公共服务，应当充分考虑老年人、残疾人的需求，避免对老年人、残疾人的日常生活造成障碍。

第十六条 【数据开发利用和数据安全】国家支持数据开发利用和数据安全技术研究，鼓励数据开发利用和数据安全等领域的技术推广和商业创新，培育、发展数据开发利用和数据安全产品、产业体系。

第十七条 【数据安全标准】国家推进数据开发利用技术和数据安全标准体系建设。国务院标准化行政主管部门和国务院有关部门根据各自的职责，组织制定并适时修订有关数据开发利用技术、产品和数据安全相关标准。国家支持企业、社会团体和教育、科研机构等参与标准制定。

第十八条 【数据安全检测】国家促进数据安全检测评估、认证等服务的发展，支持数据安全检测评估、认证等专业机构依法开展服务活动。

国家支持有关部门、行业组织、企业、教育和科研机构、有关专业机构等在数据安全风险评估、防范、处置等方面开展协作。

第十九条 【数据交易管理制度】国家建立健全数据交易管理制度，规范数据交易行为，培育数据交易市场。

第二十条 【专业人才培养】国家支持教育、科研机构和企业等开展数据开发利用技术和数据安全相关教育和培训，采取多种方式培养数据开发利用技术和数据安全专业人才，促进人才交流。

第三章 数据安全制度

第二十一条 【数据分类分级保护制度】国家建立数据分类分级保护制度,根据数据在经济社会发展中的重要程度,以及一旦遭到篡改、破坏、泄露或者非法获取、非法利用,对国家安全、公共利益或者个人、组织合法权益造成的危害程度,对数据实行分类分级保护。国家数据安全工作协调机制统筹协调有关部门制定重要数据目录,加强对重要数据的保护。

关系国家安全、国民经济命脉、重要民生、重大公共利益等数据属于国家核心数据,实行更加严格的管理制度。

各地区、各部门应当按照数据分类分级保护制度,确定本地区、本部门以及相关行业、领域的重要数据具体目录,对列入目录的数据进行重点保护。

第二十二条 【数据安全风险评估、报告、信息共享、监测预警机制】国家建立集中统一、高效权威的数据安全风险评估、报告、信息共享、监测预警机制。国家数据安全工作协调机制统筹协调有关部门加强数据安全风险信息的获取、分析、研判、预警工作。

第二十三条 【数据安全应急处置机制】国家建立数据安全应急处置机制。发生数据安全事件,有关主管部门应当依法启动应急预案,采取相应的应急处置措施,防止危害扩大,消除安全隐患,并及时向社会发布与公众有关的警示信息。

第二十四条 【数据安全审查制度】国家建立数据安全审查制度,对影响或者可能影响国家安全的数据处理活动进行国家安全审查。

依法作出的安全审查决定为最终决定。

第二十五条 【出口管制】国家对与维护国家安全和利益、履行国际义务相关的属于管制物项的数据依法实施出口管制。

第二十六条 【对等措施】任何国家或者地区在与数据和数据开发利用技术等有关的投资、贸易等方面对中华人民共和国采取歧视性的禁止、限制或者其他类似措施的,中华人民共和国可以根据实际情况对该国家或者地区对等采取措施。

第四章 数据安全保护义务

第二十七条 【全流程数据安全管理制度】开展数据处理活动应当依照法律、法规的规定,建立健全全流程数据安全管理制度,组织开展数据安全教育培训，采取相应的技术措施和其他必要措施，保障数据安全。利用互联网等信息网络开展数据处理活动，应当在网络安全等级保护制度的基础上，履行上述数据安全保护义务。

重要数据的处理者应当明确数据安全负责人和管理机构，落实数据安全保护责任。

第二十八条　【数据处理原则】开展数据处理活动以及研究开发数据新技术，应当有利于促进经济社会发展，增进人民福祉，符合社会公德和伦理。

第二十九条　【风险监测】开展数据处理活动应当加强风险监测，发现数据安全缺陷、漏洞等风险时，应当立即采取补救措施；发生数据安全事件时，应当立即采取处置措施，按照规定及时告知用户并向有关主管部门报告。

第三十条　【风险评估】重要数据的处理者应当按照规定对其数据处理活动定期开展风险评估，并向有关主管部门报送风险评估报告。

风险评估报告应当包括处理的重要数据的种类、数量，开展数据处理活动的情况，面临的数据安全风险及其应对措施等。

第三十一条　【出境安全管理】关键信息基础设施的运营者在中华人民共和国境内运营中收集和产生的重要数据的出境安全管理，适用《中华人民共和国网络安全法》的规定；其他数据处理者在中华人民共和国境内运营中收集和产生的重要数据的出境安全管理办法，由国家网信部门会同国务院有关部门制定。

第三十二条　【数据收集方式】任何组织、个人收集数据，应当采取合法、正当的方式，不得窃取或者以其他非法方式获取数据。

法律、行政法规对收集、使用数据的目的、范围有规定的，应当在法律、行政法规规定的目的和范围内收集、使用数据。

第三十三条　【数据交易中介义务】从事数据交易中介服务的机构提供服务，应当要求数据提供方说明数据来源，审核交易双方的身份，并留存审核、交易记录。

第三十四条　【行政许可】法律、行政法规规定提供数据处理相关服务应当取得行政许可的，服务提供者应当依法取得许可。

第三十五条　【依法调取数据】公安机关、国家安全机关因依法维护国家安全或者侦查犯罪的需要调取数据，应当按照国家有关规定，经过严格的批准手续，依法进行，有关组织、个人应当予以配合。

第三十六条　【平等互惠原则】中华人民共和国主管机关根据有关法律和

中华人民共和国缔结或者参加的国际条约、协定，或者按照平等互惠原则，处理外国司法或者执法机构关于提供数据的请求。非经中华人民共和国主管机关批准，境内的组织、个人不得向外国司法或者执法机构提供存储于中华人民共和国境内的数据。

第五章　政务数据安全与开放

第三十七条　【推进电子政务建设】国家大力推进电子政务建设，提高政务数据的科学性、准确性、时效性，提升运用数据服务经济社会发展的能力。

第三十八条　【保密义务】国家机关为履行法定职责的需要收集、使用数据，应当在其履行法定职责的范围内依照法律、行政法规规定的条件和程序进行；对在履行职责中知悉的个人隐私、个人信息、商业秘密、保密商务信息等数据应当依法予以保密，不得泄露或者非法向他人提供。

第三十九条　【数据安全管理制度】国家机关应当依照法律、行政法规的规定，建立健全数据安全管理制度，落实数据安全保护责任，保障政务数据安全。

第四十条　【数据安全保护】国家机关委托他人建设、维护电子政务系统，存储、加工政务数据，应当经过严格的批准程序，并应当监督受托方履行相应的数据安全保护义务。受托方应当依照法律、法规的规定和合同约定履行数据安全保护义务，不得擅自留存、使用、泄露或者向他人提供政务数据。

第四十一条　【政务数据公开原则】国家机关应当遵循公正、公平、便民的原则，按照规定及时、准确地公开政务数据。依法不予公开的除外。

第四十二条　【政务数据开放】国家制定政务数据开放目录，构建统一规范、互联互通、安全可控的政务数据开放平台，推动政务数据开放利用。

第四十三条　【本章适用】法律、法规授权的具有管理公共事务职能的组织为履行法定职责开展数据处理活动，适用本章规定。

第六章　法律责任

第四十四条　【约谈、整改】有关主管部门在履行数据安全监管职责中，发现数据处理活动存在较大安全风险的，可以按照规定的权限和程序对有关组织、个人进行约谈，并要求有关组织、个人采取措施进行整改，消除隐患。

第四十五条　【违反数据安全保护义务及国家核心数据管理制度的法律责任】开展数据处理活动的组织、个人不履行本法第二十七条、第二十九条、第三十条规定的数据安全保护义务的,由有关主管部门责令改正,给予警告,可以并处五万元以上五十万元以下罚款,对直接负责的主管人员和其他直接责任人员可以处一万元以上十万元以下罚款;拒不改正或者造成大量数据泄露等严重后果的,处五十万元以上二百万元以下罚款,并可以责令暂停相关业务、停业整顿、吊销相关业务许可证或者吊销营业执照,对直接负责的主管人员和其他直接责任人员处五万元以上二十万元以下罚款。

违反国家核心数据管理制度,危害国家主权、安全和发展利益的,由有关主管部门处二百万元以上一千万元以下罚款,并根据情况责令暂停相关业务、停业整顿、吊销相关业务许可证或者吊销营业执照;构成犯罪的,依法追究刑事责任。

第四十六条　【违法向境外提供重要数据的法律责任】违反本法第三十一条规定,向境外提供重要数据的,由有关主管部门责令改正,给予警告,可以并处十万元以上一百万元以下罚款,对直接负责的主管人员和其他直接责任人员可以处一万元以上十万元以下罚款;情节严重的,处一百万元以上一千万元以下罚款,并可以责令暂停相关业务、停业整顿、吊销相关业务许可证或者吊销营业执照,对直接负责的主管人员和其他直接责任人员处十万元以上一百万元以下罚款。

第四十七条　【中介机构违法责任】从事数据交易中介服务的机构未履行本法第三十三条规定的义务的,由有关主管部门责令改正,没收违法所得,处违法所得一倍以上十倍以下罚款,没有违法所得或者违法所得不足十万元的,处十万元以上一百万元以下罚款,并可以责令暂停相关业务、停业整顿、吊销相关业务许可证或者吊销营业执照;对直接负责的主管人员和其他直接责任人员处一万元以上十万元以下罚款。

第四十八条　【不配合数据调取及未经批准向外国机构提供数据的法律责任】违反本法第三十五条规定,拒不配合数据调取的,由有关主管部门责令改正,给予警告,并处五万元以上五十万元以下罚款,对直接负责的主管人员和其他直接责任人员处一万元以上十万元以下罚款。

违反本法第三十六条规定,未经主管机关批准向外国司法或者执法机构提供数据的,由有关主管部门给予警告,可以并处十万元以上一百万元以下罚款,对直接负责的主管人员和其他直接责任人员可以处一万元以上十万元以下罚款;造成严重后果的,处一百万元以上五百万元以下罚款,并可以责令暂停相关业务、停业整顿、吊销相关业务许可证或者吊销营业执照,对直接负责的主管人员和其他直接责任人员处五万元以上五十万元以下罚款。

第四十九条 【国家机关未履行数据安全保护义务的法律责任】国家机关不履行本法规定的数据安全保护义务的,对直接负责的主管人员和其他直接责任人员依法给予处分。

第五十条 【渎职】履行数据安全监管职责的国家工作人员玩忽职守、滥用职权、徇私舞弊的,依法给予处分。

第五十一条 【非法获取数据的法律责任】窃取或者以其他非法方式获取数据,开展数据处理活动排除、限制竞争,或者损害个人、组织合法权益的,依照有关法律、行政法规的规定处罚。

第五十二条 【民事、刑事责任】违反本法规定,给他人造成损害的,依法承担民事责任。

违反本法规定,构成违反治安管理行为的,依法给予治安管理处罚;构成犯罪的,依法追究刑事责任。

第七章 附 则

第五十三条 【相关法律适用】开展涉及国家秘密的数据处理活动,适用《中华人民共和国保守国家秘密法》等法律、行政法规的规定。

在统计、档案工作中开展数据处理活动,开展涉及个人信息的数据处理活动,还应当遵守有关法律、行政法规的规定。

第五十四条 【立法委任】军事数据安全保护的办法,由中央军事委员会依据本法另行制定。

第五十五条 【施行日期】本法自 2021 年 9 月 1 日起施行。

中华人民共和国网络安全法

1. 2016年11月7日第十二届全国人民代表大会常务委员会第二十四次会议通过
2. 2016年11月7日中华人民共和国主席令第53号公布
3. 自2017年6月1日起施行

目 录

第一章 总 则
第二章 网络安全支持与促进
第三章 网络运行安全
 第一节 一般规定
 第二节 关键信息基础设施的运行安全
第四章 网络信息安全
第五章 监测预警与应急处置
第六章 法律责任
第七章 附 则

第一章 总 则

第一条 【立法目的】为了保障网络安全,维护网络空间主权和国家安全、社会公共利益,保护公民、法人和其他组织的合法权益,促进经济社会信息化健康发展,制定本法。

第二条 【适用范围】在中华人民共和国境内建设、运营、维护和使用网络,以及网络安全的监督管理,适用本法。

第三条 【方针体系】国家坚持网络安全与信息化发展并重,遵循积极利用、科学发展、依法管理、确保安全的方针,推进网络基础设施建设和互联互通,鼓励网络技术创新和应用,支持培养网络安全人才,建立健全网络安全保障体系,提高网络安全保护能力。

第四条 【国家制定战略】国家制定并不断完善网络安全战略,明确保障网络安全的基本要求和主要目标,提出重点领域的网络安全政策、工作任务和措施。

第五条 【国家采取措施维护安全和秩序】国家采取措施,监测、防御、处置来源于中华人民共和国境内外的网络安全风险和威胁,保护关键信息基础设施免受攻击、侵入、干扰和破坏,依法惩治网络违法犯罪活动,维护网络空间安全和秩序。

第六条 【国家倡导形成网络良好环境】国家倡导诚实守信、健康文明的网络行为,推动传播社会主义核心价值观,采取措施提高全社会的网络安全意识和水平,形成全社会共同参与促进网络安全的良好环境。

第七条 【国家建立网络治理体系】国家积极开展网络空间治理、网络技术研发和标准制定、打击网络违法犯罪等方面的国际交流与合作,推动构建和平、安全、开放、合作的网络空间,建立多边、民主、透明的网络治理体系。

第八条 【主管部门】国家网信部门负责统筹协调网络安全工作和相关监督管理工作。国务院电信主管部门、公安部门和其他有关机关依照本法和有关法律、行政法规的规定,在各自职责范围内负责网络安全保护和监督管理工作。

县级以上地方人民政府有关部门的网络安全保护和监督管理职责,按照国家有关规定确定。

第九条 【网络运营者须履行安全保护义务】网络运营者开展经营和服务活动,必须遵守法律、行政法规,尊重社会公德,遵守商业道德,诚实信用,履行网络安全保护义务,接受政府和社会的监督,承担社会责任。

第十条 【维护网络数据完整性、保密性、可用性】建设、运营网络或者通过网络提供服务,应当依照法律、行政法规的规定和国家标准的强制性要求,采取技术措施和其他必要措施,保障网络安全、稳定运行,有效应对网络安全事件,防范网络违法犯罪活动,维护网络数据的完整性、保密性和可用性。

第十一条 【网络行业组织依章程促进发展】网络相关行业组织按照章程,加强行业自律,制定网络安全行为规范,指导会员加强网络安全保护,提高网络安全保护水平,促进行业健康发展。

第十二条 【依法使用网络】国家保护公民、法人和其他组织依法使用网络的权利,促进网络接入普及,提升网络服务水平,为社会提供安全、便利的网络服务,保障网络信息依法有序自由流动。

任何个人和组织使用网络应当遵守宪法法律,遵守公共秩序,尊重社会公德,不得危害网络安全,不得利用网络从事危害国家安全、荣誉和利益,煽动颠覆国家政权、推翻社会主义制度,煽动分裂国家、破坏国家统一,宣扬恐怖主义、极端主义,宣扬民族仇恨、民族歧视,传播暴力、淫秽色情信息,编造、传播虚假信息扰乱经济秩序和社会秩序,以及侵害他人名誉、隐私、知识产权和其他合法权益等活动。

第十三条 【国家为未成年人提供安全健康的网络环境】国家支持研究开发有利于未成年人健康成长的网络产品和服务,依法惩治利用网络从事危害未成年人身心健康的活动,为未成年人提供安全、健康的网络环境。

第十四条 【对危害网络安全的举报】任何个人和组织有权对危害网络安全的行为向网信、电信、公安等部门举报。收到举报的部门应当及时依法作出处理;不属于本部门职责的,应当及时移送有权处理的部门。

有关部门应当对举报人的相关信息予以保密,保护举报人的合法权益。

第二章 网络安全支持与促进

第十五条 【网络安全国家标准、行业标准】国家建立和完善网络安全标准体系。国务院标准化行政主管部门和国务院其他有关部门根据各自的职责,组织制定并适时修订有关网络安全管理以及网络产品、服务和运行安全的国家标准、行业标准。

国家支持企业、研究机构、高等学校、网络相关行业组织参与网络安全国家标准、行业标准的制定。

第十六条 【统筹规划、加大投入】国务院和省、自治区、直辖市人民政府应当统筹规划,加大投入,扶持重点网络安全技术产业和项目,支持网络安全技术的研究开发和应用,推广安全可信的网络产品和服务,保护网络技术知识产权,支持企业、研究机构和高等学校等参与国家网络安全技术创新项目。

第十七条 【推进体系建设,鼓励安全服务】国家推进网络安全社会化服务体系建设,鼓励有关企业、机构开展网络安全认证、检测和风险评估等安全服务。

第十八条 【鼓励开发数据保护利用技术,支持创新网络安全管理方式】国家鼓励开发网络数据安全保护和利用技术,促进公共数据资源开放,推动技术创新和经济社会发展。

国家支持创新网络安全管理方式,运用网络新技术,提升网络安全保护水平。

第十九条　【网络安全宣传教育】各级人民政府及其有关部门应当组织开展经常性的网络安全宣传教育,并指导、督促有关单位做好网络安全宣传教育工作。

大众传播媒介应当有针对性地面向社会进行网络安全宣传教育。

第二十条　【网络安全人才培养】国家支持企业和高等学校、职业学校等教育培训机构开展网络安全相关教育与培训,采取多种方式培养网络安全人才,促进网络安全人才交流。

第三章　网络运行安全

第一节　一般规定

第二十一条　【网络安全等级保护制度】国家实行网络安全等级保护制度。网络运营者应当按照网络安全等级保护制度的要求,履行下列安全保护义务,保障网络免受干扰、破坏或者未经授权的访问,防止网络数据泄露或者被窃取、篡改:

(一)制定内部安全管理制度和操作规程,确定网络安全负责人,落实网络安全保护责任;

(二)采取防范计算机病毒和网络攻击、网络侵入等危害网络安全行为的技术措施;

(三)采取监测、记录网络运行状态、网络安全事件的技术措施,并按照规定留存相关的网络日志不少于六个月;

(四)采取数据分类、重要数据备份和加密等措施;

(五)法律、行政法规规定的其他义务。

第二十二条　【网络产品服务应当符合国家标准强制性要求】网络产品、服务应当符合相关国家标准的强制性要求。网络产品、服务的提供者不得设置恶意程序;发现其网络产品、服务存在安全缺陷、漏洞等风险时,应当立即采取补救措施,按照规定及时告知用户并向有关主管部门报告。

网络产品、服务的提供者应当为其产品、服务持续提供安全维护;在规定或者当事人约定的期限内,不得终止提供安全维护。

网络产品、服务具有收集用户信息功能的,其提供者应当向用户明示并取得同意;涉及用户个人信息的,还应当遵守本法和有关法律、行政法规关于个人信息保护的规定。

第二十三条 【网络关键设备和网络安全专用产品的认证、检测】网络关键设备和网络安全专用产品应当按照相关国家标准的强制性要求,由具备资格的机构安全认证合格或者安全检测符合要求后,方可销售或者提供。国家网信部门会同国务院有关部门制定、公布网络关键设备和网络安全专用产品目录,并推动安全认证和安全检测结果互认,避免重复认证、检测。

第二十四条 【网络运营者应当要求用户提供真实身份信息】网络运营者为用户办理网络接入、域名注册服务,办理固定电话、移动电话等入网手续,或者为用户提供信息发布、即时通讯等服务,在与用户签订协议或者确认提供服务时,应当要求用户提供真实身份信息。用户不提供真实身份信息的,网络运营者不得为其提供相关服务。

国家实施网络可信身份战略,支持研究开发安全、方便的电子身份认证技术,推动不同电子身份认证之间的互认。

第二十五条 【网络安全事件应急预案】网络运营者应当制定网络安全事件应急预案,及时处置系统漏洞、计算机病毒、网络攻击、网络侵入等安全风险;在发生危害网络安全的事件时,立即启动应急预案,采取相应的补救措施,并按照规定向有关主管部门报告。

第二十六条 【开展网络安全活动向社会发布安全信息,应遵守国家规定】开展网络安全认证、检测、风险评估等活动,向社会发布系统漏洞、计算机病毒、网络攻击、网络侵入等网络安全信息,应当遵守国家有关规定。

第二十七条 【禁止危害网络安全的活动】任何个人和组织不得从事非法侵入他人网络、干扰他人网络正常功能、窃取网络数据等危害网络安全的活动;不得提供专门用于从事侵入网络、干扰网络正常功能及防护措施、窃取网络数据等危害网络安全活动的程序、工具;明知他人从事危害网络安全的活动的,不得为其提供技术支持、广告推广、支付结算等帮助。

第二十八条 【提供技术支持和协助义务】网络运营者应当为公安机关、国家安全机关依法维护国家安全和侦查犯罪的活动提供技术支持和协助。

第二十九条 【国家支持网络运营者合作】国家支持网络运营者之间在网络安全信息收集、分析、通报和应急处置等方面进行合作,提高网络运营者的安全保障能力。

有关行业组织建立健全本行业的网络安全保护规范和协作机制,加强对网络安全风险的分析评估,定期向会员进行风险警示,支持、协助会员应对网络安全风险。

第三十条 【信息专用】网信部门和有关部门在履行网络安全保护职责中获取的信息,只能用于维护网络安全的需要,不得用于其他用途。

第二节 关键信息基础设施的运行安全

第三十一条 【关键信息基础设施重点保护】国家对公共通信和信息服务、能源、交通、水利、金融、公共服务、电子政务等重要行业和领域,以及其他一旦遭到破坏、丧失功能或者数据泄露,可能严重危害国家安全、国计民生、公共利益的关键信息基础设施,在网络安全等级保护制度的基础上,实行重点保护。关键信息基础设施的具体范围和安全保护办法由国务院制定。

国家鼓励关键信息基础设施以外的网络运营者自愿参与关键信息基础设施保护体系。

第三十二条 【编制关键信息基础设施安全规划】按照国务院规定的职责分工,负责关键信息基础设施安全保护工作的部门分别编制并组织实施本行业、本领域的关键信息基础设施安全规划,指导和监督关键信息基础设施运行安全保护工作。

第三十三条 【关键信息基础设施应确保业务持续、稳定,保证与技术措施同步】建设关键信息基础设施应当确保其具有支持业务稳定、持续运行的性能,并保证安全技术措施同步规划、同步建设、同步使用。

第三十四条 【运营者的安全保护义务】除本法第二十一条的规定外,关键信息基础设施的运营者还应当履行下列安全保护义务:

(一)设置专门安全管理机构和安全管理负责人,并对该负责人和关键岗位的人员进行安全背景审查;

(二)定期对从业人员进行网络安全教育、技术培训和技能考核;

(三)对重要系统和数据库进行容灾备份;

(四)制定网络安全事件应急预案,并定期进行演练;

(五)法律、行政法规规定的其他义务。

第三十五条 【国家安全审查】关键信息基础设施的运营者采购网络产品和服务,可能影响国家安全的,应当通过国家网信部门会同国务院有关部门组织的国家安全审查。

第三十六条 【安全保密协议的签订】关键信息基础设施的运营者采购网络产品和服务,应当按照规定与提供者签订安全保密协议,明确安全和保密义务与责任。

第三十七条 【收集和产生的个人信息和重要数据应当在境内存储】关键信息基础设施的运营者在中华人民共和国境内运营中收集和产生的个人信息和重要数据应当在境内存储。因业务需要,确需向境外提供的,应当按照国家网信部门会同国务院有关部门制定的办法进行安全评估;法律、行政法规另有规定的,依照其规定。

第三十八条 【网络安全及风险的检测评估】关键信息基础设施的运营者应当自行或者委托网络安全服务机构对其网络的安全性和可能存在的风险每年至少进行一次检测评估,并将检测评估情况和改进措施报送相关负责关键信息基础设施安全保护工作的部门。

第三十九条 【关键信息基础设施的安全保护措施】国家网信部门应当统筹协调有关部门对关键信息基础设施的安全保护采取下列措施:

(一)对关键信息基础设施的安全风险进行抽查检测,提出改进措施,必要时可以委托网络安全服务机构对网络存在的安全风险进行检测评估;

(二)定期组织关键信息基础设施的运营者进行网络安全应急演练,提高应对网络安全事件的水平和协同配合能力;

(三)促进有关部门、关键信息基础设施的运营者以及有关研究机构、网络安全服务机构等之间的网络安全信息共享;

(四)对网络安全事件的应急处置与网络功能的恢复等,提供技术支持和协助。

第四章 网络信息安全

第四十条 【用户信息保护制度】网络运营者应当对其收集的用户信息严格保密,并建立健全用户信息保护制度。

第四十一条 【网络运营者对个人信息的收集、使用】网络运营者收集、使用个人信息,应当遵循合法、正当、必要的原则,公开收集、使用规则,明示收集、使用信息的目的、方式和范围,并经被收集者同意。

网络运营者不得收集与其提供的服务无关的个人信息,不得违反法律、行政法规的规定和双方的约定收集、使用个人信息,并应当依照法律、行政法规的规定和与用户的约定,处理其保存的个人信息。

第四十二条 【网络运营者应确保其收集的个人信息安全】网络运营者不得泄露、篡改、毁损其收集的个人信息;未经被收集者同意,不得向他人提供个人信息。但是,经过处理无法识别特定个人且不能复原的除外。

网络运营者应当采取技术措施和其他必要措施,确保其收集的个人信息安全,防止信息泄露、毁损、丢失。在发生或者可能发生个人信息泄露、毁损、丢失的情况时,应当立即采取补救措施,按照规定及时告知用户并向有关主管部门报告。

第四十三条 【个人有权要求对其信息予以删除或更正】个人发现网络运营者违反法律、行政法规的规定或者双方的约定收集、使用其个人信息的,有权要求网络运营者删除其个人信息;发现网络运营者收集、存储的其个人信息有错误的,有权要求网络运营者予以更正。网络运营者应当采取措施予以删除或者更正。

第四十四条 【不得非法获取、向他人提供个人信息】任何个人和组织不得窃取或者以其他非法方式获取个人信息,不得非法出售或者非法向他人提供个人信息。

第四十五条 【保密义务】依法负有网络安全监督管理职责的部门及其工作人员,必须对在履行职责中知悉的个人信息、隐私和商业秘密严格保密,不得泄露、出售或者非法向他人提供。

第四十六条 【不得利用网络实施违法犯罪活动】任何个人和组织应当对其使用网络的行为负责,不得设立用于实施诈骗,传授犯罪方法,制作或者销售违禁物品、管制物品等违法犯罪活动的网站、通讯群组,不得利用网络发布涉及实施诈骗,制作或者销售违禁物品、管制物品以及其他违法犯罪活动的信息。

第四十七条 【网络运营者应当加强对用户发布的信息管理】网络运营者应当加强对其用户发布的信息的管理,发现法律、行政法规禁止发布或者传输的信息的,应当立即停止传输该信息,采取消除等处置措施,防止信息扩散,保存有关记录,并向有关主管部门报告。

第四十八条 【电子信息、应用软件不得设置恶意程序,不得含有禁止信息】任何个人和组织发送的电子信息、提供的应用软件,不得设置恶意程序,不得含有法律、行政法规禁止发布或者传输的信息。

电子信息发送服务提供者和应用软件下载服务提供者,应当履行安全管理义务,知道其用户有前款规定行为的,应当停止提供服务,采取消除等处置措施,保存有关记录,并向有关主管部门报告。

第四十九条 【网络信息安全投诉、举报制度】网络运营者应当建立网络信息安全投诉、举报制度,公布投诉、举报方式等信息,及时受理并处理有关网络信息安全的投诉和举报。

网络运营者对网信部门和有关部门依法实施的监督检查,应当予以配合。

第五十条 【国家网信部门和有关部门对违法信息停止传播】国家网信部门和有关部门依法履行网络信息安全监督管理职责,发现法律、行政法规禁止发布或者传输的信息的,应当要求网络运营者停止传输,采取消除等处置措施,保存有关记录;对来源于中华人民共和国境外的上述信息,应当通知有关机构采取技术措施和其他必要措施阻断传播。

第五章 监测预警与应急处置

第五十一条 【网络安全监测预警和信息通报制度】国家建立网络安全监测预警和信息通报制度。国家网信部门应当统筹协调有关部门加强网络安全信息收集、分析和通报工作,按照规定统一发布网络安全监测预警信息。

第五十二条 【网络安全监测预警及信息通报】负责关键信息基础设施安全保护工作的部门,应当建立健全本行业、本领域的网络安全监测预警和信息通报制度,并按照规定报送网络安全监测预警信息。

第五十三条 【网络安全风险评估及应急预案】国家网信部门协调有关部门建立健全网络安全风险评估和应急工作机制,制定网络安全事件应急预案,并定期组织演练。

负责关键信息基础设施安全保护工作的部门应当制定本行业、本领域的网络安全事件应急预案,并定期组织演练。

网络安全事件应急预案应当按照事件发生后的危害程度、影响范围等因素对网络安全事件进行分级,并规定相应的应急处置措施。

第五十四条 【应对网络安全风险采取措施】网络安全事件发生的风险增大时,省级以上人民政府有关部门应当按照规定的权限和程序,并根据网络安全风险的特点和可能造成的危害,采取下列措施:

(一)要求有关部门、机构和人员及时收集、报告有关信息,加强对网络安全风险的监测；

（二）组织有关部门、机构和专业人员，对网络安全风险信息进行分析评估，预测事件发生的可能性、影响范围和危害程度；

（三）向社会发布网络安全风险预警，发布避免、减轻危害的措施。

第五十五条　【网络安全事件的应对】发生网络安全事件，应当立即启动网络安全事件应急预案，对网络安全事件进行调查和评估，要求网络运营者采取技术措施和其他必要措施，消除安全隐患，防止危害扩大，并及时向社会发布与公众有关的警示信息。

第五十六条　【有关部门对网络运营者代表人或负责人约谈】省级以上人民政府有关部门在履行网络安全监督管理职责中，发现网络存在较大安全风险或者发生安全事件的，可以按照规定的权限和程序对该网络的运营者的法定代表人或者主要负责人进行约谈。网络运营者应当按照要求采取措施，进行整改，消除隐患。

第五十七条　【处置法律依据】因网络安全事件，发生突发事件或者生产安全事故的，应当依照《中华人民共和国突发事件应对法》、《中华人民共和国安全生产法》等有关法律、行政法规的规定处置。

第五十八条　【特定区域的限制网络通信】因维护国家安全和社会公共秩序，处置重大突发社会安全事件的需要，经国务院决定或者批准，可以在特定区域对网络通信采取限制等临时措施。

第六章　法　律　责　任

第五十九条　【不履行安全保护义务的法律责任】网络运营者不履行本法第二十一条、第二十五条规定的网络安全保护义务的，由有关主管部门责令改正，给予警告；拒不改正或者导致危害网络安全等后果的，处一万元以上十万元以下罚款，对直接负责的主管人员处五千元以上五万元以下罚款。

关键信息基础设施的运营者不履行本法第三十三条、第三十四条、第三十六条、第三十八条规定的网络安全保护义务的，由有关主管部门责令改正，给予警告；拒不改正或者导致危害网络安全等后果的，处十万元以上一百万元以下罚款，对直接负责的主管人员处一万元以上十万元以下罚款。

第六十条　【设置恶意程序对安全缺陷、漏洞未及时补救的法律责任】违反本法第二十二条第一款、第二款和第四十八条第一款规定,有下列行为之一的,由有关主管部门责令改正,给予警告;拒不改正或者导致危害网络安全等后果的,处五万元以上五十万元以下罚款,对直接负责的主管人员处一万元以上十万元以下罚款:

(一)设置恶意程序的;

(二)对其产品、服务存在的安全缺陷、漏洞等风险未立即采取补救措施,或者未按照规定及时告知用户并向有关主管部门报告的;

(三)擅自终止为其产品、服务提供安全维护的。

第六十一条 【违反真实身份信息制度的法律责任】网络运营者违反本法第二十四条第一款规定,未要求用户提供真实身份信息,或者对不提供真实身份信息的用户提供相关服务的,由有关主管部门责令改正;拒不改正或者情节严重的,处五万元以上五十万元以下罚款,并可以由有关主管部门责令暂停相关业务、停业整顿、关闭网站、吊销相关业务许可证或者吊销营业执照,对直接负责的主管人员和其他直接责任人员处一万元以上十万元以下罚款。

第六十二条 【违法开展网络安全活动、发布安全信息的法律责任】违反本法第二十六条规定,开展网络安全认证、检测、风险评估等活动,或者向社会发布系统漏洞、计算机病毒、网络攻击、网络侵入等网络安全信息的,由有关主管部门责令改正,给予警告;拒不改正或者情节严重的,处一万元以上十万元以下罚款,并可以由有关主管部门责令暂停相关业务、停业整顿、关闭网站、吊销相关业务许可证或者吊销营业执照,对直接负责的主管人员和其他直接责任人员处五千元以上五万元以下罚款。

第六十三条 【从事或者辅助危害网络安全活动的法律责任】违反本法第二十七条规定,从事危害网络安全的活动,或者提供专门用于从事危害网络安全活动的程序、工具,或者为他人从事危害网络安全的活动提供技术支持、广告推广、支付结算等帮助,尚不构成犯罪的,由公安机关没收违法所得,处五日以下拘留,可以并处五万元以上五十万元以下罚款;情节较重的,处五日以上十五日以下拘留,可以并处十万元以上一百万元以下罚款。

单位有前款行为的,由公安机关没收违法所得,处十万元以上一百万元以下罚款,并对直接负责的主管人员和其他直接责任人员依照前款规定处罚。

违反本法第二十七条规定,受到治安管理处罚的人员,五年内不得从事网络安全管理和网络运营关键岗位的工作;受到刑事处罚的人员,终身不得从事网络安全管理和网络运营关键岗位的工作。

第六十四条 【侵害个人信息的法律责任】网络运营者、网络产品或者服务的提供者违反本法第二十二条第三款、第四十一条至第四十三条规定,侵害个人信息依法得到保护的权利的,由有关主管部门责令改正,可以根据情节单处或者并处警告、没收违法所得、处违法所得一倍以上十倍以下罚款,没有违法所得的,处一百万元以下罚款,对直接负责的主管人员和其他直接责任人员处一万元以上十万元以下罚款;情节严重的,并可以责令暂停相关业务、停业整顿、关闭网站、吊销相关业务许可证或者吊销营业执照。

违反本法第四十四条规定,窃取或者以其他非法方式获取、非法出售或者非法向他人提供个人信息,尚不构成犯罪的,由公安机关没收违法所得,并处违法所得一倍以上十倍以下罚款,没有违法所得的,处一百万元以下罚款。

第六十五条 【使用未经或未通过安全审查的网络产品或服务的法律责任】关键信息基础设施的运营者违反本法第三十五条规定,使用未经安全审查或者安全审查未通过的网络产品或者服务的,由有关主管部门责令停止使用,处采购金额一倍以上十倍以下罚款;对直接负责的主管人员和其他直接责任人员处一万元以上十万元以下罚款。

第六十六条 【在境外存储或向境外提供网络数据的法律责任】关键信息基础设施的运营者违反本法第三十七条规定,在境外存储网络数据,或者向境外提供网络数据的,由有关主管部门责令改正,给予警告,没收违法所得,处五万元以上五十万元以下罚款,并可以责令暂停相关业务、停业整顿、关闭网站、吊销相关业务许可证或者吊销营业执照;对直接负责的主管人员和其他直接责任人员处一万元以上十万元以下罚款。

第六十七条 【设立用于实施违法犯罪活动的网站、通讯群组或发布犯罪活动信息的法律责任】违反本法第四十六条规定,设立用于实施违法犯罪活动的网站、通讯群组,或者利用网络发布涉及实施违法犯罪活动的信息,尚不构成犯罪的,由公安机关处五日以下拘留,可以并处一万元以上十万元以下罚款;情节较重的,处五日以上十五日以下拘留,可以并处五万元以上五十万元以下罚款。关闭用于实施违法犯罪活动的网站、通讯群组。

单位有前款行为的,由公安机关处十万元以上五十万元以下罚款,并对直接负责的主管人员和其他直接责任人员依照前款规定处罚。

第六十八条 【对法律法规禁止发布或传输的信息未采取处置措施的法律责任】网络运营者违反本法第四十七条规定,对法律、行政法规禁止发布或者传输的信息未停止传输、采取消除等处置措施、保存有关记录的,由有关主管部门责令改正,给予警告,没收违法所得;拒不改正或者情节严重的,处十万元以上五十万元以下罚款,并可以责令暂停相关业务、停业整顿、关闭网站、吊销相关业务许可证或者吊销营业执照,对直接负责的主管人员和其他直接责任人员处一万元以上十万元以下罚款。

电子信息发送服务提供者、应用软件下载服务提供者,不履行本法第四十八条第二款规定的安全管理义务的,依照前款规定处罚。

第六十九条 【不按要求传输信息、消除禁止信息、拒绝阻碍监督检查、拒不提供支持协助的法律责任】网络运营者违反本法规定,有下列行为之一的,由有关主管部门责令改正;拒不改正或者情节严重的,处五万元以上五十万元以下罚款,对直接负责的主管人员和其他直接责任人员,处一万元以上十万元以下罚款:

(一)不按照有关部门的要求对法律、行政法规禁止发布或者传输的信息,采取停止传输、消除等处置措施的;

(二)拒绝、阻碍有关部门依法实施的监督检查的;

(三)拒不向公安机关、国家安全机关提供技术支持和协助的。

第七十条 【发布或传输禁止信息的法律责任】发布或者传输本法第十二条第二款和其他法律、行政法规禁止发布或者传输的信息的,依照有关法律、行政法规的规定处罚。

第七十一条 【违法行为记入信用档案】有本法规定的违法行为的,依照有关法律、行政法规的规定记入信用档案,并予以公示。

第七十二条 【国家机关政务网络运营者不履行安全保护义务的法律责任】国家机关政务网络的运营者不履行本法规定的网络安全保护义务的,由其上级机关或者有关机关责令改正;对直接负责的主管人员和其他直接责任人员依法给予处分。

第七十三条 【网信部门和有关部门违反信息使用用途的法律责任】网信部门和有关部门违反本法第三十条规定,将在履行网络安全保护职责中获取的信息用于其他用途的,对直接负责的主管人员和其他直接责任人员依法给予处分。

网信部门和有关部门的工作人员玩忽职守、滥用职权、徇私舞弊,尚不构成犯罪的,依法给予处分。

第七十四条　【给他人造成损害的法律责任】违反本法规定,给他人造成损害的,依法承担民事责任。

违反本法规定,构成违反治安管理行为的,依法给予治安管理处罚;构成犯罪的,依法追究刑事责任。

第七十五条　【境外机构、组织、个人危害关键信息基础设施活动的法律责任】境外的机构、组织、个人从事攻击、侵入、干扰、破坏等危害中华人民共和国的关键信息基础设施的活动,造成严重后果的,依法追究法律责任;国务院公安部门和有关部门并可以决定对该机构、组织、个人采取冻结财产或者其他必要的制裁措施。

第七章　附　　则

第七十六条　【用语定义】本法下列用语的含义:

(一)网络,是指由计算机或者其他信息终端及相关设备组成的按照一定的规则和程序对信息进行收集、存储、传输、交换、处理的系统。

(二)网络安全,是指通过采取必要措施,防范对网络的攻击、侵入、干扰、破坏和非法使用以及意外事故,使网络处于稳定可靠运行的状态,以及保障网络数据的完整性、保密性、可用性的能力。

(三)网络运营者,是指网络的所有者、管理者和网络服务提供者。

(四)网络数据,是指通过网络收集、存储、传输、处理和产生的各种电子数据。

(五)个人信息,是指以电子或者其他方式记录的能够单独或者与其他信息结合识别自然人个人身份的各种信息,包括但不限于自然人的姓名、出生日期、身份证件号码、个人生物识别信息、住址、电话号码等。

第七十七条　【涉秘规定】存储、处理涉及国家秘密信息的网络的运行安全保护,除应当遵守本法外,还应当遵守保密法律、行政法规的规定。

第七十八条　【例外规定】军事网络的安全保护,由中央军事委员会另行规定。

第七十九条　【施行日期】本法自2017年6月1日起施行。

中华人民共和国电子商务法

1. 2018年8月31日第十三届全国人民代表大会常务委员会第五次会议通过
2. 2018年8月31日中华人民共和国主席令第7号公布
3. 自2019年1月1日起施行

目 录

第一章 总 则
第二章 电子商务经营者
 第一节 一般规定
 第二节 电子商务平台经营者
第三章 电子商务合同的订立与履行
第四章 电子商务争议解决
第五章 电子商务促进
第六章 法律责任
第七章 附 则

第一章 总 则

第一条　【立法目的】为了保障电子商务各方主体的合法权益,规范电子商务行为,维护市场秩序,促进电子商务持续健康发展,制定本法。

第二条　【电子商务的内涵、外延与适用范围】中华人民共和国境内的电子商务活动,适用本法。

本法所称电子商务,是指通过互联网等信息网络销售商品或者提供服务的经营活动。

法律、行政法规对销售商品或者提供服务有规定的,适用其规定。金融类产品和服务,利用信息网络提供新闻信息、音视频节目、出版以及文化产品等内容方面的服务,不适用本法。

第三条　【电子商务新业态、新技术、新模式】国家鼓励发展电子商务新业态,创新商业模式,促进电子商务技术研发和推广应用,推进电子商务诚信体系建设,营造有利于电子商务创新发展的市场环境,充分发挥电子商务在推动高质量发展、满足人民日益增长的美好生活需要、构建开放型经济方面的重要作用。

第四条 【线上线下一致与融合发展】国家平等对待线上线下商务活动,促进线上线下融合发展,各级人民政府和有关部门不得采取歧视性的政策措施,不得滥用行政权力排除、限制市场竞争。

第五条 【电子商务经营者义务和责任】电子商务经营者从事经营活动,应当遵循自愿、平等、公平、诚信的原则,遵守法律和商业道德,公平参与市场竞争,履行消费者权益保护、环境保护、知识产权保护、网络安全与个人信息保护等方面的义务,承担产品和服务质量责任,接受政府和社会的监督。

第六条 【电子商务发展促进与监督管理】国务院有关部门按照职责分工负责电子商务发展促进、监督管理等工作。县级以上地方各级人民政府可以根据本行政区域的实际情况,确定本行政区域内电子商务的部门职责划分。

第七条 【电子商务的协同管理与市场共治】国家建立符合电子商务特点的协同管理体系,推动形成有关部门、电子商务行业组织、电子商务经营者、消费者等共同参与的电子商务市场治理体系。

第八条 【行业自律与规范】电子商务行业组织按照本组织章程开展行业自律,建立健全行业规范,推动行业诚信建设,监督、引导本行业经营者公平参与市场竞争。

第二章 电子商务经营者

第一节 一般规定

第九条 【电子商务经营主体定义与划分】本法所称电子商务经营者,是指通过互联网等信息网络从事销售商品或者提供服务的经营活动的自然人、法人和非法人组织,包括电子商务平台经营者、平台内经营者以及通过自建网站、其他网络服务销售商品或者提供服务的电子商务经营者。

本法所称电子商务平台经营者,是指在电子商务中为交易双方或者多方提供网络经营场所、交易撮合、信息发布等服务,供交易双方或者多方独立开展交易活动的法人或者非法人组织。

本法所称平台内经营者,是指通过电子商务平台销售商品或者提供服务的电子商务经营者。

第十条　【电子商务经营者办理市场主体登记的不同情形】电子商务经营者应当依法办理市场主体登记。但是，个人销售自产农副产品、家庭手工业产品，个人利用自己的技能从事依法无须取得许可的便民劳务活动和零星小额交易活动，以及依照法律、行政法规不需要进行登记的除外。

第十一条　【依法履行纳税义务与办理纳税登记】电子商务经营者应当依法履行纳税义务，并依法享受税收优惠。

依照前条规定不需要办理市场主体登记的电子商务经营者在首次纳税义务发生后，应当依照税收征收管理法律、行政法规的规定申请办理税务登记，并如实申报纳税。

第十二条　【电子商务经营者依法取得行政许可】电子商务经营者从事经营活动，依法需要取得相关行政许可的，应当依法取得行政许可。

第十三条　【不得从事法律禁止的商品或者服务交易】电子商务经营者销售的商品或者提供的服务应当符合保障人身、财产安全的要求和环境保护要求，不得销售或者提供法律、行政法规禁止交易的商品或者服务。

第十四条　【电子发票与纸质发票具有同等法律效力】电子商务经营者销售商品或者提供服务应当依法出具纸质发票或者电子发票等购货凭证或者服务单据。电子发票与纸质发票具有同等法律效力。

第十五条　【电子商务经营者亮照经营义务】电子商务经营者应当在其首页显著位置，持续公示营业执照信息、与其经营业务有关的行政许可信息、属于依照本法第十条规定的不需要办理市场主体登记情形等信息，或者上述信息的链接标识。

前款规定的信息发生变更的，电子商务经营者应当及时更新公示信息。

第十六条　【电子商务经营者自行终止业务的信息公示义务】电子商务经营者自行终止从事电子商务的，应当提前三十日在首页显著位置持续公示有关信息。

第十七条　【全面、真实、准确、及时地披露商品、服务信息】电子商务经营者应当全面、真实、准确、及时地披露商品或者服务信息，保障消费者的知情权和选择权。电子商务经营者不得以虚构交易、编造用户评价等方式进行虚假或者引人误解的商业宣传，欺骗、误导消费者。

第十八条　【不得通过定向搜索侵害消费者的知情权和选择权】电子商务经营者根据消费者的兴趣爱好、消费习惯等特征向其提供商品或者服务的搜索结果的,应当同时向该消费者提供不针对其个人特征的选项,尊重和平等保护消费者合法权益。

电子商务经营者向消费者发送广告的,应当遵守《中华人民共和国广告法》的有关规定。

第十九条 【禁止默认搭售商品或者服务】电子商务经营者搭售商品或者服务,应当以显著方式提请消费者注意,不得将搭售商品或者服务作为默认同意的选项。

第二十条 【电子商务经营者交付商品和服务的在途风险和责任】电子商务经营者应当按照承诺或者与消费者约定的方式、时限向消费者交付商品或者服务,并承担商品运输中的风险和责任。但是,消费者另行选择快递物流服务提供者的除外。

第二十一条 【电子商务经营者收取和退还押金】电子商务经营者按照约定向消费者收取押金的,应当明示押金退还的方式、程序,不得对押金退还设置不合理条件。消费者申请退还押金,符合押金退还条件的,电子商务经营者应当及时退还。

第二十二条 【电子商务经营者不得滥用市场支配地位】电子商务经营者因其技术优势、用户数量、对相关行业的控制能力以及其他经营者对该电子商务经营者在交易上的依赖程度等因素而具有市场支配地位的,不得滥用市场支配地位,排除、限制竞争。

第二十三条 【电子商务经营者的个人信息保护义务】电子商务经营者收集、使用其用户的个人信息,应当遵守法律、行政法规有关个人信息保护的规定。

第二十四条 【用户信息的查询、更正、删除等】电子商务经营者应当明示用户信息查询、更正、删除以及用户注销的方式、程序,不得对用户信息查询、更正、删除以及用户注销设置不合理条件。

电子商务经营者收到用户信息查询或者更正、删除的申请的,应当在核实身份后及时提供查询或者更正、删除用户信息。用户注销的,电子商务经营者应当立即删除该用户的信息;依照法律、行政法规的规定或者双方约定保存的,依照其规定。

第二十五条 【电子商务数据信息提供义务与安全保护】有关主管部门依照法律、行政法规的规定要求电子商务经营者提供有关电子商务数据信息的,电子商务经营者应当提供。有关主管部门应当采取必要措施保护电子商务经营者提供的数据信息的安全,并对其中的个人信息、隐私和商业秘密严格保密,不得泄露、出售或者非法向他人提供。

第二十六条 【跨境电子商务的法律适用】电子商务经营者从事跨境电子商务,应当遵守进出口监督管理的法律、行政法规和国家有关规定。

第二节 电子商务平台经营者

第二十七条 【平台经营者对平台内经营者的身份和信息管理】电子商务平台经营者应当要求申请进入平台销售商品或者提供服务的经营者提交其身份、地址、联系方式、行政许可等真实信息,进行核验、登记,建立登记档案,并定期核验更新。

电子商务平台经营者为进入平台销售商品或者提供服务的非经营用户提供服务,应当遵守本节有关规定。

第二十八条 【平台内经营者的身份信息和纳税信息报送】电子商务平台经营者应当按照规定向市场监督管理部门报送平台内经营者的身份信息,提示未办理市场主体登记的经营者依法办理登记,并配合市场监督管理部门,针对电子商务的特点,为应当办理市场主体登记的经营者办理登记提供便利。

电子商务平台经营者应当依照税收征收管理法律、行政法规的规定,向税务部门报送平台内经营者的身份信息和与纳税有关的信息,并应当提示依照本法第十条规定不需要办理市场主体登记的电子商务经营者依照本法第十一条第二款的规定办理税务登记。

第二十九条 【平台经营者对商品或者服务信息的审查、处置和报告】电子商务平台经营者发现平台内的商品或者服务信息存在违反本法第十二条、第十三条规定情形的,应当依法采取必要的处置措施,并向有关主管部门报告。

第三十条 【网络安全与交易安全保障】电子商务平台经营者应当采取技术措施和其他必要措施保证其网络安全、稳定运行,防范网络违法犯罪活动,有效应对网络安全事件,保障电子商务交易安全。

电子商务平台经营者应当制定网络安全事件应急预案,发生网络安全事件时,应当立即启动应急预案,采取相应的补救措施,并向有关主管部门报告。

第三十一条 【商品和服务信息、交易信息记录和保存】电子商务平台经营者应当记录、保存平台上发布的商品和服务信息、交易信息,并确保信息的完整性、保密性、可用性。商品和服务信息、交易信息保存时间自交易完成之日起不少于三年;法律、行政法规另有规定的,依照其规定。

第三十二条 【平台经营者的服务协议和交易规则制定】电子商务平台经营者应当遵循公开、公平、公正的原则,制定平台服务协议和交易规则,明确进入和退出平台、商品和服务质量保障、消费者权益保护、个人信息保护等方面的权利和义务。

第三十三条 【平台经营者的服务协议和交易规则的公示】电子商务平台经营者应当在其首页显著位置持续公示平台服务协议和交易规则信息或者上述信息的链接标识,并保证经营者和消费者能够便利、完整地阅览和下载。

第三十四条 【平台经营者的服务协议和交易规则修改】电子商务平台经营者修改平台服务协议和交易规则,应当在其首页显著位置公开征求意见,采取合理措施确保有关各方能够及时充分表达意见。修改内容应当至少在实施前七日予以公示。

平台内经营者不接受修改内容,要求退出平台的,电子商务平台经营者不得阻止,并按照修改前的服务协议和交易规则承担相关责任。

第三十五条 【不得进行不合理限制、附加不合理条件、收取不合理费用】电子商务平台经营者不得利用服务协议、交易规则以及技术等手段,对平台内经营者在平台内的交易、交易价格以及与其他经营者的交易等进行不合理限制或者附加不合理条件,或者向平台内经营者收取不合理费用。

第三十六条 【违法违规行为处置信息公示义务】电子商务平台经营者依据平台服务协议和交易规则对平台内经营者违反法律、法规的行为实施警示、暂停或者终止服务等措施的,应当及时公示。

第三十七条 【自营业务的区分标记】电子商务平台经营者在其平台上开展自营业务的,应当以显著方式区分标记自营业务和平台内经营者开展的业务,不得误导消费者。

电子商务平台经营者对其标记为自营的业务依法承担商品销售者或者服务提供者的民事责任。

第三十八条 【平台经营者的连带责任与相应责任】电子商务平台经营者知道或者应当知道平台内经营者销售的商品或者提供的服务不符合保障人身、财产安全的要求,或者有其他侵害消费者合法权益行为,未采取必要措施的,依法与该平台内经营者承担连带责任。

对关系消费者生命健康的商品或者服务,电子商务平台经营者对平台内经营者的资质资格未尽到审核义务,或者对消费者未尽到安全保障义务,造成消费者损害的,依法承担相应的责任。

第三十九条 【信用评价制度与信用评价规则】电子商务平台经营者应当建立健全信用评价制度,公示信用评价规则,为消费者提供对平台内销售的商品或者提供的服务进行评价的途径。

电子商务平台经营者不得删除消费者对其平台内销售的商品或者提供的服务的评价。

第四十条 【竞价排名业务的广告标注义务】电子商务平台经营者应当根据商品或者服务的价格、销量、信用等以多种方式向消费者显示商品或者服务的搜索结果;对于竞价排名的商品或者服务,应当显著标明"广告"。

第四十一条 【知识产权保护规则】电子商务平台经营者应当建立知识产权保护规则,与知识产权权利人加强合作,依法保护知识产权。

第四十二条 【知识产权权利人的通知与平台经营者的删除等措施】知识产权权利人认为其知识产权受到侵害的,有权通知电子商务平台经营者采取删除、屏蔽、断开链接、终止交易和服务等必要措施。通知应当包括构成侵权的初步证据。

电子商务平台经营者接到通知后,应当及时采取必要措施,并将该通知转送平台内经营者;未及时采取必要措施的,对损害的扩大部分与平台内经营者承担连带责任。

因通知错误造成平台内经营者损害的,依法承担民事责任。恶意发出错误通知,造成平台内经营者损失的,加倍承担赔偿责任。

第四十三条 【平台内经营者的声明及平台经营者采取措施的终止】平台内经营者接到转送的通知后,可以向电子商务平台经营者提交不存在侵权行为的声明。声明应当包括不存在侵权行为的初步证据。

电子商务平台经营者接到声明后,应当将该声明转送发出通知的知识产权权利人,并告知其可以向有关主管部门投诉或者向人民法院起诉。电子商务平台经营者在转送声明到达知识产权权利人后十五日内,未收到权利人已经投诉或者起诉通知的,应当及时终止所采取的措施。

第四十四条 【知识产权人的通知、平台内经营者采取的措施以及平台内经营者声明的公示】电子商务平台经营者应当及时公示收到的本法第四十二条、第四十三条规定的通知、声明及处理结果。

第四十五条　【平台经营者知识产权侵权责任】电子商务平台经营者知道或者应当知道平台内经营者侵犯知识产权的,应当采取删除、屏蔽、断开链接、终止交易和服务等必要措施;未采取必要措施的,与侵权人承担连带责任。

第四十六条　【合规经营与不得从事的交易活动】除本法第九条第二款规定的服务外,电子商务平台经营者可以按照平台服务协议和交易规则,为经营者之间的电子商务提供仓储、物流、支付结算、交收等服务。电子商务平台经营者为经营者之间的电子商务提供服务,应当遵守法律、行政法规和国家有关规定,不得采取集中竞价、做市商等集中交易方式进行交易,不得进行标准化合约交易。

第三章　电子商务合同的订立与履行

第四十七条　【电子商务合同的法律适用】电子商务当事人订立和履行合同,适用本章和《中华人民共和国民法总则》《中华人民共和国合同法》《中华人民共和国电子签名法》等法律的规定。

第四十八条　【自动信息系统的法律效力与行为能力推定】电子商务当事人使用自动信息系统订立或者履行合同的行为对使用该系统的当事人具有法律效力。

在电子商务中推定当事人具有相应的民事行为能力。但是,有相反证据足以推翻的除外。

第四十九条　【电子商务合同成立】电子商务经营者发布的商品或者服务信息符合要约条件的,用户选择该商品或者服务并提交订单成功,合同成立。当事人另有约定的,从其约定。

电子商务经营者不得以格式条款等方式约定消费者支付价款后合同不成立;格式条款等含有该内容的,其内容无效。

第五十条　【电子商务合同订立规范】电子商务经营者应当清晰、全面、明确地告知用户订立合同的步骤、注意事项、下载方法等事项,并保证用户能够便利、完整地阅览和下载。

电子商务经营者应当保证用户在提交订单前可以更正输入错误。

第五十一条　【合同标的交付时间与方式】合同标的为交付商品并采用快递物流方式交付的,收货人签收时间为交付时间。合同标的为提供服务的,生成的电子凭证或者实物凭证中载明的时间为交付时间;前述凭证没有载明时间或者载明时间与实际提供服务时间不一致的,实际提供服务的时间为交付时间。

合同标的为采用在线传输方式交付的,合同标的进入对方当事人指定的特定系统并且能够检索识别的时间为交付时间。

合同当事人对交付方式、交付时间另有约定的,从其约定。

第五十二条 【使用快递物流方式交付商品的法律规范】电子商务当事人可以约定采用快递物流方式交付商品。

快递物流服务提供者为电子商务提供快递物流服务,应当遵守法律、行政法规,并应当符合承诺的服务规范和时限。快递物流服务提供者在交付商品时,应当提示收货人当面查验;交由他人代收的,应当经收货人同意。

快递物流服务提供者应当按照规定使用环保包装材料,实现包装材料的减量化和再利用。

快递物流服务提供者在提供快递物流服务的同时,可以接受电子商务经营者的委托提供代收货款服务。

第五十三条 【电子支付服务提供者的义务】电子商务当事人可以约定采用电子支付方式支付价款。

电子支付服务提供者为电子商务提供电子支付服务,应当遵守国家规定,告知用户电子支付服务的功能、使用方法、注意事项、相关风险和收费标准等事项,不得附加不合理交易条件。电子支付服务提供者应当确保电子支付指令的完整性、一致性、可跟踪稽核和不可篡改。

电子支付服务提供者应当向用户免费提供对账服务以及最近三年的交易记录。

第五十四条 【电子支付安全管理要求】电子支付服务提供者提供电子支付服务不符合国家有关支付安全管理要求,造成用户损失的,应当承担赔偿责任。

第五十五条 【错误支付的法律责任】用户在发出支付指令前,应当核对支付指令所包含的金额、收款人等完整信息。

支付指令发生错误的,电子支付服务提供者应当及时查找原因,并采取相关措施予以纠正。造成用户损失的,电子支付服务提供者应当承担赔偿责任,但能够证明支付错误非自身原因造成的除外。

第五十六条 【向用户提供支付确认信息的义务】电子支付服务提供者完成电子支付后,应当及时准确地向用户提供符合约定方式的确认支付的信息。

第五十七条 【未授权支付】用户应当妥善保管交易密码、电子签名数据等安全工具。用户发现安全工具遗失、被盗用或者未经授权的支付的,应当及时通知电子支付服务提供者。

未经授权的支付造成的损失,由电子支付服务提供者承担;电子支付服务提供者能够证明未经授权的支付是因用户的过错造成的,不承担责任。

电子支付服务提供者发现支付指令未经授权,或者收到用户支付指令未经授权的通知时,应当立即采取措施防止损失扩大。电子支付服务提供者未及时采取措施导致损失扩大的,对损失扩大部分承担责任。

第四章 电子商务争议解决

第五十八条 【商品、服务质量担保机制和先行赔偿责任】国家鼓励电子商务平台经营者建立有利于电子商务发展和消费者权益保护的商品、服务质量担保机制。

电子商务平台经营者与平台内经营者协议设立消费者权益保证金的,双方应当就消费者权益保证金的提取数额、管理、使用和退还办法等作出明确约定。

消费者要求电子商务平台经营者承担先行赔偿责任以及电子商务平台经营者赔偿后向平台内经营者的追偿,适用《中华人民共和国消费者权益保护法》的有关规定。

第五十九条 【电子商务经营者的投诉举报机制】电子商务经营者应当建立便捷、有效的投诉、举报机制,公开投诉、举报方式等信息,及时受理并处理投诉、举报。

第六十条 【电子商务争议五种解决方式】电子商务争议可以通过协商和解,请求消费者组织、行业协会或者其他依法成立的调解组织调解,向有关部门投诉,提请仲裁,或者提起诉讼等方式解决。

第六十一条 【协助维权义务】消费者在电子商务平台购买商品或者接受服务,与平台内经营者发生争议时,电子商务平台经营者应当积极协助消费者维护合法权益。

第六十二条 【电子商务经营者提供原始合同和交易记录的义务】在电子商务争议处理中,电子商务经营者应当提供原始合同和交易记录。因电子商务经营者丢失、伪造、篡改、销毁、隐匿或者拒绝提供前述资料,致使人民法院、仲裁机构或者有关机关无法查明事实的,电子商务经营者应当承担相应的法律责任。

第六十三条 【电子商务平台争议在线解决机制】电子商务平台经营者可以建立争议在线解决机制,制定并公示争议解决规则,根据自愿原则,公平、公正地解决当事人的争议。

第五章 电子商务促进

第六十四条 【电子商务发展规划和产业政策】国务院和省、自治区、直辖市人民政府应当将电子商务发展纳入国民经济和社会发展规划,制定科学合理的产业政策,促进电子商务创新发展。

第六十五条 【电子商务绿色发展】国务院和县级以上地方人民政府及其有关部门应当采取措施,支持、推动绿色包装、仓储、运输,促进电子商务绿色发展。

第六十六条 【基础设施建设、统计制度和标准体系建设】国家推动电子商务基础设施和物流网络建设,完善电子商务统计制度,加强电子商务标准体系建设。

第六十七条 【电子商务与各产业融合发展】国家推动电子商务在国民经济各个领域的应用,支持电子商务与各产业融合发展。

第六十八条 【农村电子商务与精准扶贫】国家促进农业生产、加工、流通等环节的互联网技术应用,鼓励各类社会资源加强合作,促进农村电子商务发展,发挥电子商务在精准扶贫中的作用。

第六十九条 【电子商务交易安全与公共数据共享】国家维护电子商务交易安全,保护电子商务用户信息,鼓励电子商务数据开发应用,保障电子商务数据依法有序自由流动。

国家采取措施推动建立公共数据共享机制,促进电子商务经营者依法利用公共数据。

第七十条 【电子商务信用评价】国家支持依法设立的信用评价机构开展电子商务信用评价,向社会提供电子商务信用评价服务。

第七十一条 【跨境电子商务便利化、综合服务与小微企业支持】国家促进跨境电子商务发展，建立健全适应跨境电子商务特点的海关、税收、进出境检验检疫、支付结算等管理制度，提高跨境电子商务各环节便利化水平，支持跨境电子商务平台经营者等为跨境电子商务提供仓储物流、报关、报检等服务。

国家支持小型微型企业从事跨境电子商务。

第七十二条 【单一窗口与电子单证】国家进出口管理部门应当推进跨境电子商务海关申报、纳税、检验检疫等环节的综合服务和监管体系建设，优化监管流程，推动实现信息共享、监管互认、执法互助，提高跨境电子商务服务和监管效率。跨境电子商务经营者可以凭电子单证向国家进出口管理部门办理有关手续。

第七十三条 【国际交流与合作】国家推动建立与不同国家、地区之间跨境电子商务的交流合作，参与电子商务国际规则的制定，促进电子签名、电子身份等国际互认。

国家推动建立与不同国家、地区之间的跨境电子商务争议解决机制。

第六章 法 律 责 任

第七十四条 【电子商务经营者的民事责任】电子商务经营者销售商品或者提供服务，不履行合同义务或者履行合同义务不符合约定，或者造成他人损害的，依法承担民事责任。

第七十五条 【电子商务经营者违法违规的法律责任衔接】电子商务经营者违反本法第十二条、第十三条规定，未取得相关行政许可从事经营活动，或者销售、提供法律、行政法规禁止交易的商品、服务，或者不履行本法第二十五条规定的信息提供义务，电子商务平台经营者违反本法第四十六条规定，采取集中交易方式进行交易，或者进行标准化合约交易的，依照有关法律、行政法规的规定处罚。

第七十六条 【电子商务经营者违反信息公示以及用户信息管理的相关规定的行政处罚】电子商务经营者违反本法规定，有下列行为之一的，由市场监督管理部门责令限期改正，可以处一万元以下的罚款，对其中的电子商务平台经营者，依照本法第八十一条第一款的规定处罚：

（一）未在首页显著位置公示营业执照信息、行政许可信息、属于不需要办理市场主体登记情形等信息，或者上述信息的链接标识的；

（二）未在首页显著位置持续公示终止电子商务的有关信息的；

（三）未明示用户信息查询、更正、删除以及用户注销的方式、程序，或者对用户信息查询、更正、删除以及用户注销设置不合理条件的。

电子商务平台经营者对违反前款规定的平台内经营者未采取必要措施的，由市场监督管理部门责令限期改正，可以处二万元以上十万元以下的罚款。

第七十七条　【违法提供搜索结果或者搭售商品、服务的行政处罚】电子商务经营者违反本法第十八条第一款规定提供搜索结果，或者违反本法第十九条规定搭售商品、服务的，由市场监督管理部门责令限期改正，没收违法所得，可以并处五万元以上二十万元以下的罚款；情节严重的，并处二十万元以上五十万元以下的罚款。

第七十八条　【违反押金管理规定的行政处罚】电子商务经营者违反本法第二十一条规定，未向消费者明示押金退还的方式、程序，对押金退还设置不合理条件，或者不及时退还押金的，由有关主管部门责令限期改正，可以处五万元以上二十万元以下的罚款；情节严重的，处二十万元以上五十万元以下的罚款。

第七十九条　【违反个人信息保护义务、网络安全保障义务的法律责任衔接规定】电子商务经营者违反法律、行政法规有关个人信息保护的规定，或者不履行本法第三十条和有关法律、行政法规规定的网络安全保障义务的，依照《中华人民共和国网络安全法》等法律、行政法规的规定处罚。

第八十条　【违反核验登记、信息报送、违法信息处置、商品和服务信息、交易信息保存义务的行政处罚】电子商务平台经营者有下列行为之一的，由有关主管部门责令限期改正；逾期不改正的，处二万元以上十万元以下的罚款；情节严重的，责令停业整顿，并处十万元以上五十万元以下的罚款：

（一）不履行本法第二十七条规定的核验、登记义务的；

（二）不按照本法第二十八条规定向市场监督管理部门、税务部门报送有关信息的；

（三）不按照本法第二十九条规定对违法情形采取必要的处置措施，或者未向有关主管部门报告的；

（四）不履行本法第三十一条规定的商品和服务信息、交易信息保存义务的。

法律、行政法规对前款规定的违法行为的处罚另有规定的，依照其规定。

第八十一条 【违反服务协议、交易规则管理、自营业务标注、信用评价管理、广告标注义务的行政处罚】电子商务平台经营者违反本法规定,有下列行为之一的,由市场监督管理部门责令限期改正,可以处二万元以上十万元以下的罚款;情节严重的,处十万元以上五十万元以下的罚款:

（一）未在首页显著位置持续公示平台服务协议、交易规则信息或者上述信息的链接标识的;

（二）修改交易规则未在首页显著位置公开征求意见,未按照规定的时间提前公示修改内容,或者阻止平台内经营者退出的;

（三）未以显著方式区分标记自营业务和平台内经营者开展的业务的;

（四）未为消费者提供对平台内销售的商品或者提供的服务进行评价的途径,或者擅自删除消费者的评价的。

电子商务平台经营者违反本法第四十条规定,对竞价排名的商品或者服务未显著标明"广告"的,依照《中华人民共和国广告法》的规定处罚。

第八十二条 【对平台内经营者进行不合理限制、附加不合理条件、收取不合理费用的行政处罚】电子商务平台经营者违反本法第三十五条规定,对平台内经营者在平台内的交易、交易价格或者与其他经营者的交易等进行不合理限制或者附加不合理条件,或者向平台内经营者收取不合理费用的,由市场监督管理部门责令限期改正,可以处五万元以上五十万元以下的罚款;情节严重的,处五十万元以上二百万元以下的罚款。

第八十三条 【平台经营者未履行审核义务以及未尽到安全保障义务的行政处罚】电子商务平台经营者违反本法第三十八条规定,对平台内经营者侵害消费者合法权益行为未采取必要措施,或者对平台内经营者未尽到资质资格审核义务,或者对消费者未尽到安全保障义务的,由市场监督管理部门责令限期改正,可以处五万元以上五十万元以下的罚款;情节严重的,责令停业整顿,并处五十万元以上二百万元以下的罚款。

第八十四条 【平台知识产权侵权的行政处罚】电子商务平台经营者违反本法第四十二条、第四十五条规定,对平台内经营者实施侵犯知识产权行为未依法采取必要措施的,由有关知识产权行政部门责令限期改正;逾期不改正的,处五万元以上五十万元以下的罚款;情节严重的,处五十万元以上二百万元以下的罚款。

第八十五条 【产品质量、反垄断、反不正当竞争、知识产权保护、消费者权益保护等法律的法律责任的衔接性规定】电子商务经营者违反本法规定,销售的商品或者提供的服务不符合保障人身、财产安全的要求,实施虚假或者引人误解的商业宣传等不正当竞争行为,滥用市场支配地位,或者实施侵犯知识产权、侵害消费者权益等行为的,依照有关法律的规定处罚。

第八十六条 【违法行为的信用档案记录与公示】电子商务经营者有本法规定的违法行为的,依照有关法律、行政法规的规定记入信用档案,并予以公示。

第八十七条 【电子商务监管部门工作人员的违法行为的法律责任】依法负有电子商务监督管理职责的部门的工作人员,玩忽职守、滥用职权、徇私舞弊,或者泄露、出售或者非法向他人提供在履行职责中所知悉的个人信息、隐私和商业秘密的,依法追究法律责任。

第八十八条 【违法行为的治安管理处罚和刑事责任】违反本法规定,构成违反治安管理行为的,依法给予治安管理处罚;构成犯罪的,依法追究刑事责任。

第七章 附 则

第八十九条 【施行日期】本法自2019年1月1日起施行。

中华人民共和国反电信网络诈骗法(节录)

1. 2022年9月2日第十三届全国人民代表大会常务委员会第三十六次会议通过
2. 2022年9月2日中华人民共和国主席令第119号公布
3. 自2022年12月1日起施行

第五条 【保护国家秘密、商业秘密和个人隐私】反电信网络诈骗工作应当依法进行,维护公民和组织的合法权益。

有关部门和单位、个人应当对在反电信网络诈骗工作过程中知悉的国家秘密、商业秘密和个人隐私、个人信息予以保密。

第二十五条 【涉诈"黑灰产"防治和履行合理注意义务】任何单位和个人

不得为他人实施电信网络诈骗活动提供下列支持或者帮助：

（一）出售、提供个人信息；

（二）帮助他人通过虚拟货币交易等方式洗钱；

（三）其他为电信网络诈骗活动提供支持或者帮助的行为。

电信业务经营者、互联网服务提供者应当依照国家有关规定，履行合理注意义务，对利用下列业务从事涉诈支持、帮助活动进行监测识别和处置：

（一）提供互联网接入、服务器托管、网络存储、通讯传输、线路出租、域名解析等网络资源服务；

（二）提供信息发布或者搜索、广告推广、引流推广等网络推广服务；

（三）提供应用程序、网站等网络技术、产品的制作、维护服务；

（四）提供支付结算服务。

第二十九条　【个人信息保护】个人信息处理者应当依照《中华人民共和国个人信息保护法》等法律规定，规范个人信息处理，加强个人信息保护，建立个人信息被用于电信网络诈骗的防范机制。

履行个人信息保护职责的部门、单位对可能被电信网络诈骗利用的物流信息、交易信息、贷款信息、医疗信息、婚介信息等实施重点保护。公安机关办理电信网络诈骗案件，应当同时查证犯罪所利用的个人信息来源，依法追究相关人员和单位责任。

中华人民共和国消费者权益保护法（节录）

1. 1993年10月31日第八届全国人民代表大会常务委员会第四次会议通过
2. 根据2009年8月27日第十一届全国人民代表大会常务委员会第十次会议《关于修改部分法律的决定》第一次修正
3. 根据2013年10月25日第十二届全国人民代表大会常务委员会第五次会议《关于修改〈中华人民共和国消费者权益保护法〉的决定》第二次修正

第十四条　【受尊重权】消费者在购买、使用商品和接受服务时，享有人格尊严、民族风俗习惯得到尊重的权利，享有个人信息依法得到保护的权利。

第二十九条 【消费者个人信息保护义务】经营者收集、使用消费者个人信息,应当遵循合法、正当、必要的原则,明示收集、使用信息的目的、方式和范围,并经消费者同意。经营者收集、使用消费者个人信息,应当公开其收集、使用规则,不得违反法律、法规的规定和双方的约定收集、使用信息。

经营者及其工作人员对收集的消费者个人信息必须严格保密,不得泄露、出售或者非法向他人提供。经营者应当采取技术措施和其他必要措施,确保信息安全,防止消费者个人信息泄露、丢失。在发生或者可能发生信息泄露、丢失的情况时,应当立即采取补救措施。

经营者未经消费者同意或者请求,或者消费者明确表示拒绝的,不得向其发送商业性信息。

第五十条 【侵害消费者人格尊严、人身自由或个人信息的民事责任】经营者侵害消费者的人格尊严、侵犯消费者人身自由或者侵害消费者个人信息依法得到保护的权利的,应当停止侵害、恢复名誉、消除影响、赔礼道歉,并赔偿损失。

第五十六条 【承担行政责任的情形】经营者有下列情形之一,除承担相应的民事责任外,其他有关法律、法规对处罚机关和处罚方式有规定的,依照法律、法规的规定执行;法律、法规未作规定的,由工商行政管理部门或者其他有关行政部门责令改正,可以根据情节单处或者并处警告、没收违法所得、处以违法所得一倍以上十倍以下的罚款,没有违法所得的,处以五十万元以下的罚款;情节严重的,责令停业整顿、吊销营业执照:

(一)提供的商品或者服务不符合保障人身、财产安全要求的;

(二)在商品中掺杂、掺假,以假充真,以次充好,或者以不合格商品冒充合格商品的;

(三)生产国家明令淘汰的商品或者销售失效、变质的商品的;

(四)伪造商品的产地,伪造或者冒用他人的厂名、厂址,篡改生产日期,伪造或者冒用认证标志等质量标志的;

(五)销售的商品应当检验、检疫而未检验、检疫或者伪造检验、检疫结果的;

(六)对商品或者服务作虚假或者引人误解的宣传的;

(七)拒绝或者拖延有关行政部门责令对缺陷商品或者服务采取停止销售、警示、召回、无害化处理、销毁、停止生产或者服务等措施的;

（八）对消费者提出的修理、重作、更换、退货、补足商品数量、退还货款和服务费用或者赔偿损失的要求，故意拖延或者无理拒绝的；

（九）侵害消费者人格尊严、侵犯消费者人身自由或者侵害消费者个人信息依法得到保护的权利的；

（十）法律、法规规定的对损害消费者权益应当予以处罚的其他情形。

经营者有前款规定情形的，除依照法律、法规规定予以处罚外，处罚机关应当记入信用档案，向社会公布。

中华人民共和国未成年人保护法（节录）

1. 1991年9月4日第七届全国人民代表大会常务委员会第二十一次会议通过
2. 2006年12月29日第十届全国人民代表大会常务委员会第二十五次会议第一次修订
3. 根据2012年10月26日第十一届全国人民代表大会常务委员会第二十九次会议《关于修改〈中华人民共和国未成年人保护法〉的决定》第一次修正
4. 2020年10月17日第十三届全国人民代表大会常务委员会第二十二次会议第二次修订
5. 根据2024年4月26日第十四届全国人民代表大会常务委员会第九次会议《关于修改〈中华人民共和国农业技术推广法〉、〈中华人民共和国未成年人保护法〉、〈中华人民共和国生物安全法〉的决定》第二次修正

第四条 【未成年人保护的基本原则和要求】保护未成年人，应当坚持最有利于未成年人的原则。处理涉及未成年人事项，应当符合下列要求：

（一）给予未成年人特殊、优先保护；

（二）尊重未成年人人格尊严；

（三）保护未成年人隐私权和个人信息；

（四）适应未成年人身心健康发展的规律和特点；

（五）听取未成年人的意见；

（六）保护与教育相结合。

第七十二条 【未成年人个人信息处理以及更正权、删除权】信息处理者通

过网络处理未成年人个人信息的,应当遵循合法、正当和必要的原则。处理不满十四周岁未成年人个人信息的,应当征得未成年人的父母或者其他监护人同意,但法律、行政法规另有规定的除外。

未成年人、父母或者其他监护人要求信息处理者更正、删除未成年人个人信息的,信息处理者应当及时采取措施予以更正、删除,但法律、行政法规另有规定的除外。

全国人民代表大会常务委员会
关于加强网络信息保护的决定

2012年12月28日第十一届全国人民代表大会常务委员会第三十次会议通过

为了保护网络信息安全,保障公民、法人和其他组织的合法权益,维护国家安全和社会公共利益,特作如下决定:

一、国家保护能够识别公民个人身份和涉及公民个人隐私的电子信息。

任何组织和个人不得窃取或者以其他非法方式获取公民个人电子信息,不得出售或者非法向他人提供公民个人电子信息。

二、网络服务提供者和其他企业事业单位在业务活动中收集、使用公民个人电子信息,应当遵循合法、正当、必要的原则,明示收集、使用信息的目的、方式和范围,并经被收集者同意,不得违反法律、法规的规定和双方的约定收集、使用信息。

网络服务提供者和其他企业事业单位收集、使用公民个人电子信息,应当公开其收集、使用规则。

三、网络服务提供者和其他企业事业单位及其工作人员对在业务活动中收集的公民个人电子信息必须严格保密,不得泄露、篡改、毁损,不得出售或者非法向他人提供。

四、网络服务提供者和其他企业事业单位应当采取技术措施和其他必要措施,确保信息安全,防止在业务活动中收集的公民个人电子信息泄露、毁损、丢失。在发生或者可能发生信息泄露、毁损、丢失的情况时,应当立即采取补救措施。

五、网络服务提供者应当加强对其用户发布的信息的管理,发现法律、法规禁止发布或者传输的信息的,应当立即停止传输该信息,采取消除等处置措施,保存有关记录,并向有关主管部门报告。

六、网络服务提供者为用户办理网站接入服务,办理固定电话、移动电话等入网手续,或者为用户提供信息发布服务,应当在与用户签订协议或者确认提供服务时,要求用户提供真实身份信息。

七、任何组织和个人未经电子信息接收者同意或者请求,或者电子信息接收者明确表示拒绝的,不得向其固定电话、移动电话或者个人电子邮箱发送商业性电子信息。

八、公民发现泄露个人身份、散布个人隐私等侵害其合法权益的网络信息,或者受到商业性电子信息侵扰的,有权要求网络服务提供者删除有关信息或者采取其他必要措施予以制止。

九、任何组织和个人对窃取或者以其他非法方式获取、出售或者非法向他人提供公民个人电子信息的违法犯罪行为以及其他网络信息违法犯罪行为,有权向有关主管部门举报、控告;接到举报、控告的部门应当依法及时处理。被侵权人可以依法提起诉讼。

十、有关主管部门应当在各自职权范围内依法履行职责,采取技术措施和其他必要措施,防范、制止和查处窃取或者以其他非法方式获取、出售或者非法向他人提供公民个人电子信息的违法犯罪行为以及其他网络信息违法犯罪行为。有关主管部门依法履行职责时,网络服务提供者应当予以配合,提供技术支持。

国家机关及其工作人员对在履行职责中知悉的公民个人电子信息应当予以保密,不得泄露、篡改、毁损,不得出售或者非法向他人提供。

十一、对有违反本决定行为的,依法给予警告、罚款、没收违法所得、吊销许可证或者取消备案、关闭网站、禁止有关责任人员从事网络服务业务等处罚,记入社会信用档案并予以公布;构成违反治安管理行为的,依法给予治安管理处罚。构成犯罪的,依法追究刑事责任。侵害他人民事权益的,依法承担民事责任。

十二、本决定自公布之日起施行。

全国人民代表大会常务委员会
关于维护互联网安全的决定

1. 2000年12月28日第九届全国人民代表大会常务委员会第十九次会议通过
2. 根据2009年8月27日第十一届全国人民代表大会常务委员会第十次会议《关于修改部分法律的决定》修正

我国的互联网,在国家大力倡导和积极推动下,在经济建设和各项事业中得到日益广泛的应用,使人们的生产、工作、学习和生活方式已经开始并将继续发生深刻的变化,对于加快我国国民经济、科学技术的发展和社会服务信息化进程具有重要作用。同时,如何保障互联网的运行安全和信息安全问题已经引起全社会的普遍关注。为了兴利除弊,促进我国互联网的健康发展,维护国家安全和社会公共利益,保护个人、法人和其他组织的合法权益,特作如下决定:

一、为了保障互联网的运行安全,对有下列行为之一,构成犯罪的,依照刑法有关规定追究刑事责任:

(一)侵入国家事务、国防建设、尖端科学技术领域的计算机信息系统;

(二)故意制作、传播计算机病毒等破坏性程序,攻击计算机系统及通信网络,致使计算机系统及通信网络遭受损害;

(三)违反国家规定,擅自中断计算机网络或者通信服务,造成计算机网络或者通信系统不能正常运行。

二、为了维护国家安全和社会稳定,对有下列行为之一,构成犯罪的,依照刑法有关规定追究刑事责任:

(一)利用互联网造谣、诽谤或者发表、传播其他有害信息,煽动颠覆国家政权、推翻社会主义制度,或者煽动分裂国家、破坏国家统一;

(二)通过互联网窃取、泄露国家秘密、情报或者军事秘密;

(三)利用互联网煽动民族仇恨、民族歧视,破坏民族团结;

(四)利用互联网组织邪教组织、联络邪教组织成员,破坏国家法律、行政法规实施。

三、为了维护社会主义市场经济秩序和社会管理秩序,对有下列行为之一,构成犯罪的,依照刑法有关规定追究刑事责任:

(一)利用互联网销售伪劣产品或者对商品、服务作虚假宣传;

(二)利用互联网损害他人商业信誉和商品声誉;

(三)利用互联网侵犯他人知识产权;

(四)利用互联网编造并传播影响证券、期货交易或者其他扰乱金融秩序的虚假信息;

(五)在互联网上建立淫秽网站、网页,提供淫秽站点链接服务,或者传播淫秽书刊、影片、音像、图片。

四、为了保护个人、法人和其他组织的人身、财产等合法权利,对有下列行为之一,构成犯罪的,依照刑法有关规定追究刑事责任:

(一)利用互联网侮辱他人或者捏造事实诽谤他人;

(二)非法截获、篡改、删除他人电子邮件或者其他数据资料,侵犯公民通信自由和通信秘密;

(三)利用互联网进行盗窃、诈骗、敲诈勒索。

五、利用互联网实施本决定第一条、第二条、第三条、第四条所列行为以外的其他行为,构成犯罪的,依照刑法有关规定追究刑事责任。

六、利用互联网实施违法行为,违反社会治安管理,尚不构成犯罪的,由公安机关依照《治安管理处罚法》予以处罚;违反其他法律、行政法规,尚不构成犯罪的,由有关行政管理部门依法给予行政处罚;对直接负责的主管人员和其他直接责任人员,依法给予行政处分或者纪律处分。

利用互联网侵犯他人合法权益,构成民事侵权的,依法承担民事责任。

七、各级人民政府及有关部门要采取积极措施,在促进互联网的应用和网络技术的普及过程中,重视和支持对网络安全技术的研究和开发,增强网络的安全防护能力。有关主管部门要加强对互联网的运行安全和信息安全的宣传教育,依法实施有效的监督管理,防范和制止利用互联网进行的各种违法活动,为互联网的健康发展创造良好的社会环境。从事互联网业务的单位要依法开展活动,发现互联网上出现违法犯罪行为和有害信息时,要采取措施,停止传输有害信息,并及时向有关机关报告。任何单位和个人在利用互联网时,都要遵纪守法,抵制各种违法犯罪行为和有害信息。人民法院、人民检察院、公安机关、国家安全机关要各司其职,密切配合,依法严厉打击利用互联网实施的各种犯罪活动。要动员全社会的力量,依靠全社会的共同努力,保障互联网的运行安全与信息安全,促进社会主义精神文明和物质文明建设。

二、行政法规

中华人民共和国计算机信息系统安全保护条例

1. 1994年2月18日国务院令第147号发布
2. 根据2011年1月8日国务院令第588号《关于废止和修改部分行政法规的决定》修订

第一章 总 则

第一条 为了保护计算机信息系统的安全，促进计算机的应用和发展，保障社会主义现代化建设的顺利进行，制定本条例。

第二条 本条例所称的计算机信息系统，是指由计算机及其相关的和配套的设备、设施（含网络）构成的，按照一定的应用目标和规则对信息进行采集、加工、存储、传输、检索等处理的人机系统。

第三条 计算机信息系统的安全保护，应当保障计算机及其相关的和配套的设备、设施（含网络）的安全，运行环境的安全，保障信息的安全，保障计算机功能的正常发挥，以维护计算机信息系统的安全运行。

第四条 计算机信息系统的安全保护工作，重点维护国家事务、经济建设、国防建设、尖端科学技术等重要领域的计算机信息系统的安全。

第五条 中华人民共和国境内的计算机信息系统的安全保护，适用本条例。未联网的微型计算机的安全保护办法，另行制定。

第六条 公安部主管全国计算机信息系统安全保护工作。

国家安全部、国家保密局和国务院其他有关部门，在国务院规定的职责范围内做好计算机信息系统安全保护的有关工作。

第七条 任何组织或者个人，不得利用计算机信息系统从事危害国家利益、集体利益和公民合法利益的活动，不得危害计算机信息系统的安全。

第二章 安全保护制度

第八条 计算机信息系统的建设和应用，应当遵守法律、行政法规和国家其他有关规定。

第九条 计算机信息系统实行安全等级保护。安全等级的划分标准和安全等级保护的具体办法,由公安部会同有关部门制定。

第十条 计算机机房应当符合国家标准和国家有关规定。

在计算机机房附近施工,不得危害计算机信息系统的安全。

第十一条 进行国际联网的计算机信息系统,由计算机信息系统的使用单位报省级以上人民政府公安机关备案。

第十二条 运输、携带、邮寄计算机信息媒体进出境的,应当如实向海关申报。

第十三条 计算机信息系统的使用单位应当建立健全安全管理制度,负责本单位计算机信息系统的安全保护工作。

第十四条 对计算机信息系统中发生的案件,有关使用单位应当在 24 小时内向当地县级以上人民政府公安机关报告。

第十五条 对计算机病毒和危害社会公共安全的其他有害数据的防治研究工作,由公安部归口管理。

第十六条 国家对计算机信息系统安全专用产品的销售实行许可证制度。具体办法由公安部会同有关部门制定。

第三章 安 全 监 督

第十七条 公安机关对计算机信息系统安全保护工作行使下列监督职权:

(一)监督、检查、指导计算机信息系统安全保护工作;

(二)查处危害计算机信息系统安全的违法犯罪案件;

(三)履行计算机信息系统安全保护工作的其他监督职责。

第十八条 公安机关发现影响计算机信息系统安全的隐患时,应当及时通知使用单位采取安全保护措施。

第十九条 公安部在紧急情况下,可以就涉及计算机信息系统安全的特定事项发布专项通令。

第四章 法 律 责 任

第二十条 违反本条例的规定,有下列行为之一的,由公安机关处以警告或者停机整顿:

(一)违反计算机信息系统安全等级保护制度,危害计算机信息系统安全的;

(二)违反计算机信息系统国际联网备案制度的;

(三)不按照规定时间报告计算机信息系统中发生的案件的;

(四)接到公安机关要求改进安全状况的通知后,在限期内拒不改进的;

(五)有危害计算机信息系统安全的其他行为的。

第二十一条 计算机机房不符合国家标准和国家其他有关规定的,或者在计算机机房附近施工危害计算机信息系统安全的,由公安机关会同有关单位进行处理。

第二十二条 运输、携带、邮寄计算机信息媒体进出境,不如实向海关申报的,由海关依照《中华人民共和国海关法》和本条例以及其他有关法律、法规的规定处理。

第二十三条 故意输入计算机病毒以及其他有害数据危害计算机信息系统安全的,或者未经许可出售计算机信息系统安全专用产品的,由公安机关处以警告或者对个人处以5000元以下的罚款、对单位处以1.5万元以下的罚款;有违法所得的,除予以没收外,可以处以违法所得1至3倍的罚款。

第二十四条 违反本条例的规定,构成违反治安管理行为的,依照《中华人民共和国治安管理处罚法》的有关规定处罚;构成犯罪的,依法追究刑事责任。

第二十五条 任何组织或者个人违反本条例的规定,给国家、集体或者他人财产造成损失的,应当依法承担民事责任。

第二十六条 当事人对公安机关依照本条例所作出的具体行政行为不服的,可以依法申请行政复议或者提起行政诉讼。

第二十七条 执行本条例的国家公务员利用职权,索取、收受贿赂或者有其他违法、失职行为,构成犯罪的,依法追究刑事责任;尚不构成犯罪的,给予行政处分。

第五章 附 则

第二十八条 本条例下列用语的含义:

计算机病毒,是指编制或者在计算机程序中插入的破坏计算机功能或者毁坏数据,影响计算机使用,并能自我复制的一组计算机指令或者程序代码。

计算机信息系统安全专用产品,是指用于保护计算机信息系统安全的专用硬件和软件产品。

第二十九条 军队的计算机信息系统安全保护工作,按照军队的有关法规执行。

第三十条 公安部可以根据本条例制定实施办法。

第三十一条 本条例自发布之日起施行。

征信业管理条例

1. 2012年12月26日国务院第228次常务会议通过
2. 2013年1月21日中华人民共和国国务院令第631号公布
3. 自2013年3月15日起施行

第一章 总 则

第一条 为了规范征信活动,保护当事人合法权益,引导、促进征信业健康发展,推进社会信用体系建设,制定本条例。

第二条 在中国境内从事征信业务及相关活动,适用本条例。

本条例所称征信业务,是指对企业、事业单位等组织(以下统称企业)的信用信息和个人的信用信息进行采集、整理、保存、加工,并向信息使用者提供的活动。

国家设立的金融信用信息基础数据库进行信息的采集、整理、保存、加工和提供,适用本条例第五章规定。

国家机关以及法律、法规授权的具有管理公共事务职能的组织依照法律、行政法规和国务院的规定,为履行职责进行的企业和个人信息的采集、整理、保存、加工和公布,不适用本条例。

第三条 从事征信业务及相关活动,应当遵守法律法规,诚实守信,不得危害国家秘密,不得侵犯商业秘密和个人隐私。

第四条 中国人民银行(以下称国务院征信业监督管理部门)及其派出机构依法对征信业进行监督管理。

县级以上地方人民政府和国务院有关部门依法推进本地区、本行业的社会信用体系建设,培育征信市场,推动征信业发展。

第二章 征信机构

第五条 本条例所称征信机构,是指依法设立,主要经营征信业务的机构。

第六条 设立经营个人征信业务的征信机构,应当符合《中华人民共和国公司法》规定的公司设立条件和下列条件,并经国务院征信业监督管理部门批准:

(一)主要股东信誉良好,最近3年无重大违法违规记录;

(二)注册资本不少于人民币5000万元;

(三)有符合国务院征信业监督管理部门规定的保障信息安全的设施、设备和制度、措施;

(四)拟任董事、监事和高级管理人员符合本条例第八条规定的任职条件;

(五)国务院征信业监督管理部门规定的其他审慎性条件。

第七条 申请设立经营个人征信业务的征信机构,应当向国务院征信业监督管理部门提交申请书和证明其符合本条例第六条规定条件的材料。

国务院征信业监督管理部门应当依法进行审查,自受理申请之日起60日内作出批准或者不予批准的决定。决定批准的,颁发个人征信业务经营许可证;不予批准的,应当书面说明理由。

经批准设立的经营个人征信业务的征信机构,凭个人征信业务经营许可证向公司登记机关办理登记。

未经国务院征信业监督管理部门批准,任何单位和个人不得经营个人征信业务。

第八条 经营个人征信业务的征信机构的董事、监事和高级管理人员,应当熟悉与征信业务相关的法律法规,具有履行职责所需的征信业从业经验和管理能力,最近3年无重大违法违规记录,并取得国务院征信业监督管理部门核准的任职资格。

第九条 经营个人征信业务的征信机构设立分支机构、合并或者分立、变更注册资本、变更出资额占公司资本总额5%以上或者持股占公司股份5%以上的股东的,应当经国务院征信业监督管理部门批准。

经营个人征信业务的征信机构变更名称的,应当向国务院征信业监督管理部门办理备案。

第十条 设立经营企业征信业务的征信机构,应当符合《中华人民共和国公司法》规定的设立条件,并自公司登记机关准予登记之日起30日内向

所在地的国务院征信业监督管理部门派出机构办理备案,并提供下列材料:

(一)营业执照;

(二)股权结构、组织机构说明;

(三)业务范围、业务规则、业务系统的基本情况;

(四)信息安全和风险防范措施。

备案事项发生变更的,应当自变更之日起30日内向原备案机构办理变更备案。

第十一条 征信机构应当按照国务院征信业监督管理部门的规定,报告上一年度开展征信业务的情况。

国务院征信业监督管理部门应当向社会公告经营个人征信业务和企业征信业务的征信机构名单,并及时更新。

第十二条 征信机构解散或者被依法宣告破产的,应当向国务院征信业监督管理部门报告,并按照下列方式处理信息数据库:

(一)与其他征信机构约定并经国务院征信业监督管理部门同意,转让给其他征信机构;

(二)不能依照前项规定转让的,移交给国务院征信业监督管理部门指定的征信机构;

(三)不能依照前两项规定转让、移交的,在国务院征信业监督管理部门的监督下销毁。

经营个人征信业务的征信机构解散或者被依法宣告破产的,还应当在国务院征信业监督管理部门指定的媒体上公告,并将个人征信业务经营许可证交国务院征信业监督管理部门注销。

第三章 征信业务规则

第十三条 采集个人信息应当经信息主体本人同意,未经本人同意不得采集。但是,依照法律、行政法规规定公开的信息除外。

企业的董事、监事、高级管理人员与其履行职务相关的信息,不作为个人信息。

第十四条 禁止征信机构采集个人的宗教信仰、基因、指纹、血型、疾病和病史信息以及法律、行政法规规定禁止采集的其他个人信息。

征信机构不得采集个人的收入、存款、有价证券、商业保险、不动产的信息和纳税数额信息。但是,征信机构明确告知信息主体提供该信息可能产生的不利后果,并取得其书面同意的除外。

第十五条　信息提供者向征信机构提供个人不良信息,应当事先告知信息主体本人。但是,依照法律、行政法规规定公开的不良信息除外。

第十六条　征信机构对个人不良信息的保存期限,自不良行为或者事件终止之日起为5年;超过5年的,应当予以删除。

在不良信息保存期限内,信息主体可以对不良信息作出说明,征信机构应当予以记载。

第十七条　信息主体可以向征信机构查询自身信息。个人信息主体有权每年两次免费获取本人的信用报告。

第十八条　向征信机构查询个人信息的,应当取得信息主体本人的书面同意并约定用途。但是,法律规定可以不经同意查询的除外。

征信机构不得违反前款规定提供个人信息。

第十九条　征信机构或者信息提供者、信息使用者采用格式合同条款取得个人信息主体同意的,应当在合同中作出足以引起信息主体注意的提示,并按照信息主体的要求作出明确说明。

第二十条　信息使用者应当按照与个人信息主体约定的用途使用个人信息,不得用作约定以外的用途,不得未经个人信息主体同意向第三方提供。

第二十一条　征信机构可以通过信息主体、企业交易对方、行业协会提供信息,政府有关部门依法已公开的信息,人民法院依法公布的判决、裁定等渠道,采集企业信息。

征信机构不得采集法律、行政法规禁止采集的企业信息。

第二十二条　征信机构应当按照国务院征信业监督管理部门的规定,建立健全和严格执行保障信息安全的规章制度,并采取有效技术措施保障信息安全。

经营个人征信业务的征信机构应当对其工作人员查询个人信息的权限和程序作出明确规定,对工作人员查询个人信息的情况进行登记,如实记载查询工作人员的姓名、查询的时间、内容及用途。工作人员不得违反规定的权限和程序查询信息,不得泄露工作中获取的信息。

第二十三条　征信机构应当采取合理措施,保障其提供信息的准确性。

征信机构提供的信息供信息使用者参考。

第二十四条 征信机构在中国境内采集的信息的整理、保存和加工,应当在中国境内进行。

征信机构向境外组织或者个人提供信息,应当遵守法律、行政法规和国务院征信业监督管理部门的有关规定。

第四章 异议和投诉

第二十五条 信息主体认为征信机构采集、保存、提供的信息存在错误、遗漏的,有权向征信机构或者信息提供者提出异议,要求更正。

征信机构或者信息提供者收到异议,应当按照国务院征信业监督管理部门的规定对相关信息作出存在异议的标注,自收到异议之日起20日内进行核查和处理,并将结果书面答复异议人。

经核查,确认相关信息确有错误、遗漏的,信息提供者、征信机构应当予以更正;确认不存在错误、遗漏的,应当取消异议标注;经核查仍不能确认的,对核查情况和异议内容应当予以记载。

第二十六条 信息主体认为征信机构或者信息提供者、信息使用者侵害其合法权益的,可以向所在地的国务院征信业监督管理部门派出机构投诉。

受理投诉的机构应当及时进行核查和处理,自受理之日起30日内书面答复投诉人。

信息主体认为征信机构或者信息提供者、信息使用者侵害其合法权益的,可以直接向人民法院起诉。

第五章 金融信用信息基础数据库

第二十七条 国家设立金融信用信息基础数据库,为防范金融风险、促进金融业发展提供相关信息服务。

金融信用信息基础数据库由专业运行机构建设、运行和维护。该运行机构不以营利为目的,由国务院征信业监督管理部门监督管理。

第二十八条 金融信用信息基础数据库接收从事信贷业务的机构按照规定提供的信贷信息。

金融信用信息基础数据库为信息主体和取得信息主体本人书面同意的信息使用者提供查询服务。国家机关可以依法查询金融信用信息基础数据库的信息。

第二十九条 从事信贷业务的机构应当按照规定向金融信用信息基础数据库提供信贷信息。

从事信贷业务的机构向金融信用信息基础数据库或者其他主体提供信贷信息，应当事先取得信息主体的书面同意，并适用本条例关于信息提供者的规定。

第三十条 不从事信贷业务的金融机构向金融信用信息基础数据库提供、查询信用信息以及金融信用信息基础数据库接收其提供的信用信息的具体办法，由国务院征信业监督管理部门会同国务院有关金融监督管理机构依法制定。

第三十一条 金融信用信息基础数据库运行机构可以按照补偿成本原则收取查询服务费用，收费标准由国务院价格主管部门规定。

第三十二条 本条例第十四条、第十六条、第十七条、第十八条、第二十二条、第二十三条、第二十四条、第二十五条、第二十六条适用于金融信用信息基础数据库运行机构。

第六章 监督管理

第三十三条 国务院征信业监督管理部门及其派出机构依照法律、行政法规和国务院的规定，履行对征信业和金融信用信息基础数据库运行机构的监督管理职责，可以采取下列监督检查措施：

（一）进入征信机构、金融信用信息基础数据库运行机构进行现场检查，对向金融信用信息基础数据库提供或者查询信息的机构遵守本条例有关规定的情况进行检查；

（二）询问当事人和与被调查事件有关的单位和个人，要求其对与被调查事件有关的事项作出说明；

（三）查阅、复制与被调查事件有关的文件、资料，对可能被转移、销毁、隐匿或者篡改的文件、资料予以封存；

（四）检查相关信息系统。

进行现场检查或者调查的人员不得少于2人，并应当出示合法证件和检查、调查通知书。

被检查、调查的单位和个人应当配合，如实提供有关文件、资料，不得隐瞒、拒绝和阻碍。

第三十四条 经营个人征信业务的征信机构、金融信用信息基础数据库、向金融信用信息基础数据库提供或者查询信息的机构发生重大信息泄露等事件的，国务院征信业监督管理部门可以采取临时接管相关信息系统等必要措施,避免损害扩大。

第三十五条 国务院征信业监督管理部门及其派出机构的工作人员对在工作中知悉的国家秘密和信息主体的信息,应当依法保密。

第七章 法律责任

第三十六条 未经国务院征信业监督管理部门批准,擅自设立经营个人征信业务的征信机构或者从事个人征信业务活动的,由国务院征信业监督管理部门予以取缔,没收违法所得,并处5万元以上50万元以下的罚款;构成犯罪的,依法追究刑事责任。

第三十七条 经营个人征信业务的征信机构违反本条例第九条规定的,由国务院征信业监督管理部门责令限期改正,对单位处2万元以上20万元以下的罚款;对直接负责的主管人员和其他直接责任人员给予警告,处1万元以下的罚款。

经营企业征信业务的征信机构未按照本条例第十条规定办理备案的,由其所在地的国务院征信业监督管理部门派出机构责令限期改正;逾期不改正的,依照前款规定处罚。

第三十八条 征信机构、金融信用信息基础数据库运行机构违反本条例规定,有下列行为之一的,由国务院征信业监督管理部门或者其派出机构责令限期改正,对单位处5万元以上50万元以下的罚款;对直接负责的主管人员和其他直接责任人员处1万元以上10万元以下的罚款;有违法所得的,没收违法所得。给信息主体造成损失的,依法承担民事责任;构成犯罪的,依法追究刑事责任:

(一)窃取或者以其他方式非法获取信息;

(二)采集禁止采集的个人信息或者未经同意采集个人信息;

(三)违法提供或者出售信息;

(四)因过失泄露信息;

(五)逾期不删除个人不良信息;

(六)未按照规定对异议信息进行核查和处理;

(七)拒绝、阻碍国务院征信业监督管理部门或者其派出机构检查、调查或者不如实提供有关文件、资料;

(八)违反征信业务规则,侵害信息主体合法权益的其他行为。

经营个人征信业务的征信机构有前款所列行为之一,情节严重或者造成严重后果的,由国务院征信业监督管理部门吊销其个人征信业务经营许可证。

第三十九条 征信机构违反本条例规定,未按照规定报告其上一年度开展征信业务情况的,由国务院征信业监督管理部门或者其派出机构责令限期改正;逾期不改正的,对单位处2万元以上10万元以下的罚款;对直接负责的主管人员和其他直接责任人员给予警告,处1万元以下的罚款。

第四十条 向金融信用信息基础数据库提供或者查询信息的机构违反本条例规定,有下列行为之一的,由国务院征信业监督管理部门或者其派出机构责令限期改正,对单位处5万元以上50万元以下的罚款;对直接负责的主管人员和其他直接责任人员处1万元以上10万元以下的罚款;有违法所得的,没收违法所得。给信息主体造成损失的,依法承担民事责任;构成犯罪的,依法追究刑事责任:

(一)违法提供或者出售信息;

(二)因过失泄露信息;

(三)未经同意查询个人信息或者企业的信贷信息;

(四)未按照规定处理异议或者对确有错误、遗漏的信息不予更正;

(五)拒绝、阻碍国务院征信业监督管理部门或者其派出机构检查、调查或者不如实提供有关文件、资料。

第四十一条 信息提供者违反本条例规定,向征信机构、金融信用信息基础数据库提供非依法公开的个人不良信息,未事先告知信息主体本人,情节严重或者造成严重后果的,由国务院征信业监督管理部门或者其派出机构对单位处2万元以上20万元以下的罚款;对个人处1万元以上5万元以下的罚款。

第四十二条 信息使用者违反本条例规定,未按照与个人信息主体约定的用途使用个人信息或者未经个人信息主体同意向第三方提供个人信息,情节严重或者造成严重后果的,由国务院征信业监督管理部门或者其派出机构对单位处2万元以上20万元以下的罚款;对个人处1万元以上5万元以下的罚款;有违法所得的,没收违法所得。给信息主体造成损失的,依法承担民事责任;构成犯罪的,依法追究刑事责任。

第四十三条 国务院征信业监督管理部门及其派出机构的工作人员滥用职权、玩忽职守、徇私舞弊,不依法履行监督管理职责,或者泄露国家秘密、信息主体信息的,依法给予处分。给信息主体造成损失的,依法承担民事责任;构成犯罪的,依法追究刑事责任。

第八章 附 则

第四十四条 本条例下列用语的含义:

(一)信息提供者,是指向征信机构提供信息的单位和个人,以及向金融信用信息基础数据库提供信息的单位。

(二)信息使用者,是指从征信机构和金融信用信息基础数据库获取信息的单位和个人。

(三)不良信息,是指对信息主体信用状况构成负面影响的下列信息:信息主体在借贷、赊购、担保、租赁、保险、使用信用卡等活动中未按照合同履行义务的信息,对信息主体的行政处罚信息,人民法院判决或者裁定信息主体履行义务以及强制执行的信息,以及国务院征信业监督管理部门规定的其他不良信息。

第四十五条 外商投资征信机构的设立条件,由国务院征信业监督管理部门会同国务院有关部门制定,报国务院批准。

境外征信机构在境内经营征信业务,应当经国务院征信业监督管理部门批准。

第四十六条 本条例施行前已经经营个人征信业务的机构,应当自本条例施行之日起6个月内,依照本条例的规定申请个人征信业务经营许可证。

本条例施行前已经经营企业征信业务的机构,应当自本条例施行之日起3个月内,依照本条例的规定办理备案。

第四十七条 本条例自2013年3月15日起施行。

关键信息基础设施安全保护条例

1. 2021年7月30日国务院令第745号公布
2. 自2021年9月1日起施行

第一章 总 则

第一条 为了保障关键信息基础设施安全,维护网络安全,根据《中华人民共和国网络安全法》,制定本条例。

第二条 本条例所称关键信息基础设施,是指公共通信和信息服务、能源、交通、水利、金融、公共服务、电子政务、国防科技工业等重要行业和领域的,以及其他一旦遭到破坏、丧失功能或者数据泄露,可能严重危害国家安全、国计民生、公共利益的重要网络设施、信息系统等。

第三条 在国家网信部门统筹协调下,国务院公安部门负责指导监督关键信息基础设施安全保护工作。国务院电信主管部门和其他有关部门依照本条例和有关法律、行政法规的规定,在各自职责范围内负责关键信息基础设施安全保护和监督管理工作。

省级人民政府有关部门依据各自职责对关键信息基础设施实施安全保护和监督管理。

第四条 关键信息基础设施安全保护坚持综合协调、分工负责、依法保护,强化和落实关键信息基础设施运营者(以下简称运营者)主体责任,充分发挥政府及社会各方面的作用,共同保护关键信息基础设施安全。

第五条 国家对关键信息基础设施实行重点保护,采取措施,监测、防御、处置来源于中华人民共和国境内外的网络安全风险和威胁,保护关键信息基础设施免受攻击、侵入、干扰和破坏,依法惩治危害关键信息基础设施安全的违法犯罪活动。

任何个人和组织不得实施非法侵入、干扰、破坏关键信息基础设施的活动,不得危害关键信息基础设施安全。

第六条 运营者依照本条例和有关法律、行政法规的规定以及国家标准的强制性要求,在网络安全等级保护的基础上,采取技术保护措施和其他必要措施,应对网络安全事件,防范网络攻击和违法犯罪活动,保障关键信息基础设施安全稳定运行,维护数据的完整性、保密性和可用性。

第七条 对在关键信息基础设施安全保护工作中取得显著成绩或者作出突出贡献的单位和个人,按照国家有关规定给予表彰。

第二章 关键信息基础设施认定

第八条 本条例第二条涉及的重要行业和领域的主管部门、监督管理部门是负责关键信息基础设施安全保护工作的部门(以下简称保护工作部门)。

第九条 保护工作部门结合本行业、本领域实际,制定关键信息基础设施认定规则,并报国务院公安部门备案。

制定认定规则应当主要考虑下列因素：

（一）网络设施、信息系统等对于本行业、本领域关键核心业务的重要程度；

（二）网络设施、信息系统等一旦遭到破坏、丧失功能或者数据泄露可能带来的危害程度；

（三）对其他行业和领域的关联性影响。

第十条　保护工作部门根据认定规则负责组织认定本行业、本领域的关键信息基础设施，及时将认定结果通知运营者，并通报国务院公安部门。

第十一条　关键信息基础设施发生较大变化，可能影响其认定结果的，运营者应当及时将相关情况报告保护工作部门。保护工作部门自收到报告之日起3个月内完成重新认定，将认定结果通知运营者，并通报国务院公安部门。

第三章　运营者责任义务

第十二条　安全保护措施应当与关键信息基础设施同步规划、同步建设、同步使用。

第十三条　运营者应当建立健全网络安全保护制度和责任制，保障人力、财力、物力投入。运营者的主要负责人对关键信息基础设施安全保护负总责，领导关键信息基础设施安全保护和重大网络安全事件处置工作，组织研究解决重大网络安全问题。

第十四条　运营者应当设置专门安全管理机构，并对专门安全管理机构负责人和关键岗位人员进行安全背景审查。审查时，公安机关、国家安全机关应当予以协助。

第十五条　专门安全管理机构具体负责本单位的关键信息基础设施安全保护工作，履行下列职责：

（一）建立健全网络安全管理、评价考核制度，拟订关键信息基础设施安全保护计划；

（二）组织推动网络安全防护能力建设，开展网络安全监测、检测和风险评估；

（三）按照国家及行业网络安全事件应急预案，制定本单位应急预案，定期开展应急演练，处置网络安全事件；

（四）认定网络安全关键岗位，组织开展网络安全工作考核，提出奖励和惩处建议；

（五）组织网络安全教育、培训；

（六）履行个人信息和数据安全保护责任，建立健全个人信息和数据安全保护制度；

（七）对关键信息基础设施设计、建设、运行、维护等服务实施安全管理；

（八）按照规定报告网络安全事件和重要事项。

第十六条　运营者应当保障专门安全管理机构的运行经费、配备相应的人员，开展与网络安全和信息化有关的决策应当有专门安全管理机构人员参与。

第十七条　运营者应当自行或者委托网络安全服务机构对关键信息基础设施每年至少进行一次网络安全检测和风险评估，对发现的安全问题及时整改，并按照保护工作部门要求报送情况。

第十八条　关键信息基础设施发生重大网络安全事件或者发现重大网络安全威胁时，运营者应当按照有关规定向保护工作部门、公安机关报告。

发生关键信息基础设施整体中断运行或者主要功能故障、国家基础信息以及其他重要数据泄露、较大规模个人信息泄露、造成较大经济损失、违法信息较大范围传播等特别重大网络安全事件或者发现特别重大网络安全威胁时，保护工作部门应当在收到报告后，及时向国家网信部门、国务院公安部门报告。

第十九条　运营者应当优先采购安全可信的网络产品和服务；采购网络产品和服务可能影响国家安全的，应当按照国家网络安全规定通过安全审查。

第二十条　运营者采购网络产品和服务，应当按照国家有关规定与网络产品和服务提供者签订安全保密协议，明确提供者的技术支持和安全保密义务与责任，并对义务与责任履行情况进行监督。

第二十一条　运营者发生合并、分立、解散等情况，应当及时报告保护工作部门，并按照保护工作部门的要求对关键信息基础设施进行处置，确保安全。

第四章　保障和促进

第二十二条　保护工作部门应当制定本行业、本领域关键信息基础设施安全规划,明确保护目标、基本要求、工作任务、具体措施。

第二十三条 国家网信部门统筹协调有关部门建立网络安全信息共享机制,及时汇总、研判、共享、发布网络安全威胁、漏洞、事件等信息,促进有关部门、保护工作部门、运营者以及网络安全服务机构等之间的网络安全信息共享。

第二十四条 保护工作部门应当建立健全本行业、本领域的关键信息基础设施网络安全监测预警制度,及时掌握本行业、本领域关键信息基础设施运行状况、安全态势,预警通报网络安全威胁和隐患,指导做好安全防范工作。

第二十五条 保护工作部门应当按照国家网络安全事件应急预案的要求,建立健全本行业、本领域的网络安全事件应急预案,定期组织应急演练;指导运营者做好网络安全事件应对处置,并根据需要组织提供技术支持与协助。

第二十六条 保护工作部门应当定期组织开展本行业、本领域关键信息基础设施网络安全检查检测,指导监督运营者及时整改安全隐患、完善安全措施。

第二十七条 国家网信部门统筹协调国务院公安部门、保护工作部门对关键信息基础设施进行网络安全检查检测,提出改进措施。

有关部门在开展关键信息基础设施网络安全检查时,应当加强协同配合、信息沟通,避免不必要的检查和交叉重复检查。检查工作不得收取费用,不得要求被检查单位购买指定品牌或者指定生产、销售单位的产品和服务。

第二十八条 运营者对保护工作部门开展的关键信息基础设施网络安全检查检测工作,以及公安、国家安全、保密行政管理、密码管理等有关部门依法开展的关键信息基础设施网络安全检查工作应当予以配合。

第二十九条 在关键信息基础设施安全保护工作中,国家网信部门和国务院电信主管部门、国务院公安部门等应当根据保护工作部门的需要,及时提供技术支持和协助。

第三十条 网信部门、公安机关、保护工作部门等有关部门,网络安全服务机构及其工作人员对于在关键信息基础设施安全保护工作中获取的信息,只能用于维护网络安全,并严格按照有关法律、行政法规的要求确保信息安全,不得泄露、出售或者非法向他人提供。

第三十一条　未经国家网信部门、国务院公安部门批准或者保护工作部门、运营者授权,任何个人和组织不得对关键信息基础设施实施漏洞探测、渗透性测试等可能影响或者危害关键信息基础设施安全的活动。对基础电信网络实施漏洞探测、渗透性测试等活动,应当事先向国务院电信主管部门报告。

第三十二条　国家采取措施,优先保障能源、电信等关键信息基础设施安全运行。

　　能源、电信行业应当采取措施,为其他行业和领域的关键信息基础设施安全运行提供重点保障。

第三十三条　公安机关、国家安全机关依据各自职责依法加强关键信息基础设施安全保卫,防范打击针对和利用关键信息基础设施实施的违法犯罪活动。

第三十四条　国家制定和完善关键信息基础设施安全标准,指导、规范关键信息基础设施安全保护工作。

第三十五条　国家采取措施,鼓励网络安全专门人才从事关键信息基础设施安全保护工作;将运营者安全管理人员、安全技术人员培训纳入国家继续教育体系。

第三十六条　国家支持关键信息基础设施安全防护技术创新和产业发展,组织力量实施关键信息基础设施安全技术攻关。

第三十七条　国家加强网络安全服务机构建设和管理,制定管理要求并加强监督指导,不断提升服务机构能力水平,充分发挥其在关键信息基础设施安全保护中的作用。

第三十八条　国家加强网络安全军民融合,军地协同保护关键信息基础设施安全。

第五章　法律责任

第三十九条　运营者有下列情形之一的,由有关主管部门依据职责责令改正,给予警告;拒不改正或者导致危害网络安全等后果的,处10万元以上100万元以下罚款,对直接负责的主管人员处1万元以上10万元以下罚款:

　　(一)在关键信息基础设施发生较大变化,可能影响其认定结果时未及时将相关情况报告保护工作部门的;

（二）安全保护措施未与关键信息基础设施同步规划、同步建设、同步使用的；

（三）未建立健全网络安全保护制度和责任制的；

（四）未设置专门安全管理机构的；

（五）未对专门安全管理机构负责人和关键岗位人员进行安全背景审查的；

（六）开展与网络安全和信息化有关的决策没有专门安全管理机构人员参与的；

（七）专门安全管理机构未履行本条例第十五条规定的职责的；

（八）未对关键信息基础设施每年至少进行一次网络安全检测和风险评估，未对发现的安全问题及时整改，或者未按照保护工作部门要求报送情况的；

（九）采购网络产品和服务，未按照国家有关规定与网络产品和服务提供者签订安全保密协议的；

（十）发生合并、分立、解散等情况，未及时报告保护工作部门，或者未按照保护工作部门的要求对关键信息基础设施进行处置的。

第四十条 运营者在关键信息基础设施发生重大网络安全事件或者发现重大网络安全威胁时，未按照有关规定向保护工作部门、公安机关报告的，由保护工作部门、公安机关依据职责责令改正，给予警告；拒不改正或者导致危害网络安全等后果的，处10万元以上100万元以下罚款，对直接负责的主管人员处1万元以上10万元以下罚款。

第四十一条 运营者采购可能影响国家安全的网络产品和服务，未按照国家网络安全规定进行安全审查的，由国家网信部门等有关主管部门依据职责责令改正，处采购金额1倍以上10倍以下罚款，对直接负责的主管人员和其他直接责任人员处1万元以上10万元以下罚款。

第四十二条 运营者对保护工作部门开展的关键信息基础设施网络安全检查检测工作，以及公安、国家安全、保密行政管理、密码管理等有关部门依法开展的关键信息基础设施网络安全检查工作不予配合的，由有关主管部门责令改正；拒不改正的，处5万元以上50万元以下罚款，对直接负责的主管人员和其他直接责任人员处1万元以上10万元以下罚款；情节严重的，依法追究相应法律责任。

第四十三条 实施非法侵入、干扰、破坏关键信息基础设施，危害其安全的活动尚不构成犯罪的,依照《中华人民共和国网络安全法》有关规定,由公安机关没收违法所得,处 5 日以下拘留,可以并处 5 万元以上 50 万元以下罚款;情节较重的,处 5 日以上 15 日以下拘留,可以并处 10 万元以上 100 万元以下罚款。

单位有前款行为的,由公安机关没收违法所得,处 10 万元以上 100 万元以下罚款,并对直接负责的主管人员和其他直接责任人员依照前款规定处罚。

违反本条例第五条第二款和第三十一条规定,受到治安管理处罚的人员,5 年内不得从事网络安全管理和网络运营关键岗位的工作;受到刑事处罚的人员,终身不得从事网络安全管理和网络运营关键岗位的工作。

第四十四条 网信部门、公安机关、保护工作部门和其他有关部门及其工作人员未履行关键信息基础设施安全保护和监督管理职责或者玩忽职守、滥用职权、徇私舞弊的,依法对直接负责的主管人员和其他直接责任人员给予处分。

第四十五条 公安机关、保护工作部门和其他有关部门在开展关键信息基础设施网络安全检查工作中收取费用,或者要求被检查单位购买指定品牌或者指定生产、销售单位的产品和服务的,由其上级机关责令改正,退还收取的费用;情节严重的,依法对直接负责的主管人员和其他直接责任人员给予处分。

第四十六条 网信部门、公安机关、保护工作部门等有关部门、网络安全服务机构及其工作人员将在关键信息基础设施安全保护工作中获取的信息用于其他用途,或者泄露、出售、非法向他人提供的,依法对直接负责的主管人员和其他直接责任人员给予处分。

第四十七条 关键信息基础设施发生重大和特别重大网络安全事件,经调查确定为责任事故的,除应当查明运营者责任并依法予以追究外,还应查明相关网络安全服务机构及有关部门的责任,对有失职、渎职及其他违法行为的,依法追究责任。

第四十八条 电子政务关键信息基础设施的运营者不履行本条例规定的网络安全保护义务的,依照《中华人民共和国网络安全法》有关规定予以处理。

第四十九条 违反本条例规定,给他人造成损害的,依法承担民事责任。

违反本条例规定,构成违反治安管理行为的,依法给予治安管理处罚;构成犯罪的,依法追究刑事责任。

第六章 附 则

第五十条 存储、处理涉及国家秘密信息的关键信息基础设施的安全保护,还应当遵守保密法律、行政法规的规定。

关键信息基础设施中的密码使用和管理,还应当遵守相关法律、行政法规的规定。

第五十一条 本条例自2021年9月1日起施行。

互联网信息服务管理办法

1. 2000年9月25日国务院令第292号公布
2. 根据2011年1月8日国务院令第588号《关于废止和修改部分行政法规的决定》第一次修订
3. 根据2024年12月6日国务院令第797号《关于修改和废止部分行政法规的决定》第二次修订

第一条 为了规范互联网信息服务活动,促进互联网信息服务健康有序发展,制定本办法。

第二条 在中华人民共和国境内从事互联网信息服务活动,必须遵守本办法。

本办法所称互联网信息服务,是指通过互联网向上网用户提供信息的服务活动。

第三条 互联网信息服务分为经营性和非经营性两类。

经营性互联网信息服务,是指通过互联网向上网用户有偿提供信息或者网页制作等服务活动。

非经营性互联网信息服务,是指通过互联网向上网用户无偿提供具有公开性、共享性信息的服务活动。

第四条 国家对经营性互联网信息服务实行许可制度;对非经营性互联网信息服务实行备案制度。

未取得许可或者未履行备案手续的,不得从事互联网信息服务。

第五条 从事新闻、出版、教育等互联网信息服务,依照法律、行政法规以及国家有关规定须经有关主管部门审核同意的,在申请经营许可或者履行备案手续前,应当依法经有关主管部门审核同意。

第六条 从事经营性互联网信息服务,除应当符合《中华人民共和国电信条例》规定的要求外,还应当具备下列条件:

(一)有业务发展计划及相关技术方案;

(二)有健全的网络与信息安全保障措施,包括网站安全保障措施、信息安全保密管理制度、用户信息安全管理制度;

(三)服务项目属于本办法第五条规定范围的,已取得有关主管部门同意的文件。

第七条 从事经营性互联网信息服务,应当向省、自治区、直辖市电信管理机构或者国务院信息产业主管部门申请办理互联网信息服务增值电信业务经营许可证(以下简称经营许可证)。

省、自治区、直辖市电信管理机构或者国务院信息产业主管部门应当自收到申请之日起60日内审查完毕,作出批准或者不予批准的决定。予以批准的,颁发经营许可证;不予批准的,应当书面通知申请人并说明理由。

申请人取得经营许可证后,应当持经营许可证向企业登记机关办理登记手续。

第八条 从事非经营性互联网信息服务,应当向省、自治区、直辖市电信管理机构或者国务院信息产业主管部门办理备案手续。办理备案时,应当提交下列材料:

(一)主办单位和网站负责人的基本情况;

(二)网站网址和服务项目;

(三)服务项目属于本办法第五条规定范围的,已取得有关主管部门的同意文件。

省、自治区、直辖市电信管理机构对备案材料齐全的,应当予以备案并编号。

第九条 从事互联网信息服务,拟开办电子公告服务的,应当在申请经营性互联网信息服务许可或者办理非经营性互联网信息服务备案时,按照国家有关规定提出专项申请或者专项备案。

第十条 省、自治区、直辖市电信管理机构和国务院信息产业主管部门应当公布取得经营许可证或者已履行备案手续的互联网信息服务提供者名单。

第十一条 互联网信息服务提供者应当按照经许可或者备案的项目提供服务,不得超出经许可或者备案的项目提供服务。

非经营性互联网信息服务提供者不得从事有偿服务。

互联网信息服务提供者变更服务项目、网站网址等事项的,应当提前30日向原审核、发证或者备案机关办理变更手续。

第十二条 互联网信息服务提供者应当在其网站主页的显著位置标明其经营许可证编号或者备案编号。

第十三条 互联网信息服务提供者应当向上网用户提供良好的服务,并保证所提供的信息内容合法。

第十四条 从事新闻、出版以及电子公告等服务项目的互联网信息服务提供者,应当记录提供的信息内容及其发布时间、互联网地址或者域名;互联网接入服务提供者应当记录上网用户的上网时间、用户账号、互联网地址或者域名、主叫电话号码等信息。

互联网信息服务提供者和互联网接入服务提供者的记录备份应当保存60日,并在国家有关机关依法查询时,予以提供。

第十五条 互联网信息服务提供者不得制作、复制、发布、传播含有下列内容的信息:

(一)反对宪法所确定的基本原则的;

(二)危害国家安全,泄露国家秘密,颠覆国家政权,破坏国家统一的;

(三)损害国家荣誉和利益的;

(四)煽动民族仇恨、民族歧视,破坏民族团结的;

(五)破坏国家宗教政策,宣扬邪教和封建迷信的;

(六)散布谣言,扰乱社会秩序,破坏社会稳定的;

(七)散布淫秽、色情、赌博、暴力、凶杀、恐怖或者教唆犯罪的;

(八)侮辱或者诽谤他人,侵害他人合法权益的;

(九)含有法律、行政法规禁止的其他内容的。

第十六条 互联网信息服务提供者发现其网站传输的信息明显属于本办法第十五条所列内容之一的,应当立即停止传输,保存有关记录,并向国家有关机关报告。

第十七条 经营性互联网信息服务提供者申请在境内境外上市或者同外商合资、合作,应当事先经国务院信息产业主管部门审查同意;其中,外商投资的比例应当符合有关法律、行政法规的规定。

第十八条 国务院信息产业主管部门和省、自治区、直辖市电信管理机构，依法对互联网信息服务实施监督管理。

新闻、出版、教育、卫生、药品监督管理、工商行政管理和公安、国家安全等有关主管部门，在各自职责范围内依法对互联网信息内容实施监督管理。

第十九条 违反本办法的规定，未取得经营许可证，擅自从事经营性互联网信息服务，或者超出许可的项目提供服务的，由省、自治区、直辖市电信管理机构责令限期改正，有违法所得的，没收违法所得，处违法所得3倍以上5倍以下的罚款；没有违法所得或者违法所得不足5万元的，处10万元以上100万元以下的罚款；情节严重的，责令关闭网站。

违反本办法的规定，未履行备案手续，擅自从事非经营性互联网信息服务，或者超出备案的项目提供服务的，由省、自治区、直辖市电信管理机构责令限期改正；拒不改正的，责令关闭网站。

第二十条 制作、复制、发布、传播本办法第十五条所列内容之一的信息，构成犯罪的，依法追究刑事责任；尚不构成犯罪的，由公安机关、国家安全机关依照《中华人民共和国治安管理处罚法》、《计算机信息网络国际联网安全保护管理办法》等有关法律、行政法规的规定予以处罚；对经营性互联网信息服务提供者，并由发证机关责令停业整顿直至吊销经营许可证，通知企业登记机关；对非经营性互联网信息服务提供者，并由备案机关责令暂时关闭网站直至关闭网站。

第二十一条 未履行本办法第十四条规定的义务的，由省、自治区、直辖市电信管理机构责令改正；情节严重的，责令停业整顿或者暂时关闭网站。

第二十二条 违反本办法的规定，未在其网站主页上标明其经营许可证编号或者备案编号的，由省、自治区、直辖市电信管理机构责令改正，处5000元以上5万元以下的罚款。

第二十三条 违反本办法第十六条规定的义务的，由省、自治区、直辖市电信管理机构责令改正；情节严重的，对经营性互联网信息服务提供者，并由发证机关吊销经营许可证，对非经营性互联网信息服务提供者，并由备案机关责令关闭网站。

第二十四条 互联网信息服务提供者在其业务活动中，违反其他法律、法规的，由新闻、出版、教育、卫生、药品监督管理和工商行政管理等有关主管部门依照有关法律、法规的规定处罚。

第二十五条 电信管理机构和其他有关主管部门及其工作人员,玩忽职守、滥用职权、徇私舞弊,疏于对互联网信息服务的监督管理,造成严重后果,构成犯罪的,依法追究刑事责任;尚不构成犯罪的,对直接负责的主管人员和其他直接责任人员依法给予降级、撤职直至开除的行政处分。

第二十六条 在本办法公布前从事互联网信息服务的,应当自本办法公布之日起60日内依照本办法的有关规定补办有关手续。

第二十七条 本办法自公布之日起施行。

互联网上网服务营业场所管理条例

1. 2002年9月29日中华人民共和国国务院令第363号公布
2. 根据2011年1月8日国务院令第588号《关于废止和修改部分行政法规的决定》第一次修订
3. 根据2016年2月6日国务院令第666号《关于修改部分行政法规的决定》第二次修订
4. 根据2019年3月24日国务院令第710号《关于修改部分行政法规的决定》第三次修订
5. 根据2022年3月29日国务院令第752号《关于修改和废止部分行政法规的决定》第四次修订
6. 根据2024年12月6日国务院令第797号《关于修改和废止部分行政法规的决定》第五次修订

第一章 总 则

第一条 为了加强对互联网上网服务营业场所的管理,规范经营者的经营行为,维护公众和经营者的合法权益,保障互联网上网服务经营活动健康发展,促进社会主义精神文明建设,制定本条例。

第二条 本条例所称互联网上网服务营业场所,是指通过计算机等装置向公众提供互联网上网服务的网吧、电脑休闲室等营业性场所。

学校、图书馆等单位内部附设的为特定对象获取资料、信息提供上网服务的场所,应当遵守有关法律、法规,不适用本条例。

第三条 互联网上网服务营业场所经营单位应当遵守有关法律、法规的规定,加强行业自律,自觉接受政府有关部门依法实施的监督管理,为上网消费者提供良好的服务。

互联网上网服务营业场所的上网消费者,应当遵守有关法律、法规的规定,遵守社会公德,开展文明、健康的上网活动。

第四条 县级以上人民政府文化行政部门负责互联网上网服务营业场所经营单位的设立审批,并负责对依法设立的互联网上网服务营业场所经营单位经营活动的监督管理;公安机关负责对互联网上网服务营业场所经营单位的信息网络安全、治安及消防安全的监督管理;工商行政管理部门负责对互联网上网服务营业场所经营单位登记注册和营业执照的管理,并依法查处无照经营活动;电信管理等其他有关部门在各自职责范围内,依照本条例和有关法律、行政法规的规定,对互联网上网服务营业场所经营单位分别实施有关监督管理。

第五条 文化行政部门、公安机关、工商行政管理部门和其他有关部门及其工作人员不得从事或者变相从事互联网上网服务经营活动,也不得参与或者变相参与互联网上网服务营业场所经营单位的经营活动。

第六条 国家鼓励公民、法人和其他组织对互联网上网服务营业场所经营单位的经营活动进行监督,并对有突出贡献的给予奖励。

第二章 设 立

第七条 国家对互联网上网服务营业场所经营单位的经营活动实行许可制度。未经许可,任何组织和个人不得从事互联网上网服务经营活动。

第八条 互联网上网服务营业场所经营单位从事互联网上网服务经营活动,应当具备下列条件:

(一)有企业的名称、住所、组织机构和章程;

(二)有与其经营活动相适应的资金;

(三)有与其经营活动相适应并符合国家规定的消防安全条件的营业场所;

(四)有健全、完善的信息网络安全管理制度和安全技术措施;

(五)有固定的网络地址和与其经营活动相适应的计算机等装置及附属设备;

(六)有与其经营活动相适应并取得从业资格的安全管理人员、经营管理人员、专业技术人员；

（七）法律、行政法规和国务院有关部门规定的其他条件。

互联网上网服务营业场所的最低营业面积、计算机等装置及附属设备数量、单机面积的标准，由国务院文化行政部门规定。

审批从事互联网上网服务经营活动，除依照本条第一款、第二款规定的条件外，还应当符合国务院文化行政部门和省、自治区、直辖市人民政府文化行政部门规定的互联网上网服务营业场所经营单位的总量和布局要求。

第九条 中学、小学校园周围200米范围内和居民住宅楼（院）内不得设立互联网上网服务营业场所。

第十条 互联网上网服务营业场所经营单位申请从事互联网上网服务经营活动，应当向县级以上地方人民政府文化行政部门提出申请，并提交下列文件：

（一）企业营业执照和章程；

（二）法定代表人或者主要负责人的身份证明材料；

（三）资金信用证明；

（四）营业场所产权证明或者租赁意向书；

（五）依法需要提交的其他文件。

第十一条 文化行政部门应当自收到申请之日起20个工作日内作出决定；经审查，符合条件的，发给同意筹建的批准文件。

申请人还应当依照有关消防管理法律法规的规定办理审批手续。

申请人取得消防安全批准文件后，向文化行政部门申请最终审核。文化行政部门应当自收到申请之日起15个工作日内依据本条例第八条的规定作出决定；经实地检查并审核合格的，发给《网络文化经营许可证》。

对申请人的申请，有关部门经审查不符合条件的，或者经审核不合格的，应当分别向申请人书面说明理由。

文化行政部门发放《网络文化经营许可证》的情况或互联网上网服务营业场所经营单位拟开展经营活动的情况，应当及时向同级公安机关通报或报备。

第十二条 互联网上网服务营业场所经营单位不得涂改、出租、出借或者以其他方式转让《网络文化经营许可证》。

第十三条 互联网上网服务营业场所经营单位变更营业场所地址或者对营业场所进行改建、扩建,变更计算机数量或者其他重要事项的,应当经原审核机关同意。

互联网上网服务营业场所经营单位变更名称、住所、法定代表人或者主要负责人、注册资本、网络地址或者终止经营活动的,应当依法到工商行政管理部门办理变更登记或者注销登记,并到文化行政部门、公安机关办理有关手续或者备案。

第三章 经 营

第十四条 互联网上网服务营业场所经营单位和上网消费者不得利用互联网上网服务营业场所制作、下载、复制、查阅、发布、传播或者以其他方式使用含有下列内容的信息:

(一)反对宪法确定的基本原则的;

(二)危害国家统一、主权和领土完整的;

(三)泄露国家秘密,危害国家安全或者损害国家荣誉和利益的;

(四)煽动民族仇恨、民族歧视,破坏民族团结,或者侵害民族风俗、习惯的;

(五)破坏国家宗教政策,宣扬邪教、迷信的;

(六)散布谣言,扰乱社会秩序,破坏社会稳定的;

(七)宣传淫秽、赌博、暴力或者教唆犯罪的;

(八)侮辱或者诽谤他人,侵害他人合法权益的;

(九)危害社会公德或者民族优秀文化传统的;

(十)含有法律、行政法规禁止的其他内容的。

第十五条 互联网上网服务营业场所经营单位和上网消费者不得进行下列危害信息网络安全的活动:

(一)故意制作或者传播计算机病毒以及其他破坏性程序的;

(二)非法侵入计算机信息系统或者破坏计算机信息系统功能、数据和应用程序的;

(三)进行法律、行政法规禁止的其他活动的。

第十六条 互联网上网服务营业场所经营单位应当通过依法取得经营许可证的互联网接入服务提供者接入互联网,不得采取其他方式接入互联网。

互联网上网服务营业场所经营单位提供上网消费者使用的计算机必

须通过局域网的方式接入互联网,不得直接接入互联网。

第十七条　互联网上网服务营业场所经营单位不得经营非网络游戏。

第十八条　互联网上网服务营业场所经营单位和上网消费者不得利用网络游戏或者其他方式进行赌博或者变相赌博活动。

第十九条　互联网上网服务营业场所经营单位应当实施经营管理技术措施,建立场内巡查制度,发现上网消费者有本条例第十四条、第十五条、第十八条所列行为或者有其他违法行为的,应当立即予以制止并向文化行政部门、公安机关举报。

第二十条　互联网上网服务营业场所经营单位应当在营业场所的显著位置悬挂《网络文化经营许可证》和营业执照。

第二十一条　互联网上网服务营业场所经营单位不得接纳未成年人进入营业场所。

　　互联网上网服务营业场所经营单位应当在营业场所入口处的显著位置悬挂未成年人禁入标志。

第二十二条　互联网上网服务营业场所每日营业时间限于8时至24时。

第二十三条　互联网上网服务营业场所经营单位应当对上网消费者的身份证等有效证件进行核对、登记,并记录有关上网信息。登记内容和记录备份保存时间不得少于60日,并在文化行政部门、公安机关依法查询时予以提供。登记内容和记录备份在保存期内不得修改或者删除。

第二十四条　互联网上网服务营业场所经营单位应当依法履行信息网络安全、治安和消防安全职责,并遵守下列规定:

　　(一)禁止明火照明和吸烟并悬挂禁止吸烟标志;

　　(二)禁止带入和存放易燃、易爆物品;

　　(三)不得安装固定的封闭门窗栅栏;

　　(四)营业期间禁止封堵或者锁闭门窗、安全疏散通道和安全出口;

　　(五)不得擅自停止实施安全技术措施。

第四章　罚　　则

第二十五条　文化行政部门、公安机关、工商行政管理部门或者其他有关部门及其工作人员,利用职务上的便利收受他人财物或者其他好处,违法批准不符合法定设立条件的互联网上网服务营业场所经营单位,或者不依法履行监督职责,或者发现违法行为不予依法查处,触犯刑律的,对直接负责的主管人员和其他直接责任人员依照刑法关于受贿罪、滥用职权罪、玩忽职守罪或者其他罪的规定,依法追究刑事责任;尚不够刑事处罚的,依法给予降级、撤职或者开除的行政处分。

第二十六条 文化行政部门、公安机关、工商行政管理部门或者其他有关部门的工作人员,从事或者变相从事互联网上网服务经营活动的,参与或者变相参与互联网上网服务营业场所经营单位的经营活动的,依法给予降级、撤职或者开除的行政处分。

文化行政部门、公安机关、工商行政管理部门或者其他有关部门有前款所列行为的,对直接负责的主管人员和其他直接责任人员依照前款规定依法给予行政处分。

第二十七条 违反本条例的规定,擅自从事互联网上网服务经营活动的,由文化行政部门或者由文化行政部门会同公安机关依法予以取缔,查封其从事违法经营活动的场所,扣押从事违法经营活动的专用工具、设备;触犯刑律的,依照刑法关于非法经营罪的规定,依法追究刑事责任;尚不够刑事处罚的,由文化行政部门没收违法所得及其从事违法经营活动的专用工具、设备;违法经营额1万元以上的,并处违法经营额5倍以上10倍以下的罚款;违法经营额不足1万元的,并处1万元以上5万元以下的罚款。

第二十八条 文化行政部门应当建立互联网上网服务营业场所经营单位的经营活动信用监管制度,建立健全信用约束机制,并及时公布行政处罚信息。

第二十九条 互联网上网服务营业场所经营单位违反本条例的规定,涂改、出租、出借或者以其他方式转让《网络文化经营许可证》,触犯刑律的,依照刑法关于伪造、变造、买卖国家机关公文、证件、印章罪的规定,依法追究刑事责任;尚不够刑事处罚的,由文化行政部门吊销《网络文化经营许可证》,没收违法所得;违法经营额5000元以上的,并处违法经营额2倍以上5倍以下的罚款;违法经营额不足5000元的,并处5000元以上1万元以下的罚款。

第三十条 互联网上网服务营业场所经营单位违反本条例的规定,利用营业场所制作、下载、复制、查阅、发布、传播或者以其他方式使用含有本条例第十四条规定禁止含有的内容的信息,触犯刑律的,依法追究刑事责任;尚不够刑事处罚的,由公安机关给予警告,没收违法所得;违法经营额

1万元以上的,并处违法经营额2倍以上5倍以下的罚款;违法经营额不足1万元的,并处1万元以上2万元以下的罚款;情节严重的,责令停业整顿,直至由文化行政部门吊销《网络文化经营许可证》。

上网消费者有前款违法行为,触犯刑律的,依法追究刑事责任;尚不够刑事处罚的,由公安机关依照治安管理处罚法的规定给予处罚。

第三十一条 互联网上网服务营业场所经营单位违反本条例的规定,有下列行为之一的,由文化行政部门给予警告,可以并处15000元以下的罚款;情节严重的,责令停业整顿,直至吊销《网络文化经营许可证》:

(一)在规定的营业时间以外营业的;

(二)接纳未成年人进入营业场所的;

(三)经营非网络游戏的;

(四)擅自停止实施经营管理技术措施的;

(五)未悬挂《网络文化经营许可证》或者未成年人禁入标志的。

第三十二条 公安机关应当自互联网上网服务营业场所经营单位正式开展经营活动20个工作日内,对其依法履行信息网络安全职责情况进行实地检查。检查发现互联网上网服务营业场所经营单位未履行信息网络安全责任的,由公安机关给予警告,可以并处15000元以下罚款;情节严重的,责令停业整顿,直至由文化行政部门吊销《网络文化经营许可证》。

第三十三条 互联网上网服务营业场所经营单位违反本条例的规定,有下列行为之一的,由文化行政部门、公安机关依据各自职权给予警告,可以并处15000元以下的罚款;情节严重的,责令停业整顿,直至由文化行政部门吊销《网络文化经营许可证》:

(一)向上网消费者提供的计算机未通过局域网的方式接入互联网的;

(二)未建立场内巡查制度,或者发现上网消费者的违法行为未予制止并向文化行政部门、公安机关举报的;

(三)未按规定核对、登记上网消费者的有效身份证件或者记录有关上网信息的;

(四)未按规定时间保存登记内容、记录备份,或者在保存期内修改、删除登记内容、记录备份的;

(五)变更名称、住所、法定代表人或者主要负责人、注册资本、网络地址或者终止经营活动,未向文化行政部门、公安机关办理有关手续或者备案的。

第三十四条 互联网上网服务营业场所经营单位违反本条例的规定,有下列行为之一的,由公安机关给予警告,可以并处 15000 元以下的罚款;情节严重的,责令停业整顿,直至由文化行政部门吊销《网络文化经营许可证》:

(一)利用明火照明或者发现吸烟不予制止,或者未悬挂禁止吸烟标志的;

(二)允许带入或者存放易燃、易爆物品的;

(三)在营业场所安装固定的封闭门窗栅栏的;

(四)营业期间封堵或者锁闭门窗、安全疏散通道或者安全出口的;

(五)擅自停止实施安全技术措施的。

第三十五条 违反国家有关信息网络安全、治安管理、消防管理、工商行政管理、电信管理等规定,触犯刑律的,依法追究刑事责任;尚不够刑事处罚的,由公安机关、工商行政管理部门、电信管理机构依法给予处罚;情节严重的,由原发证机关吊销许可证件。

第三十六条 互联网上网服务营业场所经营单位违反本条例的规定,被吊销《网络文化经营许可证》的,自被吊销《网络文化经营许可证》之日起 5 年内,其法定代表人或者主要负责人不得担任互联网上网服务营业场所经营单位的法定代表人或者主要负责人。

擅自设立的互联网上网服务营业场所经营单位被依法取缔的,自被取缔之日起 5 年内,其主要负责人不得担任互联网上网服务营业场所经营单位的法定代表人或者主要负责人。

第三十七条 依照本条例的规定实施罚款的行政处罚,应当依照有关法律、行政法规的规定,实行罚款决定与罚款收缴分离;收缴的罚款和违法所得必须全部上缴国库。

第五章 附 则

第三十八条 本条例自 2002 年 11 月 15 日起施行。2001 年 4 月 3 日信息产业部、公安部、文化部、国家工商行政管理局发布的《互联网上网服务营业场所管理办法》同时废止。

未成年人网络保护条例

1. 2023年10月16日国务院令第766号公布
2. 自2024年1月1日起施行

第一章 总　　则

第一条　为了营造有利于未成年人身心健康的网络环境，保障未成年人合法权益，根据《中华人民共和国未成年人保护法》《中华人民共和国网络安全法》《中华人民共和国个人信息保护法》等法律，制定本条例。

第二条　未成年人网络保护工作应当坚持中国共产党的领导，坚持以社会主义核心价值观为引领，坚持最有利于未成年人的原则，适应未成年人身心健康发展和网络空间的规律和特点，实行社会共治。

第三条　国家网信部门负责统筹协调未成年人网络保护工作，并依据职责做好未成年人网络保护工作。

国家新闻出版、电影部门和国务院教育、电信、公安、民政、文化和旅游、卫生健康、市场监督管理、广播电视等有关部门依据各自职责做好未成年人网络保护工作。

县级以上地方人民政府及其有关部门依据各自职责做好未成年人网络保护工作。

第四条　共产主义青年团、妇女联合会、工会、残疾人联合会、关心下一代工作委员会、青年联合会、学生联合会、少年先锋队以及其他人民团体、有关社会组织、基层群众性自治组织，协助有关部门做好未成年人网络保护工作，维护未成年人合法权益。

第五条　学校、家庭应当教育引导未成年人参加有益身心健康的活动，科学、文明、安全、合理使用网络，预防和干预未成年人沉迷网络。

第六条　网络产品和服务提供者、个人信息处理者、智能终端产品制造者和销售者应当遵守法律、行政法规和国家有关规定，尊重社会公德，遵守商业道德，诚实信用，履行未成年人网络保护义务，承担社会责任。

第七条　网络产品和服务提供者、个人信息处理者、智能终端产品制造者和销售者应当接受政府和社会的监督，配合有关部门依法实施涉及未成年人网络保护工作的监督检查,建立便捷、合理、有效的投诉、举报渠道,通过显著方式公布投诉、举报途径和方法,及时受理并处理公众投诉、举报。

第八条 任何组织和个人发现违反本条例规定的,可以向网信、新闻出版、电影、教育、电信、公安、民政、文化和旅游、卫生健康、市场监督管理、广播电视等有关部门投诉、举报。收到投诉、举报的部门应当及时依法作出处理;不属于本部门职责的,应当及时移送有权处理的部门。

第九条 网络相关行业组织应当加强行业自律,制定未成年人网络保护相关行业规范,指导会员履行未成年人网络保护义务,加强对未成年人的网络保护。

第十条 新闻媒体应当通过新闻报道、专题栏目(节目)、公益广告等方式,开展未成年人网络保护法律法规、政策措施、典型案例和有关知识的宣传,对侵犯未成年人合法权益的行为进行舆论监督,引导全社会共同参与未成年人网络保护。

第十一条 国家鼓励和支持在未成年人网络保护领域加强科学研究和人才培养,开展国际交流与合作。

第十二条 对在未成年人网络保护工作中作出突出贡献的组织和个人,按照国家有关规定给予表彰和奖励。

第二章 网络素养促进

第十三条 国务院教育部门应当将网络素养教育纳入学校素质教育内容,并会同国家网信部门制定未成年人网络素养测评指标。

教育部门应当指导、支持学校开展未成年人网络素养教育,围绕网络道德意识形成、网络法治观念培养、网络使用能力建设、人身财产安全保护等,培育未成年人网络安全意识、文明素养、行为习惯和防护技能。

第十四条 县级以上人民政府应当科学规划、合理布局,促进公益性上网服务均衡协调发展,加强提供公益性上网服务的公共文化设施建设,改善未成年人上网条件。

县级以上地方人民政府应当通过为中小学校配备具有相应专业能力的指导教师、政府购买服务或者鼓励中小学校自行采购相关服务等方式,为学生提供优质的网络素养教育课程。

第十五条 学校、社区、图书馆、文化馆、青少年宫等场所为未成年人提供互联网上网服务设施的,应当通过安排专业人员、招募志愿者等方式,以及安装未成年人网络保护软件或者采取其他安全保护技术措施,为未成年人提供上网指导和安全、健康的上网环境。

第十六条　学校应当将提高学生网络素养等内容纳入教育教学活动,并合理使用网络开展教学活动,建立健全学生在校期间上网的管理制度,依法规范管理未成年学生带入学校的智能终端产品,帮助学生养成良好上网习惯,培养学生网络安全和网络法治意识,增强学生对网络信息的获取和分析判断能力。

第十七条　未成年人的监护人应当加强家庭家教家风建设,提高自身网络素养,规范自身使用网络的行为,加强对未成年人使用网络行为的教育、示范、引导和监督。

第十八条　国家鼓励和支持研发、生产和使用专门以未成年人为服务对象、适应未成年人身心健康发展规律和特点的网络保护软件、智能终端产品和未成年人模式、未成年人专区等网络技术、产品、服务,加强网络无障碍环境建设和改造,促进未成年人开阔眼界、陶冶情操、提高素质。

第十九条　未成年人网络保护软件、专门供未成年人使用的智能终端产品应当具有有效识别违法信息和可能影响未成年人身心健康的信息、保护未成年人个人信息权益、预防未成年人沉迷网络、便于监护人履行监护职责等功能。

国家网信部门会同国务院有关部门根据未成年人网络保护工作的需要,明确未成年人网络保护软件、专门供未成年人使用的智能终端产品的相关技术标准或者要求,指导监督网络相关行业组织按照有关技术标准和要求对未成年人网络保护软件、专门供未成年人使用的智能终端产品的使用效果进行评估。

智能终端产品制造者应当在产品出厂前安装未成年人网络保护软件,或者采用显著方式告知用户安装渠道和方法。智能终端产品销售者在产品销售前应当采用显著方式告知用户安装未成年人网络保护软件的情况以及安装渠道和方法。

未成年人的监护人应当合理使用并指导未成年人使用网络保护软件、智能终端产品等,创造良好的网络使用家庭环境。

第二十条　未成年人用户数量巨大或者对未成年人群体具有显著影响的网络平台服务提供者,应当履行下列义务:

(一)在网络平台服务的设计、研发、运营等阶段,充分考虑未成年人

身心健康发展特点,定期开展未成年人网络保护影响评估;

(二)提供未成年人模式或者未成年人专区等,便利未成年人获取有益身心健康的平台内产品或者服务;

(三)按照国家规定建立健全未成年人网络保护合规制度体系,成立主要由外部成员组成的独立机构,对未成年人网络保护情况进行监督;

(四)遵循公开、公平、公正的原则,制定专门的平台规则,明确平台内产品或者服务提供者的未成年人网络保护义务,并以显著方式提示未成年人用户依法享有的网络保护权利和遭受网络侵害的救济途径;

(五)对违反法律、行政法规严重侵害未成年人身心健康或者侵犯未成年人其他合法权益的平台内产品或者服务提供者,停止提供服务;

(六)每年发布专门的未成年人网络保护社会责任报告,并接受社会监督。

前款所称的未成年人用户数量巨大或者对未成年人群体具有显著影响的网络平台服务提供者的具体认定办法,由国家网信部门会同有关部门另行制定。

第三章 网络信息内容规范

第二十一条 国家鼓励和支持制作、复制、发布、传播弘扬社会主义核心价值观和社会主义先进文化、革命文化、中华优秀传统文化,铸牢中华民族共同体意识,培养未成年人家国情怀和良好品德,引导未成年人养成良好生活习惯和行为习惯等的网络信息,营造有利于未成年人健康成长的清朗网络空间和良好网络生态。

第二十二条 任何组织和个人不得制作、复制、发布、传播含有宣扬淫秽、色情、暴力、邪教、迷信、赌博、引诱自残自杀、恐怖主义、分裂主义、极端主义等危害未成年人身心健康内容的网络信息。

任何组织和个人不得制作、复制、发布、传播或者持有有关未成年人的淫秽色情网络信息。

第二十三条 网络产品和服务中含有可能引发或者诱导未成年人模仿不安全行为、实施违反社会公德行为、产生极端情绪、养成不良嗜好等可能影响未成年人身心健康的信息的,制作、复制、发布、传播该信息的组织和个人应当在信息展示前予以显著提示。

国家网信部门会同国家新闻出版、电影部门和国务院教育、电信、公安、文化和旅游、广播电视等部门，在前款规定基础上确定可能影响未成年人身心健康的信息的具体种类、范围、判断标准和提示办法。

第二十四条 任何组织和个人不得在专门以未成年人为服务对象的网络产品和服务中制作、复制、发布、传播本条例第二十三条第一款规定的可能影响未成年人身心健康的信息。

网络产品和服务提供者不得在首页首屏、弹窗、热搜等处于产品或者服务醒目位置、易引起用户关注的重点环节呈现本条例第二十三条第一款规定的可能影响未成年人身心健康的信息。

网络产品和服务提供者不得通过自动化决策方式向未成年人进行商业营销。

第二十五条 任何组织和个人不得向未成年人发送、推送或者诱骗、强迫未成年人接触含有危害或者可能影响未成年人身心健康内容的网络信息。

第二十六条 任何组织和个人不得通过网络以文字、图片、音视频等形式，对未成年人实施侮辱、诽谤、威胁或者恶意损害形象等网络欺凌行为。

网络产品和服务提供者应当建立健全网络欺凌行为的预警预防、识别监测和处置机制，设置便利未成年人及其监护人保存遭受网络欺凌记录、行使通知权利的功能、渠道，提供便利未成年人设置屏蔽陌生用户、本人发布信息可见范围、禁止转载或者评论本人发布信息、禁止向本人发送信息等网络欺凌信息防护选项。

网络产品和服务提供者应当建立健全网络欺凌信息特征库，优化相关算法模型，采用人工智能、大数据等技术手段和人工审核相结合的方式加强对网络欺凌信息的识别监测。

第二十七条 任何组织和个人不得通过网络以文字、图片、音视频等形式，组织、教唆、胁迫、引诱、欺骗、帮助未成年人实施违法犯罪行为。

第二十八条 以未成年人为服务对象的在线教育网络产品和服务提供者，应当按照法律、行政法规和国家有关规定，根据不同年龄阶段未成年人身心发展特点和认知能力提供相应的产品和服务。

第二十九条 网络产品和服务提供者应当加强对用户发布信息的管理，采取有效措施防止制作、复制、发布、传播违反本条例第二十二条、第二十四条、第二十五条、第二十六条第一款、第二十七条规定的信息，发现违反上述条款规定的信息的，应当立即停止传输相关信息，采取删除、屏蔽、断开链接等处置措施，防止信息扩散，保存有关记录，向网信、公安等部门报告,并对制作、复制、发布、传播上述信息的用户采取警示、限制功能、暂停服务、关闭账号等处置措施。

网络产品和服务提供者发现用户发布、传播本条例第二十三条第一款规定的信息未予显著提示的,应当作出提示或者通知用户予以提示;未作出提示的,不得传输该信息。

第三十条　国家网信、新闻出版、电影部门和国务院教育、电信、公安、文化和旅游、广播电视等部门发现违反本条例第二十二条、第二十四条、第二十五条、第二十六条第一款、第二十七条规定的信息的,或者发现本条例第二十三条第一款规定的信息未予显著提示的,应当要求网络产品和服务提供者按照本条例第二十九条的规定予以处理;对来源于境外的上述信息,应当依法通知有关机构采取技术措施和其他必要措施阻断传播。

第四章　个人信息网络保护

第三十一条　网络服务提供者为未成年人提供信息发布、即时通讯等服务的,应当依法要求未成年人或者其监护人提供未成年人真实身份信息。未成年人或者其监护人不提供未成年人真实身份信息的,网络服务提供者不得为未成年人提供相关服务。

网络直播服务提供者应当建立网络直播发布者真实身份信息动态核验机制,不得向不符合法律规定情形的未成年人用户提供网络直播发布服务。

第三十二条　个人信息处理者应当严格遵守国家网信部门和有关部门关于网络产品和服务必要个人信息范围的规定,不得强制要求未成年人或者其监护人同意非必要的个人信息处理行为,不得因为未成年人或者其监护人不同意处理未成年人非必要个人信息或者撤回同意,拒绝未成年人使用其基本功能服务。

第三十三条　未成年人的监护人应当教育引导未成年人增强个人信息保护意识和能力、掌握个人信息范围、了解个人信息安全风险,指导未成年人行使其在个人信息处理活动中的查阅、复制、更正、补充、删除等权利,保护未成年人个人信息权益。

第三十四条　未成年人或者其监护人依法请求查阅、复制、更正、补充、删除未成年人个人信息的,个人信息处理者应当遵守以下规定:

（一）提供便捷的支持未成年人或者其监护人查阅未成年人个人信

息种类、数量等的方法和途径,不得对未成年人或者其监护人的合理请求进行限制;

(二)提供便捷的支持未成年人或者其监护人复制、更正、补充、删除未成年人个人信息的功能,不得设置不合理条件;

(三)及时受理并处理未成年人或者其监护人查阅、复制、更正、补充、删除未成年人个人信息的申请,拒绝未成年人或者其监护人行使权利的请求的,应当书面告知申请人并说明理由。

对未成年人或者其监护人依法提出的转移未成年人个人信息的请求,符合国家网信部门规定条件的,个人信息处理者应当提供转移的途径。

第三十五条 发生或者可能发生未成年人个人信息泄露、篡改、丢失的,个人信息处理者应当立即启动个人信息安全事件应急预案,采取补救措施,及时向网信等部门报告,并按照国家有关规定将事件情况以邮件、信函、电话、信息推送等方式告知受影响的未成年人及其监护人。

个人信息处理者难以逐一告知的,应当采取合理、有效的方式及时发布相关警示信息,法律、行政法规另有规定的除外。

第三十六条 个人信息处理者对其工作人员应当以最小授权为原则,严格设定信息访问权限,控制未成年人个人信息知悉范围。工作人员访问未成年人个人信息的,应当经过相关负责人或者其授权的管理人员审批,记录访问情况,并采取技术措施,避免违法处理未成年人个人信息。

第三十七条 个人信息处理者应当自行或者委托专业机构每年对其处理未成年人个人信息遵守法律、行政法规的情况进行合规审计,并将审计情况及时报告网信等部门。

第三十八条 网络服务提供者发现未成年人私密信息或者未成年人通过网络发布的个人信息中涉及私密信息的,应当及时提示,并采取停止传输等必要保护措施,防止信息扩散。

网络服务提供者通过未成年人私密信息发现未成年人可能遭受侵害的,应当立即采取必要措施保存有关记录,并向公安机关报告。

第五章 网络沉迷防治

第三十九条 对未成年人沉迷网络进行预防和干预,应当遵守法律、行政法规和国家有关规定。

教育、卫生健康、市场监督管理等部门依据各自职责对从事未成年人沉迷网络预防和干预活动的机构实施监督管理。

第四十条　学校应当加强对教师的指导和培训，提高教师对未成年学生沉迷网络的早期识别和干预能力。对于有沉迷网络倾向的未成年学生，学校应当及时告知其监护人，共同对未成年学生进行教育和引导，帮助其恢复正常的学习生活。

第四十一条　未成年人的监护人应当指导未成年人安全合理使用网络，关注未成年人上网情况以及相关生理状况、心理状况、行为习惯，防范未成年人接触危害或者可能影响其身心健康的网络信息，合理安排未成年人使用网络的时间，预防和干预未成年人沉迷网络。

第四十二条　网络产品和服务提供者应当建立健全防沉迷制度，不得向未成年人提供诱导其沉迷的产品和服务，及时修改可能造成未成年人沉迷的内容、功能和规则，并每年向社会公布防沉迷工作情况，接受社会监督。

第四十三条　网络游戏、网络直播、网络音视频、网络社交等网络服务提供者应当针对不同年龄阶段未成年人使用其服务的特点，坚持融合、友好、实用、有效的原则，设置未成年人模式，在使用时段、时长、功能和内容等方面按照国家有关规定和标准提供相应的服务，并以醒目便捷的方式为监护人履行监护职责提供时间管理、权限管理、消费管理等功能。

第四十四条　网络游戏、网络直播、网络音视频、网络社交等网络服务提供者应当采取措施，合理限制不同年龄阶段未成年人在使用其服务中的单次消费数额和单日累计消费数额，不得向未成年人提供与其民事行为能力不符的付费服务。

第四十五条　网络游戏、网络直播、网络音视频、网络社交等网络服务提供者应当采取措施，防范和抵制流量至上等不良价值倾向，不得设置以应援集资、投票打榜、刷量控评等为主题的网络社区、群组、话题，不得诱导未成年人参与应援集资、投票打榜、刷量控评等网络活动，并预防和制止其用户诱导未成年人实施上述行为。

第四十六条　网络游戏服务提供者应当通过统一的未成年人网络游戏电子身份认证系统等必要手段验证未成年人用户真实身份信息。

网络产品和服务提供者不得为未成年人提供游戏账号租售服务。

第四十七条　网络游戏服务提供者应当建立、完善预防未成年人沉迷网络的游戏规则，避免未成年人接触可能影响其身心健康的游戏内容或者游戏功能。

网络游戏服务提供者应当落实适龄提示要求,根据不同年龄阶段未成年人身心发展特点和认知能力,通过评估游戏产品的类型、内容与功能等要素,对游戏产品进行分类,明确游戏产品适合的未成年人用户年龄阶段,并在用户下载、注册、登录界面等位置予以显著提示。

第四十八条　新闻出版、教育、卫生健康、文化和旅游、广播电视、网信等部门应当定期开展预防未成年人沉迷网络的宣传教育,监督检查网络产品和服务提供者履行预防未成年人沉迷网络义务的情况,指导家庭、学校、社会组织互相配合,采取科学、合理的方式对未成年人沉迷网络进行预防和干预。

国家新闻出版部门牵头组织开展未成年人沉迷网络游戏防治工作,会同有关部门制定关于向未成年人提供网络游戏服务的时段、时长、消费上限等管理规定。

卫生健康、教育等部门依据各自职责指导有关医疗卫生机构、高等学校等,开展未成年人沉迷网络所致精神障碍和心理行为问题的基础研究和筛查评估、诊断、预防、干预等应用研究。

第四十九条　严禁任何组织和个人以虐待、胁迫等侵害未成年人身心健康的方式干预未成年人沉迷网络、侵犯未成年人合法权益。

第六章　法律责任

第五十条　地方各级人民政府和县级以上有关部门违反本条例规定,不履行未成年人网络保护职责的,由其上级机关责令改正;拒不改正或者情节严重的,对负有责任的领导人员和直接责任人员依法给予处分。

第五十一条　学校、社区、图书馆、文化馆、青少年宫等违反本条例规定,不履行未成年人网络保护职责的,由教育、文化和旅游等部门依据各自职责责令改正;拒不改正或者情节严重的,对负有责任的领导人员和直接责任人员依法给予处分。

第五十二条　未成年人的监护人不履行本条例规定的监护职责或者侵犯未成年人合法权益的,由未成年人居住地的居民委员会、村民委员会、妇女联合会,监护人所在单位,中小学校、幼儿园等有关密切接触未成年人的单位依法予以批评教育、劝诫制止、督促其接受家庭教育指导等。

第五十三条　违反本条例第七条、第十九条第三款、第三十八条第二款规定的,由网信、新闻出版、电影、教育、电信、公安、民政、文化和旅游、市场监督管理、广播电视等部门依据各自职责责令改正;拒不改正或者情节严重的,处5万元以上50万元以下罚款,对直接负责的主管人员和其他直接责任人员处1万元以上10万元以下罚款。

第五十四条 违反本条例第二十条第一款规定的,由网信、新闻出版、电信、公安、文化和旅游、广播电视等部门依据各自职责责令改正,给予警告,没收违法所得;拒不改正的,并处100万元以下罚款,对直接负责的主管人员和其他直接责任人员处1万元以上10万元以下罚款。

违反本条例第二十条第一款第一项和第五项规定,情节严重的,由省级以上网信、新闻出版、电信、公安、文化和旅游、广播电视等部门依据各自职责责令改正,没收违法所得,并处5000万元以下或者上一年度营业额百分之五以下罚款,并可以责令暂停相关业务或者停业整顿、通报有关部门依法吊销相关业务许可证或者吊销营业执照;对直接负责的主管人员和其他直接责任人员处10万元以上100万元以下罚款,并可以决定禁止其在一定期限内担任相关企业的董事、监事、高级管理人员和未成年人保护负责人。

第五十五条 违反本条例第二十四条、第二十五条规定的,由网信、新闻出版、电影、电信、公安、文化和旅游、市场监督管理、广播电视等部门依据各自职责责令限期改正,给予警告,没收违法所得,可以并处10万元以下罚款;拒不改正或者情节严重的,责令暂停相关业务、停产停业或者吊销相关业务许可证、吊销营业执照,违法所得100万元以上的,并处违法所得1倍以上10倍以下罚款,没有违法所得或者违法所得不足100万元的,并处10万元以上100万元以下罚款。

第五十六条 违反本条例第二十六条第二款和第三款、第二十八条、第二十九条第一款、第三十一条第二款、第三十六条、第三十八条第一款、第四十二条至第四十五条、第四十六条第二款、第四十七条规定的,由网信、新闻出版、电影、教育、电信、公安、文化和旅游、广播电视等部门依据各自职责责令改正,给予警告,没收违法所得,违法所得100万元以上的,并处违法所得1倍以上10倍以下罚款,没有违法所得或者违法所得不足100万元的,并处10万元以上100万元以下罚款,对直接负责的主管人员和其他直接责任人员处1万元以上10万元以下罚款;拒不改正或者情节严重的,并可以责令暂停相关业务、停业整顿、关闭网站、吊销相关业务许可证或者吊销营业执照。

第五十七条　网络产品和服务提供者违反本条例规定,受到关闭网站、吊销相关业务许可证或者吊销营业执照处罚的,5年内不得重新申请相关许可,其直接负责的主管人员和其他直接责任人员5年内不得从事同类网络产品和服务业务。

第五十八条　违反本条例规定,侵犯未成年人合法权益,给未成年人造成损害的,依法承担民事责任;构成违反治安管理行为的,依法给予治安管理处罚;构成犯罪的,依法追究刑事责任。

第七章　附　　则

第五十九条　本条例所称智能终端产品,是指可以接入网络、具有操作系统、能够由用户自行安装应用软件的手机、计算机等网络终端产品。

第六十条　本条例自2024年1月1日起施行。

网络数据安全管理条例

1. 2024年9月24日国务院令第790号公布
2. 自2025年1月1日起施行

第一章　总　　则

第一条　为了规范网络数据处理活动,保障网络数据安全,促进网络数据依法合理有效利用,保护个人、组织的合法权益,维护国家安全和公共利益,根据《中华人民共和国网络安全法》、《中华人民共和国数据安全法》、《中华人民共和国个人信息保护法》等法律,制定本条例。

第二条　在中华人民共和国境内开展网络数据处理活动及其安全监督管理,适用本条例。

在中华人民共和国境外处理中华人民共和国境内自然人个人信息的活动,符合《中华人民共和国个人信息保护法》第三条第二款规定情形的,也适用本条例。

在中华人民共和国境外开展网络数据处理活动,损害中华人民共和国国家安全、公共利益或者公民、组织合法权益的,依法追究法律责任。

第三条　网络数据安全管理工作坚持中国共产党的领导,贯彻总体国家安全观,统筹促进网络数据开发利用与保障网络数据安全。

第四条　国家鼓励网络数据在各行业、各领域的创新应用,加强网络数据安全防护能力建设,支持网络数据相关技术、产品、服务创新,开展网络数据安全宣传教育和人才培养,促进网络数据开发利用和产业发展。

第五条　国家根据网络数据在经济社会发展中的重要程度,以及一旦遭到篡改、破坏、泄露或者非法获取、非法利用,对国家安全、公共利益或者个人、组织合法权益造成的危害程度,对网络数据实行分类分级保护。

第六条　国家积极参与网络数据安全相关国际规则和标准的制定,促进国际交流与合作。

第七条　国家支持相关行业组织按照章程,制定网络数据安全行为规范,加强行业自律,指导会员加强网络数据安全保护,提高网络数据安全保护水平,促进行业健康发展。

第二章　一般规定

第八条　任何个人、组织不得利用网络数据从事非法活动,不得从事窃取或者以其他非法方式获取网络数据、非法出售或者非法向他人提供网络数据等非法网络数据处理活动。

任何个人、组织不得提供专门用于从事前款非法活动的程序、工具;明知他人从事前款非法活动的,不得为其提供互联网接入、服务器托管、网络存储、通讯传输等技术支持,或者提供广告推广、支付结算等帮助。

第九条　网络数据处理者应当依照法律、行政法规的规定和国家标准的强制性要求,在网络安全等级保护的基础上,加强网络数据安全防护,建立健全网络数据安全管理制度,采取加密、备份、访问控制、安全认证等技术措施和其他必要措施,保护网络数据免遭篡改、破坏、泄露或者非法获取、非法利用,处置网络数据安全事件,防范针对和利用网络数据实施的违法犯罪活动,并对所处理网络数据的安全承担主体责任。

第十条　网络数据处理者提供的网络产品、服务应当符合相关国家标准的强制性要求;发现网络产品、服务存在安全缺陷、漏洞等风险时,应当立即采取补救措施,按照规定及时告知用户并向有关主管部门报告;涉及危害国家安全、公共利益的,网络数据处理者还应当在24小时内向有关主管部门报告。

第十一条　网络数据处理者应当建立健全网络数据安全事件应急预案，发生网络数据安全事件时，应当立即启动预案，采取措施防止危害扩大，消除安全隐患，并按照规定向有关主管部门报告。

网络数据安全事件对个人、组织合法权益造成危害的，网络数据处理者应当及时将安全事件和风险情况、危害后果、已经采取的补救措施等，以电话、短信、即时通信工具、电子邮件或者公告等方式通知利害关系人；法律、行政法规规定可以不通知的，从其规定。网络数据处理者在处置网络数据安全事件过程中发现涉嫌违法犯罪线索的，应当按照规定向公安机关、国家安全机关报案，并配合开展侦查、调查和处置工作。

第十二条　网络数据处理者向其他网络数据处理者提供、委托处理个人信息和重要数据的，应当通过合同等与网络数据接收方约定处理目的、方式、范围以及安全保护义务等，并对网络数据接收方履行义务的情况进行监督。向其他网络数据处理者提供、委托处理个人信息和重要数据的处理情况记录，应当至少保存3年。

网络数据接收方应当履行网络数据安全保护义务，并按照约定的目的、方式、范围等处理个人信息和重要数据。

两个以上的网络数据处理者共同决定个人信息和重要数据的处理目的和处理方式的，应当约定各自的权利和义务。

第十三条　网络数据处理者开展网络数据处理活动，影响或者可能影响国家安全的，应当按照国家有关规定进行国家安全审查。

第十四条　网络数据处理者因合并、分立、解散、破产等原因需要转移网络数据的，网络数据接收方应当继续履行网络数据安全保护义务。

第十五条　国家机关委托他人建设、运行、维护电子政务系统，存储、加工政务数据的，应当按照国家有关规定经过严格的批准程序，明确受托方的网络数据处理权限、保护责任等，监督受托方履行网络数据安全保护义务。

第十六条　网络数据处理者为国家机关、关键信息基础设施运营者提供服务，或者参与其他公共基础设施、公共服务系统建设、运行、维护的，应当依照法律、法规的规定和合同约定履行网络数据安全保护义务，提供安全、稳定、持续的服务。

前款规定的网络数据处理者未经委托方同意，不得访问、获取、留存、使用、泄露或者向他人提供网络数据，不得对网络数据进行关联分析。

第十七条　为国家机关提供服务的信息系统应当参照电子政务系统的管理

要求加强网络数据安全管理,保障网络数据安全。

第十八条 网络数据处理者使用自动化工具访问、收集网络数据,应当评估对网络服务带来的影响,不得非法侵入他人网络,不得干扰网络服务正常运行。

第十九条 提供生成式人工智能服务的网络数据处理者应当加强对训练数据和训练数据处理活动的安全管理,采取有效措施防范和处置网络数据安全风险。

第二十条 面向社会提供产品、服务的网络数据处理者应当接受社会监督,建立便捷的网络数据安全投诉、举报渠道,公布投诉、举报方式等信息,及时受理并处理网络数据安全投诉、举报。

第三章 个人信息保护

第二十一条 网络数据处理者在处理个人信息前,通过制定个人信息处理规则的方式依法向个人告知的,个人信息处理规则应当集中公开展示、易于访问并置于醒目位置,内容明确具体、清晰易懂,包括但不限于下列内容:

(一)网络数据处理者的名称或者姓名和联系方式;

(二)处理个人信息的目的、方式、种类,处理敏感个人信息的必要性以及对个人权益的影响;

(三)个人信息保存期限和到期后的处理方式,保存期限难以确定的,应当明确保存期限的确定方法;

(四)个人查阅、复制、转移、更正、补充、删除、限制处理个人信息以及注销账号、撤回同意的方法和途径等。

网络数据处理者按照前款规定向个人告知收集和向其他网络数据处理者提供个人信息的目的、方式、种类以及网络数据接收方信息的,应当以清单等形式予以列明。网络数据处理者处理不满十四周岁未成年人个人信息的,还应当制定专门的个人信息处理规则。

第二十二条 网络数据处理者基于个人同意处理个人信息的,应当遵守下列规定:

(一)收集个人信息为提供产品或者服务所必需,不得超范围收集个人信息,不得通过误导、欺诈、胁迫等方式取得个人同意;

(二)处理生物识别、宗教信仰、特定身份、医疗健康、金融账户、行踪

轨迹等敏感个人信息的,应当取得个人的单独同意;

（三）处理不满十四周岁未成年人个人信息的,应当取得未成年人的父母或者其他监护人的同意;

（四）不得超出个人同意的个人信息处理目的、方式、种类、保存期限处理个人信息;

（五）不得在个人明确表示不同意处理其个人信息后,频繁征求同意;

（六）个人信息的处理目的、方式、种类发生变更的,应当重新取得个人同意。

法律、行政法规规定处理敏感个人信息应当取得书面同意的,从其规定。

第二十三条 个人请求查阅、复制、更正、补充、删除、限制处理其个人信息,或者个人注销账号、撤回同意的,网络数据处理者应当及时受理,并提供便捷的支持个人行使权利的方法和途径,不得设置不合理条件限制个人的合理请求。

第二十四条 因使用自动化采集技术等无法避免采集到非必要个人信息或者未依法取得个人同意的个人信息,以及个人注销账号的,网络数据处理者应当删除个人信息或者进行匿名化处理。法律、行政法规规定的保存期限未届满,或者删除、匿名化处理个人信息从技术上难以实现的,网络数据处理者应当停止除存储和采取必要的安全保护措施之外的处理。

第二十五条 对符合下列条件的个人信息转移请求,网络数据处理者应当为个人指定的其他网络数据处理者访问、获取有关个人信息提供途径:

（一）能够验证请求人的真实身份;

（二）请求转移的是本人同意提供的或者基于合同收集的个人信息;

（三）转移个人信息具备技术可行性;

（四）转移个人信息不损害他人合法权益。

请求转移个人信息次数等明显超出合理范围的,网络数据处理者可以根据转移个人信息的成本收取必要费用。

第二十六条 中华人民共和国境外网络数据处理者处理境内自然人个人信息,依照《中华人民共和国个人信息保护法》第五十三条规定在境内设立专门机构或者指定代表的,应当将有关机构的名称或者代表的姓名、联系方式等报送所在地设区的市级网信部门;网信部门应当及时通报同级有关主管部门。

第二十七条 网络数据处理者应当定期自行或者委托专业机构对其处理个人信息遵守法律、行政法规的情况进行合规审计。

第二十八条 网络数据处理者处理1000万人以上个人信息的,还应当遵守本条例第三十条、第三十二条对处理重要数据的网络数据处理者(以下简称重要数据的处理者)作出的规定。

第四章 重要数据安全

第二十九条 国家数据安全工作协调机制统筹协调有关部门制定重要数据目录,加强对重要数据的保护。各地区、各部门应当按照数据分类分级保护制度,确定本地区、本部门以及相关行业、领域的重要数据具体目录,对列入目录的网络数据进行重点保护。

网络数据处理者应当按照国家有关规定识别、申报重要数据。对确认为重要数据的,相关地区、部门应当及时向网络数据处理者告知或者公开发布。网络数据处理者应当履行网络数据安全保护责任。

国家鼓励网络数据处理者使用数据标签标识等技术和产品,提高重要数据安全管理水平。

第三十条 重要数据的处理者应当明确网络数据安全负责人和网络数据安全管理机构。网络数据安全管理机构应当履行下列网络数据安全保护责任:

(一)制定实施网络数据安全管理制度、操作规程和网络数据安全事件应急预案;

(二)定期组织开展网络数据安全风险监测、风险评估、应急演练、宣传教育培训等活动,及时处置网络数据安全风险和事件;

(三)受理并处理网络数据安全投诉、举报。

网络数据安全负责人应当具备网络数据安全专业知识和相关管理工作经历,由网络数据处理者管理层成员担任,有权直接向有关主管部门报告网络数据安全情况。

掌握有关主管部门规定的特定种类、规模的重要数据的网络数据处理者,应当对网络数据安全负责人和关键岗位的人员进行安全背景审查,加强相关人员培训。审查时,可以申请公安机关、国家安全机关协助。

第三十一条 重要数据的处理者提供、委托处理、共同处理重要数据前,应当进行风险评估,但是属于履行法定职责或者法定义务的除外。

风险评估应当重点评估下列内容:

(一)提供、委托处理、共同处理网络数据,以及网络数据接收方处理网络数据的目的、方式、范围等是否合法、正当、必要;

(二)提供、委托处理、共同处理的网络数据遭到篡改、破坏、泄露或者非法获取、非法利用的风险,以及对国家安全、公共利益或者个人、组织合法权益带来的风险;

(三)网络数据接收方的诚信、守法等情况;

(四)与网络数据接收方订立或者拟订立的相关合同中关于网络数据安全的要求能否有效约束网络数据接收方履行网络数据安全保护义务;

(五)采取或者拟采取的技术和管理措施等能否有效防范网络数据遭到篡改、破坏、泄露或者非法获取、非法利用等风险;

(六)有关主管部门规定的其他评估内容。

第三十二条 重要数据的处理者因合并、分立、解散、破产等可能影响重要数据安全的,应当采取措施保障网络数据安全,并向省级以上有关主管部门报告重要数据处置方案、接收方的名称或者姓名和联系方式等;主管部门不明确的,应当向省级以上数据安全工作协调机制报告。

第三十三条 重要数据的处理者应当每年度对其网络数据处理活动开展风险评估,并向省级以上有关主管部门报送风险评估报告,有关主管部门应当及时通报同级网信部门、公安机关。

风险评估报告应当包括下列内容:

(一)网络数据处理者基本信息、网络数据安全管理机构信息、网络数据安全负责人姓名和联系方式等;

(二)处理重要数据的目的、种类、数量、方式、范围、存储期限、存储地点等,开展网络数据处理活动的情况,不包括网络数据内容本身;

(三)网络数据安全管理制度及实施情况,加密、备份、标签标识、访问控制、安全认证等技术措施和其他必要措施及其有效性;

(四)发现的网络数据安全风险,发生的网络数据安全事件及处置情况;

(五)提供、委托处理、共同处理重要数据的风险评估情况;

(六)网络数据出境情况;

(七)有关主管部门规定的其他报告内容。

处理重要数据的大型网络平台服务提供者报送的风险评估报告,除包括前款规定的内容外,还应当充分说明关键业务和供应链网络数据安全等情况。

重要数据的处理者存在可能危害国家安全的重要数据处理活动的,省级以上有关主管部门应当责令其采取整改或者停止处理重要数据等措施。重要数据的处理者应当按照有关要求立即采取措施。

第五章　网络数据跨境安全管理

第三十四条　国家网信部门统筹协调有关部门建立国家数据出境安全管理专项工作机制,研究制定国家网络数据出境安全管理相关政策,协调处理网络数据出境安全重大事项。

第三十五条　符合下列条件之一的,网络数据处理者可以向境外提供个人信息:

(一)通过国家网信部门组织的数据出境安全评估;

(二)按照国家网信部门的规定经专业机构进行个人信息保护认证;

(三)符合国家网信部门制定的关于个人信息出境标准合同的规定;

(四)为订立、履行个人作为一方当事人的合同,确需向境外提供个人信息;

(五)按照依法制定的劳动规章制度和依法签订的集体合同实施跨境人力资源管理,确需向境外提供员工个人信息;

(六)为履行法定职责或者法定义务,确需向境外提供个人信息;

(七)紧急情况下为保护自然人的生命健康和财产安全,确需向境外提供个人信息;

(八)法律、行政法规或者国家网信部门规定的其他条件。

第三十六条　中华人民共和国缔结或者参加的国际条约、协定对向中华人民共和国境外提供个人信息的条件等有规定的,可以按照其规定执行。

第三十七条　网络数据处理者在中华人民共和国境内运营中收集和产生的重要数据确需向境外提供的,应当通过国家网信部门组织的数据出境安全评估。网络数据处理者按照国家有关规定识别、申报重要数据,但未被相关地区、部门告知或者公开发布为重要数据的,不需要将其作为重要数据申报数据出境安全评估。

第三十八条　通过数据出境安全评估后,网络数据处理者向境外提供个人信息和重要数据的,不得超出评估时明确的数据出境目的、方式、范围和种类、规模等。

第三十九条　国家采取措施,防范、处置网络数据跨境安全风险和威胁。任何个人、组织不得提供专门用于破坏、避开技术措施的程序、工具等;明知他人从事破坏、避开技术措施等活动的,不得为其提供技术支持或者帮助。

第六章　网络平台服务提供者义务

第四十条　网络平台服务提供者应当通过平台规则或者合同等明确接入其平台的第三方产品和服务提供者的网络数据安全保护义务,督促第三方产品和服务提供者加强网络数据安全管理。

预装应用程序的智能终端等设备生产者,适用前款规定。

第三方产品和服务提供者违反法律、行政法规的规定或者平台规则、合同约定开展网络数据处理活动,对用户造成损害的,网络平台服务提供者、第三方产品和服务提供者、预装应用程序的智能终端等设备生产者应当依法承担相应责任。

国家鼓励保险公司开发网络数据损害赔偿责任险种,鼓励网络平台服务提供者、预装应用程序的智能终端等设备生产者投保。

第四十一条　提供应用程序分发服务的网络平台服务提供者,应当建立应用程序核验规则并开展网络数据安全相关核验。发现待分发或者已分发的应用程序不符合法律、行政法规的规定或者国家标准的强制性要求的,应当采取警示、不予分发、暂停分发或者终止分发等措施。

第四十二条　网络平台服务提供者通过自动化决策方式向个人进行信息推送的,应当设置易于理解、便于访问和操作的个性化推荐关闭选项,为用户提供拒绝接收推送信息、删除针对其个人特征的用户标签等功能。

第四十三条　国家推进网络身份认证公共服务建设,按照政府引导、用户自愿原则进行推广应用。

鼓励网络平台服务提供者支持用户使用国家网络身份认证公共服务登记、核验真实身份信息。

第四十四条　大型网络平台服务提供者应当每年度发布个人信息保护社会责任报告,报告内容包括但不限于个人信息保护措施和成效、个人行使权利的申请受理情况、主要由外部成员组成的个人信息保护监督机构履行职责情况等。

第四十五条　大型网络平台服务提供者跨境提供网络数据,应当遵守国家数据跨境安全管理要求,健全相关技术和管理措施,防范网络数据跨境安全风险。

第四十六条　大型网络平台服务提供者不得利用网络数据、算法以及平台规则等从事下列活动:

（一）通过误导、欺诈、胁迫等方式处理用户在平台上产生的网络数据;

（二）无正当理由限制用户访问、使用其在平台上产生的网络数据;

（三）对用户实施不合理的差别待遇,损害用户合法权益;

（四）法律、行政法规禁止的其他活动。

第七章　监　督　管　理

第四十七条　国家网信部门负责统筹协调网络数据安全和相关监督管理工作。

公安机关、国家安全机关依照有关法律、行政法规和本条例的规定,在各自职责范围内承担网络数据安全监督管理职责,依法防范和打击危害网络数据安全的违法犯罪活动。

国家数据管理部门在具体承担数据管理工作中履行相应的网络数据安全职责。

各地区、各部门对本地区、本部门工作中收集和产生的网络数据及网络数据安全负责。

第四十八条　各有关主管部门承担本行业、本领域网络数据安全监督管理职责,应当明确本行业、本领域网络数据安全保护工作机构,统筹制定并组织实施本行业、本领域网络数据安全事件应急预案,定期组织开展本行业、本领域网络数据安全风险评估,对网络数据处理者履行网络数据安全保护义务情况进行监督检查,指导督促网络数据处理者及时对存在的风险隐患进行整改。

第四十九条　国家网信部门统筹协调有关主管部门及时汇总、研判、共享、发布网络数据安全风险相关信息,加强网络数据安全信息共享、网络数据安全风险和威胁监测预警以及网络数据安全事件应急处置工作。

第五十条　有关主管部门可以采取下列措施对网络数据安全进行监督检查：

（一）要求网络数据处理者及其相关人员就监督检查事项作出说明；

（二）查阅、复制与网络数据安全有关的文件、记录；

（三）检查网络数据安全措施运行情况；

（四）检查与网络数据处理活动有关的设备、物品；

（五）法律、行政法规规定的其他必要措施。

网络数据处理者应当对有关主管部门依法开展的网络数据安全监督检查予以配合。

第五十一条　有关主管部门开展网络数据安全监督检查，应当客观公正，不得向被检查单位收取费用。

有关主管部门在网络数据安全监督检查中不得访问、收集与网络数据安全无关的业务信息，获取的信息只能用于维护网络数据安全的需要，不得用于其他用途。

有关主管部门发现网络数据处理者的网络数据处理活动存在较大安全风险的，可以按照规定的权限和程序要求网络数据处理者暂停相关服务、修改平台规则、完善技术措施等，消除网络数据安全隐患。

第五十二条　有关主管部门在开展网络数据安全监督检查时，应当加强协同配合、信息沟通，合理确定检查频次和检查方式，避免不必要的检查和交叉重复检查。

个人信息保护合规审计、重要数据风险评估、重要数据出境安全评估等应当加强衔接，避免重复评估、审计。重要数据风险评估和网络安全等级测评的内容重合的，相关结果可以互相采信。

第五十三条　有关主管部门及其工作人员对在履行职责中知悉的个人隐私、个人信息、商业秘密、保密商务信息等网络数据应当依法予以保密，不得泄露或者非法向他人提供。

第五十四条　境外的组织、个人从事危害中华人民共和国国家安全、公共利益，或者侵害中华人民共和国公民的个人信息权益的网络数据处理活动的，国家网信部门会同有关主管部门可以依法采取相应的必要措施。

第八章　法律责任

第五十五条　违反本条例第十二条、第十六条至第二十条、第二十二条、第四十条第一款和第二款、第四十一条、第四十二条规定的，由网信、电信、公安等主管部门依据各自职责责令改正，给予警告，没收违法所得；拒不改正或者情节严重的，处100万元以下罚款，并可以责令暂停相关业务、停业整顿、吊销相关业务许可证或者吊销营业执照，对直接负责的主管人员和其他直接责任人员可以处1万元以上10万元以下罚款。

第五十六条　违反本条例第十三条规定的，由网信、电信、公安、国家安全等主管部门依据各自职责责令改正，给予警告，可以并处10万元以上100万元以下罚款，对直接负责的主管人员和其他直接责任人员可以处1万元以上10万元以下罚款；拒不改正或者情节严重的，处100万元以上1000万元以下罚款，并可以责令暂停相关业务、停业整顿、吊销相关业务许可证或者吊销营业执照，对直接负责的主管人员和其他直接责任人员处10万元以上100万元以下罚款。

第五十七条　违反本条例第二十九条第二款、第三十条第二款和第三款、第三十一条、第三十二条规定的，由网信、电信、公安等主管部门依据各自职责责令改正，给予警告，可以并处5万元以上50万元以下罚款，对直接负责的主管人员和其他直接责任人员可以处1万元以上10万元以下罚款；拒不改正或者造成大量数据泄露等严重后果的，处50万元以上200万元以下罚款，并可以责令暂停相关业务、停业整顿、吊销相关业务许可证或者吊销营业执照，对直接负责的主管人员和其他直接责任人员处5万元以上20万元以下罚款。

第五十八条　违反本条例其他有关规定的，由有关主管部门依照《中华人民共和国网络安全法》、《中华人民共和国数据安全法》、《中华人民共和国个人信息保护法》等法律的有关规定追究法律责任。

第五十九条　网络数据处理者存在主动消除或者减轻违法行为危害后果、违法行为轻微并及时改正且没有造成危害后果或者初次违法且危害后果轻微并及时改正等情形的，依照《中华人民共和国行政处罚法》的规定从轻、减轻或者不予行政处罚。

第六十条　国家机关不履行本条例规定的网络数据安全保护义务的，由其上级机关或者有关主管部门责令改正；对直接负责的主管人员和其他直接责任人员依法给予处分。

第六十一条　违反本条例规定，给他人造成损害的，依法承担民事责任；构成违反治安管理行为的，依法给予治安管理处罚；构成犯罪的，依法追究刑事责任。

第九章　附　则

第六十二条　本条例下列用语的含义：

（一）网络数据，是指通过网络处理和产生的各种电子数据。

（二）网络数据处理活动，是指网络数据的收集、存储、使用、加工、传输、提供、公开、删除等活动。

（三）网络数据处理者，是指在网络数据处理活动中自主决定处理目的和处理方式的个人、组织。

（四）重要数据，是指特定领域、特定群体、特定区域或者达到一定精度和规模，一旦遭到篡改、破坏、泄露或者非法获取、非法利用，可能直接危害国家安全、经济运行、社会稳定、公共健康和安全的数据。

（五）委托处理，是指网络数据处理者委托个人、组织按照约定的目的和方式开展的网络数据处理活动。

（六）共同处理，是指两个以上的网络数据处理者共同决定网络数据的处理目的和处理方式的网络数据处理活动。

（七）单独同意，是指个人针对其个人信息进行特定处理而专门作出具体、明确的同意。

（八）大型网络平台，是指注册用户5000万以上或者月活跃用户1000万以上，业务类型复杂，网络数据处理活动对国家安全、经济运行、国计民生等具有重要影响的网络平台。

第六十三条　开展核心数据的网络数据处理活动，按照国家有关规定执行。

自然人因个人或者家庭事务处理个人信息的，不适用本条例。

开展涉及国家秘密、工作秘密的网络数据处理活动，适用《中华人民共和国保守国家秘密法》等法律、行政法规的规定。

第六十四条　本条例自2025年1月1日起施行。

三、司法解释

民事案件案由规定(节录)

1. 2007年10月29日最高人民法院审判委员会第1438次会议通过
2. 自2008年4月1日起施行
3. 根据2011年2月18日《最高人民法院关于修改〈民事案件案由规定〉的决定》(法〔2011〕41号)第一次修正
4. 根据2020年12月14日最高人民法院审判委员会第1821次会议通过的《最高人民法院关于修改〈民事案件案由规定〉的决定》(法〔2020〕346号)第二次修正

第一部分 人格权纠纷

一、人格权纠纷

  1. 生命权、身体权、健康权纠纷
  2. 姓名权纠纷
  3. 名称权纠纷
  4. 肖像权纠纷
  5. 声音保护纠纷
  6. 名誉权纠纷
  7. 荣誉权纠纷
  8. 隐私权、个人信息保护纠纷
   (1)隐私权纠纷
   (2)个人信息保护纠纷
  9. 婚姻自主权纠纷
  10. 人身自由权纠纷
  11. 一般人格权纠纷
   (1)平等就业权纠纷

最高人民法院关于审理利用信息网络侵害人身权益民事纠纷案件适用法律若干问题的规定

1. 2014年6月23日最高人民法院审判委员会第1621次会议通过、2014年8月21日公布,自2014年10月10日起施行(法释〔2014〕11号)
2. 根据2020年12月23日最高人民法院审判委员会第1823次会议通过、2020年12月29日公布的《最高人民法院关于修改〈最高人民法院关于在民事审判工作中适用《中华人民共和国工会法》若干问题的解释〉等二十七件民事类司法解释的决定》(法释〔2020〕17号)修正

为正确审理利用信息网络侵害人身权益民事纠纷案件,根据《中华人民共和国民法典》《全国人民代表大会常务委员会关于加强网络信息保护的决定》《中华人民共和国民事诉讼法》等法律的规定,结合审判实践,制定本规定。

第一条 本规定所称的利用信息网络侵害人身权益民事纠纷案件,是指利用信息网络侵害他人姓名权、名称权、名誉权、荣誉权、肖像权、隐私权等人身权益引起的纠纷案件。

第二条 原告依据民法典第一千一百九十五条、第一千一百九十七条的规定起诉网络用户或者网络服务提供者的,人民法院应予受理。

原告仅起诉网络用户,网络用户请求追加涉嫌侵权的网络服务提供者为共同被告或者第三人的,人民法院应予准许。

原告仅起诉网络服务提供者,网络服务提供者请求追加可以确定的网络用户为共同被告或者第三人的,人民法院应予准许。

第三条 原告起诉网络服务提供者,网络服务提供者以涉嫌侵权的信息系网络用户发布为由抗辩的,人民法院可以根据原告的请求及案件的具体情况,责令网络服务提供者向人民法院提供能够确定涉嫌侵权的网络用户的姓名(名称)、联系方式、网络地址等信息。

网络服务提供者无正当理由拒不提供的,人民法院可以依据民事诉讼法第一百一十四条的规定对网络服务提供者采取处罚等措施。

原告根据网络服务提供者提供的信息请求追加网络用户为被告的，人民法院应予准许。

第四条 人民法院适用民法典第一千一百九十五条第二款的规定，认定网络服务提供者采取的删除、屏蔽、断开链接等必要措施是否及时，应当根据网络服务的类型和性质、有效通知的形式和准确程度、网络信息侵害权益的类型和程度等因素综合判断。

第五条 其发布的信息被采取删除、屏蔽、断开链接等措施的网络用户，主张网络服务提供者承担违约责任或者侵权责任，网络服务提供者以收到民法典第一千一百九十五条第一款规定的有效通知为由抗辩的，人民法院应予支持。

第六条 人民法院依据民法典第一千一百九十七条认定网络服务提供者是否"知道或者应当知道"，应当综合考虑下列因素：

（一）网络服务提供者是否以人工或者自动方式对侵权网络信息以推荐、排名、选择、编辑、整理、修改等方式作出处理；

（二）网络服务提供者应当具备的管理信息的能力，以及所提供服务的性质、方式及其引发侵权的可能性大小；

（三）该网络信息侵害人身权益的类型及明显程度；

（四）该网络信息的社会影响程度或者一定时间内的浏览量；

（五）网络服务提供者采取预防侵权措施的技术可能性及其是否采取了相应的合理措施；

（六）网络服务提供者是否针对同一网络用户的重复侵权行为或者同一侵权信息采取了相应的合理措施；

（七）与本案相关的其他因素。

第七条 人民法院认定网络用户或者网络服务提供者转载网络信息行为的过错及其程度，应当综合以下因素：

（一）转载主体所承担的与其性质、影响范围相适应的注意义务；

（二）所转载信息侵害他人人身权益的明显程度；

（三）对所转载信息是否作出实质性修改，是否添加或者修改文章标题，导致其与内容严重不符以及误导公众的可能性。

第八条 网络用户或者网络服务提供者采取诽谤、诋毁等手段，损害公众对经营主体的信赖，降低其产品或者服务的社会评价，经营主体请求网络用户或者网络服务提供者承担侵权责任的，人民法院应依法予以支持。

第九条 网络用户或者网络服务提供者,根据国家机关依职权制作的文书和公开实施的职权行为等信息来源所发布的信息,有下列情形之一,侵害他人人身权益,被侵权人请求侵权人承担侵权责任的,人民法院应予支持：

（一）网络用户或者网络服务提供者发布的信息与前述信息来源内容不符；

（二）网络用户或者网络服务提供者以添加侮辱性内容、诽谤性信息、不当标题或者通过增删信息、调整结构、改变顺序等方式致人误解；

（三）前述信息来源已被公开更正,但网络用户拒绝更正或者网络服务提供者不予更正；

（四）前述信息来源已被公开更正,网络用户或者网络服务提供者仍然发布更正之前的信息。

第十条 被侵权人与构成侵权的网络用户或者网络服务提供者达成一方支付报酬,另一方提供删除、屏蔽、断开链接等服务的协议,人民法院应认定为无效。

擅自篡改、删除、屏蔽特定网络信息或者以断开链接的方式阻止他人获取网络信息,发布该信息的网络用户或者网络服务提供者请求侵权人承担侵权责任的,人民法院应予支持。接受他人委托实施该行为的,委托人与受托人承担连带责任。

第十一条 网络用户或者网络服务提供者侵害他人人身权益,造成财产损失或者严重精神损害,被侵权人依据民法典第一千一百八十二条和第一千一百八十三条的规定,请求其承担赔偿责任的,人民法院应予支持。

第十二条 被侵权人为制止侵权行为所支付的合理开支,可以认定为民法典第一千一百八十二条规定的财产损失。合理开支包括被侵权人或者委托代理人对侵权行为进行调查、取证的合理费用。人民法院根据当事人的请求和具体案情,可以将符合国家有关部门规定的律师费用计算在赔偿范围内。

被侵权人因人身权益受侵害造成的财产损失以及侵权人因此获得的利益难以确定的,人民法院可以根据具体案情在50万元以下的范围内确定赔偿数额。

第十三条 本规定施行后人民法院正在审理的一审、二审案件适用本规定。

本规定施行前已经终审,本规定施行后当事人申请再审或者按照审判监督程序决定再审的案件,不适用本规定。

最高人民法院关于审理使用人脸识别技术处理个人信息相关民事案件适用法律若干问题的规定

1. 2021年6月8日最高人民法院审判委员会第1841次会议通过
2. 2021年7月27日公布
3. 法释〔2021〕15号
4. 自2021年8月1日起施行

为正确审理使用人脸识别技术处理个人信息相关民事案件,保护当事人合法权益,促进数字经济健康发展,根据《中华人民共和国民法典》《中华人民共和国网络安全法》《中华人民共和国消费者权益保护法》《中华人民共和国电子商务法》《中华人民共和国民事诉讼法》等法律的规定,结合审判实践,制定本规定。

第一条 因信息处理者违反法律、行政法规的规定或者双方的约定使用人脸识别技术处理人脸信息、处理基于人脸识别技术生成的人脸信息所引起的民事案件,适用本规定。

人脸信息的处理包括人脸信息的收集、存储、使用、加工、传输、提供、公开等。

本规定所称人脸信息属于民法典第一千零三十四条规定的"生物识别信息"。

第二条 信息处理者处理人脸信息有下列情形之一的,人民法院应当认定属于侵害自然人人格权益的行为:

(一)在宾馆、商场、银行、车站、机场、体育场馆、娱乐场所等经营场所、公共场所违反法律、行政法规的规定使用人脸识别技术进行人脸验证、辨识或者分析;

(二)未公开处理人脸信息的规则或者未明示处理的目的、方式、范围;

（三）基于个人同意处理人脸信息的，未征得自然人或者其监护人的单独同意，或者未按照法律、行政法规的规定征得自然人或者其监护人的书面同意；

（四）违反信息处理者明示或者双方约定的处理人脸信息的目的、方式、范围等；

（五）未采取应有的技术措施或者其他必要措施确保其收集、存储的人脸信息安全，致使人脸信息泄露、篡改、丢失的；

（六）违反法律、行政法规的规定或者双方的约定，向他人提供人脸信息；

（七）违背公序良俗处理人脸信息的；

（八）违反合法、正当、必要原则处理人脸信息的其他情形。

第三条 人民法院认定信息处理者承担侵害自然人人格权益的民事责任，应当适用民法典第九百九十八条的规定，并结合案件具体情况综合考量受害人是否为未成年人、告知同意情况以及信息处理的必要程度等因素。

第四条 有下列情形之一，信息处理者以已征得自然人或者其监护人同意为由抗辩的，人民法院不予支持：

（一）信息处理者要求自然人同意处理其人脸信息才提供产品或者服务的，但是处理人脸信息属于提供产品或者服务所必需的除外；

（二）信息处理者以与其他授权捆绑等方式要求自然人同意处理其人脸信息的；

（三）强迫或者变相强迫自然人同意处理其人脸信息的其他情形。

第五条 有下列情形之一，信息处理者主张其不承担民事责任的，人民法院依法予以支持：

（一）为应对突发公共卫生事件，或者紧急情况下为保护自然人的生命健康和财产安全所必需而处理人脸信息的；

（二）为维护公共安全，依据国家有关规定在公共场所使用人脸识别技术的；

（三）为公共利益实施新闻报道、舆论监督等行为在合理的范围内处理人脸信息的；

（四）在自然人或者其监护人同意的范围内合理处理人脸信息的；

（五）符合法律、行政法规规定的其他情形。

第六条　当事人请求信息处理者承担民事责任的,人民法院应当依据民事诉讼法第六十四条及《最高人民法院关于适用〈中华人民共和国民事诉讼法〉的解释》第九十条、第九十一条,《最高人民法院关于民事诉讼证据的若干规定》的相关规定确定双方当事人的举证责任。

信息处理者主张其行为符合民法典第一千零三十五条第一款规定情形的,应当就此所依据的事实承担举证责任。

信息处理者主张其不承担民事责任的,应当就其行为符合本规定第五条规定的情形承担举证责任。

第七条　多个信息处理者处理人脸信息侵害自然人人格权益,该自然人主张多个信息处理者按照过错程度和造成损害结果的大小承担侵权责任的,人民法院依法予以支持;符合民法典第一千一百六十八条、第一千一百六十九条第一款、第一千一百七十条、第一千一百七十一条等规定的相应情形,该自然人主张多个信息处理者承担连带责任的,人民法院依法予以支持。

信息处理者利用网络服务处理人脸信息侵害自然人人格权益的,适用民法典第一千一百九十五条、第一千一百九十六条、第一千一百九十七条等规定。

第八条　信息处理者处理人脸信息侵害自然人人格权益造成财产损失,该自然人依据民法典第一千一百八十二条主张财产损害赔偿的,人民法院依法予以支持。

自然人为制止侵权行为所支付的合理开支,可以认定为民法典第一千一百八十二条规定的财产损失。合理开支包括该自然人或者委托代理人对侵权行为进行调查、取证的合理费用。人民法院根据当事人的请求和具体案情,可以将合理的律师费用计算在赔偿范围内。

第九条　自然人有证据证明信息处理者使用人脸识别技术正在实施或者即将实施侵害其隐私权或者其他人格权益的行为,不及时制止将使其合法权益受到难以弥补的损害,向人民法院申请采取责令信息处理者停止有关行为的措施的,人民法院可以根据案件具体情况依法作出人格权侵害禁令。

第十条　物业服务企业或者其他建筑物管理人以人脸识别作为业主或者物业使用人出入物业服务区域的唯一验证方式,不同意的业主或者物业使用人请求其提供其他合理验证方式的,人民法院依法予以支持。

物业服务企业或者其他建筑物管理人存在本规定第二条规定的情形,当事人请求物业服务企业或者其他建筑物管理人承担侵权责任的,人民法院依法予以支持。

第十一条 信息处理者采用格式条款与自然人订立合同,要求自然人授予其无期限限制、不可撤销、可任意转授权等处理人脸信息的权利,该自然人依据民法典第四百九十七条请求确认格式条款无效的,人民法院依法予以支持。

第十二条 信息处理者违反约定处理自然人的人脸信息,该自然人请求其承担违约责任的,人民法院依法予以支持。该自然人请求信息处理者承担违约责任时,请求删除人脸信息的,人民法院依法予以支持;信息处理者以双方未对人脸信息的删除作出约定为由抗辩的,人民法院不予支持。

第十三条 基于同一信息处理者处理人脸信息侵害自然人人格权益发生的纠纷,多个受害人分别向同一人民法院起诉的,经当事人同意,人民法院可以合并审理。

第十四条 信息处理者处理人脸信息的行为符合民事诉讼法第五十五条、消费者权益保护法第四十七条或者其他法律关于民事公益诉讼的相关规定,法律规定的机关和有关组织提起民事公益诉讼的,人民法院应予受理。

第十五条 自然人死亡后,信息处理者违反法律、行政法规的规定或者双方的约定处理人脸信息,死者的近亲属依据民法典第九百九十四条请求信息处理者承担民事责任的,适用本规定。

第十六条 本规定自 2021 年 8 月 1 日起施行。

信息处理者使用人脸识别技术处理人脸信息、处理基于人脸识别技术生成的人脸信息的行为发生在本规定施行前的,不适用本规定。

最高人民法院、最高人民检察院关于办理侵犯公民个人信息刑事案件适用法律若干问题的解释

1. 2017年3月20日最高人民法院审判委员会第1712次会议、2017年4月26日最高人民检察院第十二届检察委员会第63次会议通过
2. 2017年5月8日公布
3. 法释〔2017〕10号
4. 自2017年6月1日起施行

为依法惩治侵犯公民个人信息犯罪活动,保护公民个人信息安全和合法权益,根据《中华人民共和国刑法》《中华人民共和国刑事诉讼法》的有关规定,现就办理此类刑事案件适用法律的若干问题解释如下:

第一条 刑法第二百五十三条之一规定的"公民个人信息",是指以电子或者其他方式记录的能够单独或者与其他信息结合识别特定自然人身份或者反映特定自然人活动情况的各种信息,包括姓名、身份证件号码、通信通讯联系方式、住址、账号密码、财产状况、行踪轨迹等。

第二条 违反法律、行政法规、部门规章有关公民个人信息保护的规定的,应当认定为刑法第二百五十三条之一规定的"违反国家有关规定"。

第三条 向特定人提供公民个人信息,以及通过信息网络或者其他途径发布公民个人信息的,应当认定为刑法第二百五十三条之一规定的"提供公民个人信息"。

未经被收集者同意,将合法收集的公民个人信息向他人提供的,属于刑法第二百五十三条之一规定的"提供公民个人信息",但是经过处理无法识别特定个人且不能复原的除外。

第四条 违反国家有关规定,通过购买、收受、交换等方式获取公民个人信息,或者在履行职责、提供服务过程中收集公民个人信息的,属于刑法第二百五十三条之一第三款规定的"以其他方法非法获取公民个人信息"。

第五条 非法获取、出售或者提供公民个人信息,具有下列情形之一的,应当认定为刑法第二百五十三条之一规定的"情节严重":

（一）出售或者提供行踪轨迹信息，被他人用于犯罪的；

（二）知道或者应当知道他人利用公民个人信息实施犯罪，向其出售或者提供的；

（三）非法获取、出售或者提供行踪轨迹信息、通信内容、征信信息、财产信息五十条以上的；

（四）非法获取、出售或者提供住宿信息、通信记录、健康生理信息、交易信息等其他可能影响人身、财产安全的公民个人信息五百条以上的；

（五）非法获取、出售或者提供第三项、第四项规定以外的公民个人信息五千条以上的；

（六）数量未达到第三项至第五项规定标准，但是按相应比例合计达到有关数量标准的；

（七）违法所得五千元以上的；

（八）将在履行职责或者提供服务过程中获得的公民个人信息出售或者提供给他人，数量或者数额达到第三项至第七项规定标准一半以上的；

（九）曾因侵犯公民个人信息受过刑事处罚或者二年内受过行政处罚，又非法获取、出售或者提供公民个人信息的；

（十）其他情节严重的情形。

实施前款规定的行为，具有下列情形之一的，应当认定为刑法第二百五十三条之一第一款规定的"情节特别严重"：

（一）造成被害人死亡、重伤、精神失常或者被绑架等严重后果的；

（二）造成重大经济损失或者恶劣社会影响的；

（三）数量或者数额达到前款第三项至第八项规定标准十倍以上的；

（四）其他情节特别严重的情形。

第六条 为合法经营活动而非法购买、收受本解释第五条第一款第三项、第四项规定以外的公民个人信息，具有下列情形之一的，应当认定为刑法第二百五十三条之一规定的"情节严重"：

（一）利用非法购买、收受的公民个人信息获利五万元以上的；

（二）曾因侵犯公民个人信息受过刑事处罚或者二年内受过行政处罚，又非法购买、收受公民个人信息的；

（三）其他情节严重的情形。

实施前款规定的行为，将购买、收受的公民个人信息非法出售或者提供的,定罪量刑标准适用本解释第五条的规定。

第七条　单位犯刑法第二百五十三条之一规定之罪的,依照本解释规定的相应自然人犯罪的定罪量刑标准,对直接负责的主管人员和其他直接责任人员定罪处罚,并对单位判处罚金。

第八条　设立用于实施非法获取、出售或者提供公民个人信息违法犯罪活动的网站、通讯群组,情节严重的,应当依照刑法第二百八十七条之一的规定,以非法利用信息网络罪定罪处罚;同时构成侵犯公民个人信息罪的,依照侵犯公民个人信息罪定罪处罚。

第九条　网络服务提供者拒不履行法律、行政法规规定的信息网络安全管理义务,经监管部门责令采取改正措施而拒不改正,致使用户的公民个人信息泄露,造成严重后果的,应当依照刑法第二百八十六条之一的规定,以拒不履行信息网络安全管理义务罪定罪处罚。

第十条　实施侵犯公民个人信息犯罪,不属于"情节特别严重",行为人系初犯,全部退赃,并确有悔罪表现的,可以认定为情节轻微,不起诉或者免予刑事处罚;确有必要判处刑罚的,应当从宽处罚。

第十一条　非法获取公民个人信息后又出售或者提供的,公民个人信息的条数不重复计算。

　　向不同单位或者个人分别出售、提供同一公民个人信息的,公民个人信息的条数累计计算。

　　对批量公民个人信息的条数,根据查获的数量直接认定,但是有证据证明信息不真实或者重复的除外。

第十二条　对于侵犯公民个人信息犯罪,应当综合考虑犯罪的危害程度、犯罪的违法所得数额以及被告人的前科情况、认罪悔罪态度等,依法判处罚金。罚金数额一般在违法所得的一倍以上五倍以下。

第十三条　本解释自 2017 年 6 月 1 日起施行。

最高人民法院、最高人民检察院关于办理非法利用信息网络、帮助信息网络犯罪活动等刑事案件适用法律若干问题的解释

1. 2019年6月3日最高人民法院审判委员会第1771次会议、2019年9月4日最高人民检察院第十三届检察委员会第二十三次会议通过
2. 2019年10月21日公布
3. 法释〔2019〕15号
4. 自2019年11月1日起施行

为依法惩治拒不履行信息网络安全管理义务、非法利用信息网络、帮助信息网络犯罪活动等犯罪，维护正常网络秩序，根据《中华人民共和国刑法》《中华人民共和国刑事诉讼法》的规定，现就办理此类刑事案件适用法律的若干问题解释如下：

第一条 提供下列服务的单位和个人，应当认定为刑法第二百八十六条之一第一款规定的"网络服务提供者"：

（一）网络接入、域名注册解析等信息网络接入、计算、存储、传输服务；

（二）信息发布、搜索引擎、即时通讯、网络支付、网络预约、网络购物、网络游戏、网络直播、网站建设、安全防护、广告推广、应用商店等信息网络应用服务；

（三）利用信息网络提供的电子政务、通信、能源、交通、水利、金融、教育、医疗等公共服务。

第二条 刑法第二百八十六条之一第一款规定的"监管部门责令采取改正措施"，是指网信、电信、公安等依照法律、行政法规的规定承担信息网络安全监管职责的部门，以责令整改通知书或者其他文书形式，责令网络服务提供者采取改正措施。

认定"经监管部门责令采取改正措施而拒不改正"，应当综合考虑监管部门责令改正是否具有法律、行政法规依据，改正措施及期限要求是否明确、合理，网络服务提供者是否具有按照要求采取改正措施的能力等因

素进行判断。

第三条　拒不履行信息网络安全管理义务,具有下列情形之一的,应当认定为刑法第二百八十六条之一第一款第一项规定的"致使违法信息大量传播":

（一）致使传播违法视频文件二百个以上的;

（二）致使传播违法视频文件以外的其他违法信息二千个以上的;

（三）致使传播违法信息,数量虽未达到第一项、第二项规定标准,但是按相应比例折算合计达到有关数量标准的;

（四）致使向二千个以上用户账号传播违法信息的;

（五）致使利用群组成员账号数累计三千以上的通讯群组或者关注人员账号数累计三万以上的社交网络传播违法信息的;

（六）致使违法信息实际被点击数达到五万以上的;

（七）其他致使违法信息大量传播的情形。

第四条　拒不履行信息网络安全管理义务,致使用户信息泄露,具有下列情形之一的,应当认定为刑法第二百八十六条之一第一款第二项规定的"造成严重后果":

（一）致使泄露行踪轨迹信息、通信内容、征信信息、财产信息五百条以上的;

（二）致使泄露住宿信息、通信记录、健康生理信息、交易信息等其他可能影响人身、财产安全的用户信息五千条以上的;

（三）致使泄露第一项、第二项规定以外的用户信息五万条以上的;

（四）数量虽未达到第一项至第三项规定标准,但是按相应比例折算合计达到有关数量标准的;

（五）造成他人死亡、重伤、精神失常或者被绑架等严重后果的;

（六）造成重大经济损失的;

（七）严重扰乱社会秩序的;

（八）造成其他严重后果的。

第五条　拒不履行信息网络安全管理义务,致使影响定罪量刑的刑事案件证据灭失,具有下列情形之一的,应当认定为刑法第二百八十六条之一第一款第三项规定的"情节严重":

（一）造成危害国家安全犯罪、恐怖活动犯罪、黑社会性质组织犯罪、贪污贿赂犯罪案件的证据灭失的;

(二)造成可能判处五年有期徒刑以上刑罚犯罪案件的证据灭失的;

(三)多次造成刑事案件证据灭失的;

(四)致使刑事诉讼程序受到严重影响的;

(五)其他情节严重的情形。

第六条　拒不履行信息网络安全管理义务,具有下列情形之一的,应当认定为刑法第二百八十六条之一第一款第四项规定的"有其他严重情节":

(一)对绝大多数用户日志未留存或者未落实真实身份信息认证义务的;

(二)二年内经多次责令改正拒不改正的;

(三)致使信息网络服务被主要用于违法犯罪的;

(四)致使信息网络服务、网络设施被用于实施网络攻击,严重影响生产、生活的;

(五)致使信息网络服务被用于实施危害国家安全犯罪、恐怖活动犯罪、黑社会性质组织犯罪、贪污贿赂犯罪或者其他重大犯罪的;

(六)致使国家机关或者通信、能源、交通、水利、金融、教育、医疗等领域提供公共服务的信息网络受到破坏,严重影响生产、生活的;

(七)其他严重违反信息网络安全管理义务的情形。

第七条　刑法第二百八十七条之一规定的"违法犯罪",包括犯罪行为和属于刑法分则规定的行为类型但尚未构成犯罪的违法行为。

第八条　以实施违法犯罪活动为目的而设立或者设立后主要用于实施违法犯罪活动的网站、通讯群组,应当认定为刑法第二百八十七条之一第一款第一项规定的"用于实施诈骗、传授犯罪方法、制作或者销售违禁物品、管制物品等违法犯罪活动的网站、通讯群组"。

第九条　利用信息网络提供信息的链接、截屏、二维码、访问账号密码及其他指引访问服务的,应当认定为刑法第二百八十七条之一第一款第二项、第三项规定的"发布信息"。

第十条　非法利用信息网络,具有下列情形之一的,应当认定为刑法第二百八十七条之一第一款规定的"情节严重":

(一)假冒国家机关、金融机构名义,设立用于实施违法犯罪活动的网站的;

(二)设立用于实施违法犯罪活动的网站,数量达到三个以上或者注册账号数累计达到二千以上的;

(三)设立用于实施违法犯罪活动的通讯群组,数量达到五个以上或者群组成员账号数累计达到一千以上的;

(四)发布有关违法犯罪的信息或者为实施违法犯罪活动发布信息,具有下列情形之一的:

1. 在网站上发布有关信息一百条以上的;

2. 向二千个以上用户账号发送有关信息的;

3. 向群组成员数累计达到三千以上的通讯群组发送有关信息的;

4. 利用关注人员账号数累计达到三万以上的社交网络传播有关信息的;

(五)违法所得一万元以上的;

(六)二年内曾因非法利用信息网络、帮助信息网络犯罪活动、危害计算机信息系统安全受过行政处罚,又非法利用信息网络的;

(七)其他情节严重的情形。

第十一条 为他人实施犯罪提供技术支持或者帮助,具有下列情形之一的,可以认定行为人明知他人利用信息网络实施犯罪,但是有相反证据的除外:

(一)经监管部门告知后仍然实施有关行为的;

(二)接到举报后不履行法定管理职责的;

(三)交易价格或者方式明显异常的;

(四)提供专门用于违法犯罪的程序、工具或者其他技术支持、帮助的;

(五)频繁采用隐蔽上网、加密通信、销毁数据等措施或者使用虚假身份,逃避监管或者规避调查的;

(六)为他人逃避监管或者规避调查提供技术支持、帮助的;

(七)其他足以认定行为人明知的情形。

第十二条 明知他人利用信息网络实施犯罪,为其犯罪提供帮助,具有下列情形之一的,应当认定为刑法第二百八十七条之二第一款规定的"情节严重":

(一)为三个以上对象提供帮助的;

(二)支付结算金额二十万元以上的;

(三)以投放广告等方式提供资金五万元以上的;

(四)违法所得一万元以上的;

（五）二年内曾因非法利用信息网络、帮助信息网络犯罪活动、危害计算机信息系统安全受过行政处罚，又帮助信息网络犯罪活动的；

（六）被帮助对象实施的犯罪造成严重后果的；

（七）其他情节严重的情形。

实施前款规定的行为，确因客观条件限制无法查证被帮助对象是否达到犯罪的程度，但相关数额总计达到前款第二项至第四项规定标准五倍以上，或者造成特别严重后果的，应当以帮助信息网络犯罪活动罪追究行为人的刑事责任。

第十三条 被帮助对象实施的犯罪行为可以确认，但尚未到案、尚未依法裁判或者因未达到刑事责任年龄等原因依法未予追究刑事责任的，不影响帮助信息网络犯罪活动罪的认定。

第十四条 单位实施本解释规定的犯罪的，依照本解释规定的相应自然人犯罪的定罪量刑标准，对直接负责的主管人员和其他直接责任人员定罪处罚，并对单位判处罚金。

第十五条 综合考虑社会危害程度、认罪悔罪态度等情节，认为犯罪情节轻微的，可以不起诉或者免予刑事处罚；情节显著轻微危害不大的，不以犯罪论处。

第十六条 多次拒不履行信息网络安全管理义务、非法利用信息网络、帮助信息网络犯罪活动构成犯罪，依法应当追诉的，或者二年内多次实施前述行为未经处理的，数量或者数额累计计算。

第十七条 对于实施本解释规定的犯罪被判处刑罚的，可以根据犯罪情况和预防再犯罪的需要，依法宣告职业禁止；被判处管制、宣告缓刑的，可以根据犯罪情况，依法宣告禁止令。

第十八条 对于实施本解释规定的犯罪的，应当综合考虑犯罪的危害程度、违法所得数额以及被告人的前科情况、认罪悔罪态度等，依法判处罚金。

第十九条 本解释自 2019 年 11 月 1 日起施行。

最高人民法院、最高人民检察院、公安部关于依法惩处侵害公民个人信息犯罪活动的通知

1. 2013 年 4 月 23 日发布
2. 公通字〔2013〕12 号

各省、自治区、直辖市高级人民法院,人民检察院,公安厅、局,新疆维吾尔自治区高级人民法院生产建设兵团分院,新疆生产建设兵团人民检察院、公安局:

近年来,随着我国经济快速发展和信息网络的广泛普及,侵害公民个人信息的违法犯罪日益突出,互联网上非法买卖公民个人信息泛滥,由此滋生的电信诈骗、网络诈骗、敲诈勒索、绑架和非法讨债等犯罪屡打不绝,社会危害严重,群众反响强烈。为有效遏制、惩治侵害公民个人信息犯罪,切实保障广大人民群众的个人信息安全和合法权益,促进社会协调发展,维护社会和谐稳定,现就有关事项通知如下:

一、切实提高认识,坚决打击侵害公民个人信息犯罪活动。当前,一些犯罪分子为追逐不法利益,利用互联网大肆倒卖公民个人信息,已逐渐形成庞大"地下产业"和黑色利益链。买卖的公民个人信息包括户籍、银行、电信开户资料等,涉及公民个人生活的方方面面。部分国家机关和金融、电信、交通、教育、医疗以及物业公司、房产中介、保险、快递等企事业单位的一些工作人员,将在履行职责或者提供服务过程中获取的公民个人信息出售、非法提供给他人。获取信息的中间商在互联网上建立数据平台,大肆出售信息牟取暴利。非法调查公司根据这些信息从事非法讨债、诈骗和敲诈勒索等违法犯罪活动。此类犯罪不仅严重危害公民的信息安全,而且极易引发多种犯罪,成为电信诈骗、网络诈骗以及滋扰型"软暴力"等新型犯罪的根源,甚至与绑架、敲诈勒索、暴力追债等犯罪活动相结合,影响人民群众的安全感,威胁社会和谐稳定。各级公安机关、人民检察院、人民法院务必清醒认识此类犯罪的严重危害,以对党和人民高度负责的精神,统一思想,提高认识,精心组织,周密部署,依法惩处侵害公民个

人信息犯罪活动。

二、正确适用法律,实现法律效果与社会效果的有机统一。侵害公民个人信息犯罪是新型犯罪,各级公安机关、人民检察院、人民法院要从切实保护公民个人信息安全和维护社会和谐稳定的高度,借鉴以往的成功判例,综合考虑出售、非法提供或非法获取个人信息的次数、数量、手段和牟利数额、造成的损害后果等因素,依法加大打击力度,确保取得良好的法律效果和社会效果。出售、非法提供公民个人信息罪的犯罪主体,除国家机关或金融、电信、交通、教育、医疗单位的工作人员之外,还包括在履行职责或者提供服务过程中获得公民个人信息的商业、房地产业等服务业中其他企事业单位的工作人员。公民个人信息包括公民的姓名、年龄、有效证件号码、婚姻状况、工作单位、学历、履历、家庭住址、电话号码等能够识别公民个人身份或者涉及公民个人隐私的信息、数据资料。对于在履行职责或者提供服务过程中,将获得的公民个人信息出售或者非法提供给他人,被他人用以实施犯罪,造成受害人人身伤害或者死亡,或者造成重大经济损失、恶劣社会影响的,或者出售、非法提供公民个人信息数量较大,或者违法所得数额较大的,均应当依法以出售、非法提供公民个人信息罪追究刑事责任。对于窃取或者以购买等方法非法获取公民个人信息数量较大,或者违法所得数额较大,或者造成其他严重后果的,应当依法以非法获取公民个人信息罪追究刑事责任。对使用非法获取的个人信息,实施其他犯罪行为,构成数罪的,应当依法予以并罚。单位实施侵害公民个人信息犯罪的,应当追究直接负责的主管人员和其他直接责任人员的刑事责任。要依法加大对财产刑的适用力度,剥夺犯罪分子非法获利和再次犯罪的资本。

三、加强协作配合,确保执法司法及时高效。侵害公民个人信息犯罪网络覆盖面大,关系错综复杂。犯罪行为发生地、犯罪结果发生地、犯罪分子所在地等往往不在一地。同时,由于犯罪行为大多依托互联网、移动电子设备,通过即时通讯工具、电子邮件等多种方式实施,调查取证难度很大。各级公安机关、人民检察院、人民法院要在分工负责、依法高效履行职责的基础上,进一步加强沟通协调,通力配合,密切协作,保证立案、侦查、批捕、审查起诉、审判等各个环节顺利进行。对查获的侵害公民个人信息犯罪案件,公安机关要按照属地管辖原则,及时立案侦查,及时移送审查起诉。对于几个公安机关都有权管辖的案件,由最初受理的公安机关管辖。

必要时,可以由主要犯罪地的公安机关管辖。对管辖不明确或者有争议的刑事案件,可以由有关公安机关协商。协商不成的,由共同的上级公安机关指定管辖。对于指定管辖的案件,需要逮捕犯罪嫌疑人的,由被指定管辖的公安机关提请同级人民检察院审查批准;需要提起公诉的,由该公安机关移送同级人民检察院审查决定;人民检察院对于审查起诉的案件,按照刑事诉讼法的管辖规定,认为应当由上级人民检察院或者同级其他人民检察院起诉的,应当将案件移交有管辖权的人民检察院;人民检察院认为需要依照刑事诉讼法的规定指定审判管辖的,应当协商同级人民法院办理指定管辖有关事宜。在办理侵害民个人信息犯罪案件的过程中,对于疑难、复杂案件,人民检察院可以适时派员会同公安机关共同就证据收集等方面进行研究和沟通协调。人民检察院对于公安机关提请批准逮捕、移送审查起诉的相关案件,符合批捕、起诉条件的,要依法尽快予以批捕、起诉;对于确需补充侦查的,要制作具体、详细的补充侦查提纲。人民法院要加强审判力量,准确定性,依法快审快结。

四、推进综合治理。建立防范、打击长效工作机制。预防和打击侵害公民个人信息犯罪是一项艰巨任务,必须标本兼治,积极探索和构建防范、打击的长效工作机制。各地公安机关、人民检察院、人民法院在依法惩处此类犯罪的同时,要积极参与综合治理,注意发现保护公民个人信息工作中的漏洞和隐患,及时通报相关部门,提醒和督促有关部门和单位加强监管、完善制度。要充分利用报纸、广播、电视、网络等多种媒体平台,大力宣传党和国家打击此类犯罪的决心和力度,宣传相关的政策和法律法规,提醒和教育广大群众运用法律保障和维护自身合法权益,提高自我防范的意识和能力。

各地接此通知后,请迅速传达至各级人民法院、人民检察院、公安机关。执行中遇到的问题,请及时报最高人民法院、最高人民检察院、公安部。

四、部门规章

电信和互联网用户个人信息保护规定

1. 2013年7月16日工业和信息化部令第24号公布
2. 自2013年9月1日起施行

第一章 总 则

第一条 为了保护电信和互联网用户的合法权益，维护网络信息安全，根据《全国人民代表大会常务委员会关于加强网络信息保护的决定》、《中华人民共和国电信条例》和《互联网信息服务管理办法》等法律、行政法规，制定本规定。

第二条 在中华人民共和国境内提供电信服务和互联网信息服务过程中收集、使用用户个人信息的活动，适用本规定。

第三条 工业和信息化部和各省、自治区、直辖市通信管理局（以下统称电信管理机构）依法对电信和互联网用户个人信息保护工作实施监督管理。

第四条 本规定所称用户个人信息，是指电信业务经营者和互联网信息服务提供者在提供服务的过程中收集的用户姓名、出生日期、身份证件号码、住址、电话号码、账号和密码等能够单独或者与其他信息结合识别用户的信息以及用户使用服务的时间、地点等信息。

第五条 电信业务经营者、互联网信息服务提供者在提供服务的过程中收集、使用用户个人信息，应当遵循合法、正当、必要的原则。

第六条 电信业务经营者、互联网信息服务提供者对其在提供服务过程中收集、使用的用户个人信息的安全负责。

第七条 国家鼓励电信和互联网行业开展用户个人信息保护自律工作。

第二章 信息收集和使用规范

第八条 电信业务经营者、互联网信息服务提供者应当制定用户个人信息收集、使用规则,并在其经营或者服务场所、网站等予以公布。

第九条 未经用户同意,电信业务经营者、互联网信息服务提供者不得收集、使用用户个人信息。

电信业务经营者、互联网信息服务提供者收集、使用用户个人信息的,应当明确告知用户收集、使用信息的目的、方式和范围,查询、更正信息的渠道以及拒绝提供信息的后果等事项。

电信业务经营者、互联网信息服务提供者不得收集其提供服务所必需以外的用户个人信息或者将信息用于提供服务之外的目的,不得以欺骗、误导或者强迫等方式或者违反法律、行政法规以及双方的约定收集、使用信息。

电信业务经营者、互联网信息服务提供者在用户终止使用电信服务或者互联网信息服务后,应当停止对用户个人信息的收集和使用,并为用户提供注销号码或者账号的服务。

法律、行政法规对本条第一款至第四款规定的情形另有规定的,从其规定。

第十条 电信业务经营者、互联网信息服务提供者及其工作人员对在提供服务过程中收集、使用的用户个人信息应当严格保密,不得泄露、篡改或者毁损,不得出售或者非法向他人提供。

第十一条 电信业务经营者、互联网信息服务提供者委托他人代理市场销售和技术服务等直接面向用户的服务性工作,涉及收集、使用用户个人信息的,应当对代理人的用户个人信息保护工作进行监督和管理,不得委托不符合本规定有关用户个人信息保护要求的代理人代办相关服务。

第十二条 电信业务经营者、互联网信息服务提供者应当建立用户投诉处理机制,公布有效的联系方式,接受与用户个人信息保护有关的投诉,并自接到投诉之日起十五日内答复投诉人。

第三章 安全保障措施

第十三条 电信业务经营者、互联网信息服务提供者应当采取以下措施防止用户个人信息泄露、毁损、篡改或者丢失:

(一)确定各部门、岗位和分支机构的用户个人信息安全管理责任;

(二)建立用户个人信息收集、使用及其相关活动的工作流程和安全管理制度;

（三）对工作人员及代理人实行权限管理，对批量导出、复制、销毁信息实行审查，并采取防泄密措施；

（四）妥善保管记录用户个人信息的纸介质、光介质、电磁介质等载体，并采取相应的安全储存措施；

（五）对储存用户个人信息的信息系统实行接入审查，并采取防入侵、防病毒等措施；

（六）记录对用户个人信息进行操作的人员、时间、地点、事项等信息；

（七）按照电信管理机构的规定开展通信网络安全防护工作；

（八）电信管理机构规定的其他必要措施。

第十四条　电信业务经营者、互联网信息服务提供者保管的用户个人信息发生或者可能发生泄露、毁损、丢失的，应当立即采取补救措施；造成或者可能造成严重后果的，应当立即向准予其许可或者备案的电信管理机构报告，配合相关部门进行的调查处理。

电信管理机构应当对报告或者发现的可能违反本规定的行为的影响进行评估；影响特别重大的，相关省、自治区、直辖市通信管理局应当向工业和信息化部报告。电信管理机构在依据本规定作出处理决定前，可以要求电信业务经营者和互联网信息服务提供者暂停有关行为，电信业务经营者和互联网信息服务提供者应当执行。

第十五条　电信业务经营者、互联网信息服务提供者应当对其工作人员进行用户个人信息保护相关知识、技能和安全责任培训。

第十六条　电信业务经营者、互联网信息服务提供者应当对用户个人信息保护情况每年至少进行一次自查，记录自查情况，及时消除自查中发现的安全隐患。

第四章　监督检查

第十七条　电信管理机构应当对电信业务经营者、互联网信息服务提供者保护用户个人信息的情况实施监督检查。

电信管理机构实施监督检查时，可以要求电信业务经营者、互联网信息服务提供者提供相关材料，进入其生产经营场所调查情况，电信业务经营者、互联网信息服务提供者应当予以配合。

电信管理机构实施监督检查，应当记录监督检查的情况，不得妨碍电信业务经营者、互联网信息服务提供者正常的经营或者服务活动,不得收取任何费用。

第十八条 电信管理机构及其工作人员对在履行职责中知悉的用户个人信息应当予以保密,不得泄露、篡改或者毁损,不得出售或者非法向他人提供。

第十九条 电信管理机构实施电信业务经营许可及经营许可证年检时,应当对用户个人信息保护情况进行审查。

第二十条 电信管理机构应当将电信业务经营者、互联网信息服务提供者违反本规定的行为记入其社会信用档案并予以公布。

第二十一条 鼓励电信和互联网行业协会依法制定有关用户个人信息保护的自律性管理制度,引导会员加强自律管理,提高用户个人信息保护水平。

第五章　法　律　责　任

第二十二条 电信业务经营者、互联网信息服务提供者违反本规定第八条、第十二条规定的,由电信管理机构依据职权责令限期改正,予以警告,可以并处一万元以下的罚款。

第二十三条 电信业务经营者、互联网信息服务提供者违反本规定第九条至第十一条、第十三条至第十六条、第十七条第二款规定的,由电信管理机构依据职权责令限期改正,予以警告,可以并处一万元以上三万元以下的罚款,向社会公告;构成犯罪的,依法追究刑事责任。

第二十四条 电信管理机构工作人员在对用户个人信息保护工作实施监督管理的过程中玩忽职守、滥用职权、徇私舞弊的,依法给予处理;构成犯罪的,依法追究刑事责任。

第六章　附　　　则

第二十五条 本规定自 2013 年 9 月 1 日起施行。

儿童个人信息网络保护规定

1. 2019 年 8 月 22 日国家互联网信息办公室令第 4 号公布
2. 自 2019 年 10 月 1 日起施行

第一条　为了保护儿童个人信息安全，促进儿童健康成长，根据《中华人民共和国网络安全法》《中华人民共和国未成年人保护法》等法律法规，制定本规定。

第二条　本规定所称儿童，是指不满十四周岁的未成年人。

第三条　在中华人民共和国境内通过网络从事收集、存储、使用、转移、披露儿童个人信息等活动，适用本规定。

第四条　任何组织和个人不得制作、发布、传播侵害儿童个人信息安全的信息。

第五条　儿童监护人应当正确履行监护职责，教育引导儿童增强个人信息保护意识和能力，保护儿童个人信息安全。

第六条　鼓励互联网行业组织指导推动网络运营者制定儿童个人信息保护的行业规范、行为准则等，加强行业自律，履行社会责任。

第七条　网络运营者收集、存储、使用、转移、披露儿童个人信息的，应当遵循正当必要、知情同意、目的明确、安全保障、依法利用的原则。

第八条　网络运营者应当设置专门的儿童个人信息保护规则和用户协议，并指定专人负责儿童个人信息保护。

第九条　网络运营者收集、使用、转移、披露儿童个人信息的，应当以显著、清晰的方式告知儿童监护人，并应当征得儿童监护人的同意。

第十条　网络运营者征得同意时，应当同时提供拒绝选项，并明确告知以下事项：

（一）收集、存储、使用、转移、披露儿童个人信息的目的、方式和范围；

（二）儿童个人信息存储的地点、期限和到期后的处理方式；

（三）儿童个人信息的安全保障措施；

（四）拒绝的后果；

（五）投诉、举报的渠道和方式；

（六）更正、删除儿童个人信息的途径和方法；

（七）其他应当告知的事项。

前款规定的告知事项发生实质性变化的，应当再次征得儿童监护人的同意。

第十一条 网络运营者不得收集与其提供的服务无关的儿童个人信息，不得违反法律、行政法规的规定和双方的约定收集儿童个人信息。

第十二条 网络运营者存储儿童个人信息，不得超过实现其收集、使用目的所必需的期限。

第十三条 网络运营者应当采取加密等措施存储儿童个人信息，确保信息安全。

第十四条 网络运营者使用儿童个人信息，不得违反法律、行政法规的规定和双方约定的目的、范围。因业务需要，确需超出约定的目的、范围使用的，应当再次征得儿童监护人的同意。

第十五条 网络运营者对其工作人员应当以最小授权为原则，严格设定信息访问权限，控制儿童个人信息知悉范围。工作人员访问儿童个人信息的，应当经过儿童个人信息保护负责人或者其授权的管理人员审批，记录访问情况，并采取技术措施，避免违法复制、下载儿童个人信息。

第十六条 网络运营者委托第三方处理儿童个人信息的，应当对受委托方及委托行为等进行安全评估，签署委托协议，明确双方责任、处理事项、处理期限、处理性质和目的等，委托行为不得超出授权范围。

前款规定的受委托方，应当履行以下义务：

（一）按照法律、行政法规的规定和网络运营者的要求处理儿童个人信息；

（二）协助网络运营者回应儿童监护人提出的申请；

（三）采取措施保障信息安全，并在发生儿童个人信息泄露安全事件时，及时向网络运营者反馈；

（四）委托关系解除时及时删除儿童个人信息；

（五）不得转委托；

（六）其他依法应当履行的儿童个人信息保护义务。

第十七条 网络运营者向第三方转移儿童个人信息的，应当自行或者委托第三方机构进行安全评估。

第十八条 网络运营者不得披露儿童个人信息,但法律、行政法规规定应当披露或者根据与儿童监护人的约定可以披露的除外。

第十九条 儿童或者其监护人发现网络运营者收集、存储、使用、披露的儿童个人信息有错误的,有权要求网络运营者予以更正。网络运营者应当及时采取措施予以更正。

第二十条 儿童或者其监护人要求网络运营者删除其收集、存储、使用、披露的儿童个人信息的,网络运营者应当及时采取措施予以删除,包括但不限于以下情形:

(一)网络运营者违反法律、行政法规的规定或者双方的约定收集、存储、使用、转移、披露儿童个人信息的;

(二)超出目的范围或者必要期限收集、存储、使用、转移、披露儿童个人信息的;

(三)儿童监护人撤回同意的;

(四)儿童或者其监护人通过注销等方式终止使用产品或者服务的。

第二十一条 网络运营者发现儿童个人信息发生或者可能发生泄露、毁损、丢失的,应当立即启动应急预案,采取补救措施;造成或者可能造成严重后果的,应当立即向有关主管部门报告,并将事件相关情况以邮件、信函、电话、推送通知等方式告知受影响的儿童及其监护人,难以逐一告知的,应当采取合理、有效的方式发布相关警示信息。

第二十二条 网络运营者应当对网信部门和其他有关部门依法开展的监督检查予以配合。

第二十三条 网络运营者停止运营产品或者服务的,应当立即停止收集儿童个人信息的活动,删除其持有的儿童个人信息,并将停止运营的通知及时告知儿童监护人。

第二十四条 任何组织和个人发现有违反本规定行为的,可以向网信部门和其他有关部门举报。

网信部门和其他有关部门收到相关举报的,应当依据职责及时进行处理。

第二十五条 网络运营者落实儿童个人信息安全管理责任不到位,存在较大安全风险或者发生安全事件的,由网信部门依据职责进行约谈,网络运营者应当及时采取措施进行整改,消除隐患。

第二十六条 违反本规定的,由网信部门和其他有关部门依据职责,根据

《中华人民共和国网络安全法》《互联网信息服务管理办法》等相关法律法规规定处理；构成犯罪的，依法追究刑事责任。

第二十七条 违反本规定被追究法律责任的，依照有关法律、行政法规的规定记入信用档案，并予以公示。

第二十八条 通过计算机信息系统自动留存处理信息且无法识别所留存处理的信息属于儿童个人信息的，依照其他有关规定执行。

第二十九条 本规定自2019年10月1日起施行。

汽车数据安全管理若干规定（试行）

1. 2021年8月16日国家互联网信息办公室、国家发展和改革委员会、工业和信息化部、公安部、交通运输部令第7号公布
2. 自2021年10月1日起施行

第一条 为了规范汽车数据处理活动，保护个人、组织的合法权益，维护国家安全和社会公共利益，促进汽车数据合理开发利用，根据《中华人民共和国网络安全法》、《中华人民共和国数据安全法》等法律、行政法规，制定本规定。

第二条 在中华人民共和国境内开展汽车数据处理活动及其安全监管，应当遵守相关法律、行政法规和本规定的要求。

第三条 本规定所称汽车数据，包括汽车设计、生产、销售、使用、运维等过程中的涉及个人信息数据和重要数据。

汽车数据处理，包括汽车数据的收集、存储、使用、加工、传输、提供、公开等。

汽车数据处理者，是指开展汽车数据处理活动的组织，包括汽车制造商、零部件和软件供应商、经销商、维修机构以及出行服务企业等。

个人信息，是指以电子或者其他方式记录的与已识别或者可识别的车主、驾驶人、乘车人、车外人员等有关的各种信息，不包括匿名化处理后的信息。

敏感个人信息，是指一旦泄露或者非法使用，可能导致车主、驾驶人、乘车人、车外人员等受到歧视或者人身、财产安全受到严重危害的个人信

息,包括车辆行踪轨迹、音频、视频、图像和生物识别特征等信息。

重要数据是指一旦遭到篡改、破坏、泄露或者非法获取、非法利用,可能危害国家安全、公共利益或者个人、组织合法权益的数据,包括:

(一)军事管理区、国防科工单位以及县级以上党政机关等重要敏感区域的地理信息、人员流量、车辆流量等数据;

(二)车辆流量、物流等反映经济运行情况的数据;

(三)汽车充电网的运行数据;

(四)包含人脸信息、车牌信息等的车外视频、图像数据;

(五)涉及个人信息主体超过10万人的个人信息;

(六)国家网信部门和国务院发展改革、工业和信息化、公安、交通运输等有关部门确定的其他可能危害国家安全、公共利益或者个人、组织合法权益的数据。

第四条 汽车数据处理者处理汽车数据应当合法、正当、具体、明确,与汽车的设计、生产、销售、使用、运维等直接相关。

第五条 利用互联网等信息网络开展汽车数据处理活动,应当落实网络安全等级保护等制度,加强汽车数据保护,依法履行数据安全义务。

第六条 国家鼓励汽车数据依法合理有效利用,倡导汽车数据处理者在开展汽车数据处理活动中坚持:

(一)车内处理原则,除非确有必要不向车外提供;

(二)默认不收集原则,除非驾驶人自主设定,每次驾驶时默认设定为不收集状态;

(三)精度范围适用原则,根据所提供功能服务对数据精度的要求确定摄像头、雷达等的覆盖范围、分辨率;

(四)脱敏处理原则,尽可能进行匿名化、去标识化等处理。

第七条 汽车数据处理者处理个人信息应当通过用户手册、车载显示面板、语音、汽车使用相关应用程序等显著方式,告知个人以下事项:

(一)处理个人信息的种类,包括车辆行踪轨迹、驾驶习惯、音频、视频、图像和生物识别特征等;

(二)收集各类个人信息的具体情境以及停止收集的方式和途径;

(三)处理各类个人信息的目的、用途、方式;

(四)个人信息保存地点、保存期限,或者确定保存地点、保存期限的规则;

（五）查阅、复制其个人信息以及删除车内、请求删除已经提供给车外的个人信息的方式和途径；

（六）用户权益事务联系人的姓名和联系方式；

（七）法律、行政法规规定的应当告知的其他事项。

第八条 汽车数据处理者处理个人信息应当取得个人同意或者符合法律、行政法规规定的其他情形。

因保证行车安全需要，无法征得个人同意采集到车外个人信息且向车外提供的，应当进行匿名化处理，包括删除含有能够识别自然人的画面，或者对画面中的人脸信息等进行局部轮廓化处理等。

第九条 汽车数据处理者处理敏感个人信息，应当符合以下要求或者符合法律、行政法规和强制性国家标准等其他要求：

（一）具有直接服务于个人的目的，包括增强行车安全、智能驾驶、导航等；

（二）通过用户手册、车载显示面板、语音以及汽车使用相关应用程序等显著方式告知必要性以及对个人的影响；

（三）应当取得个人单独同意，个人可以自主设定同意期限；

（四）在保证行车安全的前提下，以适当方式提示收集状态，为个人终止收集提供便利；

（五）个人要求删除的，汽车数据处理者应当在十个工作日内删除。

汽车数据处理者具有增强行车安全的目的和充分的必要性，方可收集指纹、声纹、人脸、心律等生物识别特征信息。

第十条 汽车数据处理者开展重要数据处理活动，应当按照规定开展风险评估，并向省、自治区、直辖市网信部门和有关部门报送风险评估报告。

风险评估报告应当包括处理的重要数据的种类、数量、范围、保存地点与期限、使用方式，开展数据处理活动情况以及是否向第三方提供，面临的数据安全风险及其应对措施等。

第十一条 重要数据应当依法在境内存储，因业务需要确需向境外提供的，应当通过国家网信部门会同国务院有关部门组织的安全评估。未列入重要数据的涉及个人信息数据的出境安全管理，适用法律、行政法规的有关规定。

我国缔结或者参加的国际条约、协定有不同规定的，适用该国际条约、协定，但我国声明保留的条款除外。

第十二条　汽车数据处理者向境外提供重要数据,不得超出出境安全评估时明确的目的、范围、方式和数据种类、规模等。

国家网信部门会同国务院有关部门以抽查等方式核验前款规定事项,汽车数据处理者应当予以配合,并以可读等便利方式予以展示。

第十三条　汽车数据处理者开展重要数据处理活动,应当在每年十二月十五日前向省、自治区、直辖市网信部门和有关部门报送以下年度汽车数据安全管理情况:

(一)汽车数据安全管理负责人、用户权益事务联系人的姓名和联系方式;

(二)处理汽车数据的种类、规模、目的和必要性;

(三)汽车数据的安全防护和管理措施,包括保存地点、期限等;

(四)向境内第三方提供汽车数据情况;

(五)汽车数据安全事件和处置情况;

(六)汽车数据相关的用户投诉和处理情况;

(七)国家网信部门会同国务院工业和信息化、公安、交通运输等有关部门明确的其他汽车数据安全管理情况。

第十四条　向境外提供重要数据的汽车数据处理者应当在本规定第十三条要求的基础上,补充报告以下情况:

(一)接收者的基本情况;

(二)出境汽车数据的种类、规模、目的和必要性;

(三)汽车数据在境外的保存地点、期限、范围和方式;

(四)涉及向境外提供汽车数据的用户投诉和处理情况;

(五)国家网信部门会同国务院工业和信息化、公安、交通运输等有关部门明确的向境外提供汽车数据需要报告的其他情况。

第十五条　国家网信部门和国务院发展改革、工业和信息化、公安、交通运输等有关部门依据职责,根据处理数据情况对汽车数据处理者进行数据安全评估,汽车数据处理者应当予以配合。

参与安全评估的机构和人员不得披露评估中获悉的汽车数据处理者商业秘密、未公开信息,不得将评估中获悉的信息用于评估以外目的。

第十六条　国家加强智能(网联)汽车网络平台建设,开展智能(网联)汽车入网运行和安全保障服务等,协同汽车数据处理者加强智能(网联)汽车网络和汽车数据安全防护。

第十七条 汽车数据处理者开展汽车数据处理活动,应当建立投诉举报渠道,设置便捷的投诉举报入口,及时处理用户投诉举报。

开展汽车数据处理活动造成用户合法权益或者公共利益受到损害的,汽车数据处理者应当依法承担相应责任。

第十八条 汽车数据处理者违反本规定的,由省级以上网信、工业和信息化、公安、交通运输等有关部门依照《中华人民共和国网络安全法》、《中华人民共和国数据安全法》等法律、行政法规的规定进行处罚;构成犯罪的,依法追究刑事责任。

第十九条 本规定自 2021 年 10 月 1 日起施行。

网络交易监督管理办法

1. 2021 年 3 月 15 日国家市场监督管理总局令第 37 号公布
2. 自 2021 年 5 月 1 日起施行

第一章 总 则

第一条 为了规范网络交易活动,维护网络交易秩序,保障网络交易各方主体合法权益,促进数字经济持续健康发展,根据有关法律、行政法规,制定本办法。

第二条 在中华人民共和国境内,通过互联网等信息网络(以下简称通过网络)销售商品或者提供服务的经营活动以及市场监督管理部门对其进行监督管理,适用本办法。

在网络社交、网络直播等信息网络活动中销售商品或者提供服务的经营活动,适用本办法。

第三条 网络交易经营者从事经营活动,应当遵循自愿、平等、公平、诚信原则,遵守法律、法规、规章和商业道德、公序良俗,公平参与市场竞争,认真履行法定义务,积极承担主体责任,接受社会各界监督。

第四条 网络交易监督管理坚持鼓励创新、包容审慎、严守底线、线上线下一体化监管的原则。

第五条 国家市场监督管理总局负责组织指导全国网络交易监督管理工作。

县级以上地方市场监督管理部门负责本行政区域内的网络交易监督管理工作。

第六条 市场监督管理部门引导网络交易经营者、网络交易行业组织、消费者组织、消费者共同参与网络交易市场治理，推动完善多元参与、有效协同、规范有序的网络交易市场治理体系。

第二章 网络交易经营者

第一节 一般规定

第七条 本办法所称网络交易经营者，是指组织、开展网络交易活动的自然人、法人和非法人组织，包括网络交易平台经营者、平台内经营者、自建网站经营者以及通过其他网络服务开展网络交易活动的网络交易经营者。

本办法所称网络交易平台经营者，是指在网络交易活动中为交易双方或者多方提供网络经营场所、交易撮合、信息发布等服务，供交易双方或者多方独立开展网络交易活动的法人或者非法人组织。

本办法所称平台内经营者，是指通过网络交易平台开展网络交易活动的网络交易经营者。

网络社交、网络直播等网络服务提供者为经营者提供网络经营场所、商品浏览、订单生成、在线支付等网络交易平台服务的，应当依法履行网络交易平台经营者的义务。通过上述网络交易平台服务开展网络交易活动的经营者，应当依法履行平台内经营者的义务。

第八条 网络交易经营者不得违反法律、法规、国务院决定的规定，从事无证无照经营。除《中华人民共和国电子商务法》第十条规定的不需要进行登记的情形外，网络交易经营者应当依法办理市场主体登记。

个人通过网络从事保洁、洗涤、缝纫、理发、搬家、配制钥匙、管道疏通、家电家具修理修配等依法无须取得许可的便民劳务活动，依照《中华人民共和国电子商务法》第十条的规定不需要进行登记。

个人从事网络交易活动，年交易额累计不超过10万元的，依照《中华人民共和国电子商务法》第十条的规定不需要进行登记。同一经营者在同一平台或者不同平台开设多家网店的，各网店交易额合并计算。个人从事的零星小额交易须依法取得行政许可的，应当依法办理市场主体登记。

第九条 仅通过网络开展经营活动的平台内经营者申请登记为个体工商户

的,可以将网络经营场所登记为经营场所,将经常居住地登记为住所,其住所所在地的县、自治县、不设区的市、市辖区市场监督管理部门为其登记机关。同一经营者有两个以上网络经营场所的,应当一并登记。

第十条　平台内经营者申请将网络经营场所登记为经营场所的,由其入驻的网络交易平台为其出具符合登记机关要求的网络经营场所相关材料。

第十一条　网络交易经营者销售的商品或者提供的服务应当符合保障人身、财产安全的要求和环境保护要求,不得销售或者提供法律、行政法规禁止交易,损害国家利益和社会公共利益,违背公序良俗的商品或者服务。

第十二条　网络交易经营者应当在其网站首页或者从事经营活动的主页面显著位置,持续公示经营者主体信息或者该信息的链接标识。鼓励网络交易经营者链接到国家市场监督管理总局电子营业执照亮照系统,公示其营业执照信息。

已经办理市场主体登记的网络交易经营者应当如实公示下列营业执照信息以及与其经营业务有关的行政许可等信息,或者该信息的链接标识:

(一)企业应当公示其营业执照登载的统一社会信用代码、名称、企业类型、法定代表人(负责人)、住所、注册资本(出资额)等信息;

(二)个体工商户应当公示其营业执照登载的统一社会信用代码、名称、经营者姓名、经营场所、组成形式等信息;

(三)农民专业合作社、农民专业合作社联合社应当公示其营业执照登载的统一社会信用代码、名称、法定代表人、住所、成员出资总额等信息。

依照《中华人民共和国电子商务法》第十条规定不需要进行登记的经营者应当根据自身实际经营活动类型,如实公示以下自我声明以及实际经营地址、联系方式等信息,或者该信息的链接标识:

(一)"个人销售自产农副产品,依法不需要办理市场主体登记";

(二)"个人销售家庭手工业产品,依法不需要办理市场主体登记";

(三)"个人利用自己的技能从事依法无须取得许可的便民劳务活动,依法不需要办理市场主体登记";

(四)"个人从事零星小额交易活动,依法不需要办理市场主体登记"。

网络交易经营者公示的信息发生变更的,应当在十个工作日内完成更新公示。

第十三条 网络交易经营者收集、使用消费者个人信息,应当遵循合法、正当、必要的原则,明示收集、使用信息的目的、方式和范围,并经消费者同意。网络交易经营者收集、使用消费者个人信息,应当公开其收集、使用规则,不得违反法律、法规的规定和双方的约定收集、使用信息。

网络交易经营者不得采用一次概括授权、默认授权、与其他授权捆绑、停止安装使用等方式,强迫或者变相强迫消费者同意收集、使用与经营活动无直接关系的信息。收集、使用个人生物特征、医疗健康、金融账户、个人行踪等敏感信息的,应当逐项取得消费者同意。

网络交易经营者及其工作人员应当对收集的个人信息严格保密,除依法配合监管执法活动外,未经被收集者授权同意,不得向包括关联方在内的任何第三方提供。

第十四条 网络交易经营者不得违反《中华人民共和国反不正当竞争法》等规定,实施扰乱市场竞争秩序,损害其他经营者或者消费者合法权益的不正当竞争行为。

网络交易经营者不得以下列方式,作虚假或者引人误解的商业宣传,欺骗、误导消费者:

(一)虚构交易、编造用户评价;

(二)采用误导性展示等方式,将好评前置、差评后置,或者不显著区分不同商品或者服务的评价等;

(三)采用谎称现货、虚构预订、虚假抢购等方式进行虚假营销;

(四)虚构点击量、关注度等流量数据,以及虚构点赞、打赏等交易互动数据。

网络交易经营者不得实施混淆行为,引人误认为是他人商品、服务或者与他人存在特定联系。

网络交易经营者不得编造、传播虚假信息或者误导性信息,损害竞争对手的商业信誉、商品声誉。

第十五条 消费者评价中包含法律、行政法规、规章禁止发布或者传输的信息的,网络交易经营者可以依法予以技术处理。

第十六条 网络交易经营者未经消费者同意或者请求,不得向其发送商业性信息。

网络交易经营者发送商业性信息时,应当明示其真实身份和联系方式,并向消费者提供显著、简便、免费的拒绝继续接收的方式。消费者明确表示拒绝的,应当立即停止发送,不得更换名义后再次发送。

第十七条　网络交易经营者以直接捆绑或者提供多种可选项方式向消费者搭售商品或者服务的,应当以显著方式提醒消费者注意。提供多种可选项方式的,不得将搭售商品或者服务的任何选项设定为消费者默认同意,不得将消费者以往交易中选择的选项在后续独立交易中设定为消费者默认选择。

第十八条　网络交易经营者采取自动展期、自动续费等方式提供服务的,应当在消费者接受服务前和自动展期、自动续费等日期前五日,以显著方式提请消费者注意,由消费者自主选择;在服务期间内,应当为消费者提供显著、简便的随时取消或者变更的选项,并不得收取不合理费用。

第十九条　网络交易经营者应当全面、真实、准确、及时地披露商品或者服务信息,保障消费者的知情权和选择权。

第二十条　通过网络社交、网络直播等网络服务开展网络交易活动的网络交易经营者,应当以显著方式展示商品或者服务及其实际经营主体、售后服务等信息,或者上述信息的链接标识。

网络直播服务提供者对网络交易活动的直播视频保存时间自直播结束之日起不少于三年。

第二十一条　网络交易经营者向消费者提供商品或者服务使用格式条款、通知、声明等的,应当以显著方式提请消费者注意与消费者有重大利害关系的内容,并按照消费者的要求予以说明,不得作出含有下列内容的规定:

(一)免除或者部分免除网络交易经营者对其所提供的商品或者服务应当承担的修理、重作、更换、退货、补足商品数量、退还货款和服务费用、赔偿损失等责任;

(二)排除或者限制消费者提出修理、更换、退货、赔偿损失以及获得违约金和其他合理赔偿的权利;

(三)排除或者限制消费者依法投诉、举报、请求调解、申请仲裁、提起诉讼的权利;

(四)排除或者限制消费者依法变更或者解除合同的权利;

(五)规定网络交易经营者单方享有解释权或者最终解释权;

(六)其他对消费者不公平、不合理的规定。

第二十二条　网络交易经营者应当按照国家市场监督管理总局及其授权的省级市场监督管理部门的要求,提供特定时段、特定品类、特定区域的商品或者服务的价格、销量、销售额等数据信息。

第二十三条　网络交易经营者自行终止从事网络交易活动的,应当提前三十日在其网站首页或者从事经营活动的主页面显著位置,持续公示终止网络交易活动公告等有关信息,并采取合理、必要、及时的措施保障消费者和相关经营者的合法权益。

第二节　网络交易平台经营者

第二十四条　网络交易平台经营者应当要求申请进入平台销售商品或者提供服务的经营者提交其身份、地址、联系方式、行政许可等真实信息,进行核验、登记,建立登记档案,并至少每六个月核验更新一次。

网络交易平台经营者应当对未办理市场主体登记的平台内经营者进行动态监测,对超过本办法第八条第三款规定额度的,及时提醒其依法办理市场主体登记。

第二十五条　网络交易平台经营者应当依照法律、行政法规的规定,向市场监督管理部门报送有关信息。

网络交易平台经营者应当分别于每年1月和7月向住所地省级市场监督管理部门报送平台内经营者的下列身份信息:

(一)已办理市场主体登记的平台内经营者的名称(姓名)、统一社会信用代码、实际经营地址、联系方式、网店名称以及网址链接等信息;

(二)未办理市场主体登记的平台内经营者的姓名、身份证件号码、实际经营地址、联系方式、网店名称以及网址链接、属于依法不需要办理市场主体登记的具体情形的自我声明等信息;其中,对超过本办法第八条第三款规定额度的平台内经营者进行特别标示。

鼓励网络交易平台经营者与市场监督管理部门建立开放数据接口等形式的自动化信息报送机制。

第二十六条　网络交易平台经营者应当为平台内经营者依法履行信息公示义务提供技术支持。平台内经营者公示的信息发生变更的,应当在三个工作日内将变更情况报送平台,平台应当在七个工作日内进行核验,完成更新公示。

第二十七条　网络交易平台经营者应当以显著方式区分标记已办理市场主体登记的经营者和未办理市场主体登记的经营者，确保消费者能够清晰辨认。

第二十八条　网络交易平台经营者修改平台服务协议和交易规则的，应当完整保存修改后的版本生效之日前三年的全部历史版本，并保证经营者和消费者能够便利、完整地阅览和下载。

第二十九条　网络交易平台经营者应当对平台内经营者及其发布的商品或者服务信息建立检查监控制度。网络交易平台经营者发现平台内的商品或者服务信息有违反市场监督管理法律、法规、规章，损害国家利益和社会公共利益，违背公序良俗的，应当依法采取必要的处置措施，保存有关记录，并向平台住所地县级以上市场监督管理部门报告。

第三十条　网络交易平台经营者依据法律、法规、规章的规定或者平台服务协议和交易规则对平台内经营者违法行为采取警示、暂停或者终止服务等处理措施的，应当自决定作出处理措施之日起一个工作日内予以公示，载明平台内经营者的网店名称、违法行为、处理措施等信息。警示、暂停服务等短期处理措施的相关信息应当持续公示至处理措施实施期满之日止。

第三十一条　网络交易平台经营者对平台内经营者身份信息的保存时间自其退出平台之日起不少于三年；对商品或者服务信息，支付记录、物流快递、退换货以及售后等交易信息的保存时间自交易完成之日起不少于三年。法律、行政法规另有规定的，依照其规定。

第三十二条　网络交易平台经营者不得违反《中华人民共和国电子商务法》第三十五条的规定，对平台内经营者在平台内的交易、交易价格以及与其他经营者的交易等进行不合理限制或者附加不合理条件，干涉平台内经营者的自主经营。具体包括：

　　（一）通过搜索降权、下架商品、限制经营、屏蔽店铺、提高服务收费等方式，禁止或者限制平台内经营者自主选择在多个平台开展经营活动，或者利用不正当手段限制其仅在特定平台开展经营活动；

　　（二）禁止或者限制平台内经营者自主选择快递物流等交易辅助服务提供者；

　　（三）其他干涉平台内经营者自主经营的行为。

第三章 监 督 管 理

第三十三条 县级以上地方市场监督管理部门应当在日常管理和执法活动中加强协同配合。

网络交易平台经营者住所地省级市场监督管理部门应当根据工作需要,及时将掌握的平台内经营者身份信息与其实际经营地的省级市场监督管理部门共享。

第三十四条 市场监督管理部门在依法开展监督检查、案件调查、事故处置、缺陷消费品召回、消费争议处理等监管执法活动时,可以要求网络交易平台经营者提供有关的平台内经营者身份信息,商品或者服务信息,支付记录、物流快递、退换货以及售后等交易信息。网络交易平台经营者应当提供,并在技术方面积极配合市场监督管理部门开展网络交易违法行为监测工作。

为网络交易经营者提供宣传推广、支付结算、物流快递、网络接入、服务器托管、虚拟主机、云服务、网站网页设计制作等服务的经营者(以下简称其他服务提供者),应当及时协助市场监督管理部门依法查处网络交易违法行为,提供其掌握的有关数据信息。法律、行政法规另有规定的,依照其规定。

市场监督管理部门发现网络交易经营者有违法行为,依法要求网络交易平台经营者、其他服务提供者采取措施制止的,网络交易平台经营者、其他服务提供者应当予以配合。

第三十五条 市场监督管理部门对涉嫌违法的网络交易行为进行查处时,可以依法采取下列措施:

(一)对与涉嫌违法的网络交易行为有关的场所进行现场检查;

(二)查阅、复制与涉嫌违法的网络交易行为有关的合同、票据、账簿等有关资料;

(三)收集、调取、复制与涉嫌违法的网络交易行为有关的电子数据;

(四)询问涉嫌从事违法的网络交易行为的当事人;

(五)向与涉嫌违法的网络交易行为有关的自然人、法人和非法人组织调查了解有关情况;

(六)法律、法规规定可以采取的其他措施。

采取前款规定的措施,依法需要报经批准的,应当办理批准手续。

市场监督管理部门对网络交易违法行为的技术监测记录资料,可以作为实施行政处罚或者采取行政措施的电子数据证据。

第三十六条 市场监督管理部门应当采取必要措施保护网络交易经营者提供的数据信息的安全,并对其中的个人信息、隐私和商业秘密严格保密。

第三十七条 市场监督管理部门依法对网络交易经营者实施信用监管,将网络交易经营者的注册登记、备案、行政许可、抽查检查结果、行政处罚、列入经营异常名录和严重违法失信企业名单等信息,通过国家企业信用信息公示系统统一归集并公示。对存在严重违法失信行为的,依法实施联合惩戒。

前款规定的信息还可以通过市场监督管理部门官方网站、网络搜索引擎、经营者从事经营活动的主页面显著位置等途径公示。

第三十八条 网络交易经营者未依法履行法定责任和义务,扰乱或者可能扰乱网络交易秩序,影响消费者合法权益的,市场监督管理部门可以依职责对其法定代表人或者主要负责人进行约谈,要求其采取措施进行整改。

第四章 法律责任

第三十九条 法律、行政法规对网络交易违法行为的处罚已有规定的,依照其规定。

第四十条 网络交易平台经营者违反本办法第十条,拒不为入驻的平台内经营者出具网络经营场所相关材料的,由市场监督管理部门责令限期改正;逾期不改正的,处一万元以上三万元以下罚款。

第四十一条 网络交易经营者违反本办法第十一条、第十三条、第十六条、第十八条,法律、行政法规有规定的,依照其规定;法律、行政法规没有规定的,由市场监督管理部门依职责责令限期改正,可以处五千元以上三万元以下罚款。

第四十二条 网络交易经营者违反本办法第十二条、第二十三条,未履行法定信息公示义务的,依照《中华人民共和国电子商务法》第七十六条的规定进行处罚。对其中的网络交易平台经营者,依照《中华人民共和国电子商务法》第八十一条第一款的规定进行处罚。

第四十三条 网络交易经营者违反本办法第十四条的,依照《中华人民共和国反不正当竞争法》的相关规定进行处罚。

第四十四条 网络交易经营者违反本办法第十七条的,依照《中华人民共和国电子商务法》第七十七条的规定进行处罚。

第四十五条 网络交易经营者违反本办法第二十条,法律、行政法规有规定的,依照其规定;法律、行政法规没有规定的,由市场监督管理部门责令限期改正;逾期不改正的,处一万元以下罚款。

第四十六条 网络交易经营者违反本办法第二十二条的,由市场监督管理部门责令限期改正;逾期不改正的,处五千元以上三万元以下罚款。

第四十七条 网络交易平台经营者违反本办法第二十四条第一款、第二十五条第二款、第三十一条,不履行法定核验、登记义务,有关信息报送义务,商品和服务信息、交易信息保存义务的,依照《中华人民共和国电子商务法》第八十条的规定进行处罚。

第四十八条 网络交易平台经营者违反本办法第二十七条、第二十八条、第三十条的,由市场监督管理部门责令限期改正;逾期不改正的,处一万元以上三万元以下罚款。

第四十九条 网络交易平台经营者违反本办法第二十九条,法律、行政法规有规定的,依照其规定;法律、行政法规没有规定的,由市场监督管理部门依职责责令限期改正,可以处一万元以上三万元以下罚款。

第五十条 网络交易平台经营者违反本办法第三十二条的,依照《中华人民共和国电子商务法》第八十二条的规定进行处罚。

第五十一条 网络交易经营者销售商品或者提供服务,不履行合同义务或者履行合同义务不符合约定,或者造成他人损害的,依法承担民事责任。

第五十二条 网络交易平台经营者知道或者应当知道平台内经营者销售的商品或者提供的服务不符合保障人身、财产安全的要求,或者有其他侵害消费者合法权益行为,未采取必要措施的,依法与该平台内经营者承担连带责任。

对关系消费者生命健康的商品或者服务,网络交易平台经营者对平台内经营者的资质资格未尽到审核义务,或者对消费者未尽到安全保障义务,造成消费者损害的,依法承担相应的责任。

第五十三条 对市场监督管理部门依法开展的监管执法活动,拒绝依照本办法规定提供有关材料、信息,或者提供虚假材料、信息,或者隐匿、销毁、转移证据,或者有其他拒绝、阻碍监管执法行为,法律、行政法规、其他市场监督管理部门规章有规定的,依照其规定;法律、行政法规、其他市场监督管理部门规章没有规定的,由市场监督管理部门责令改正,可以处五千元以上三万元以下罚款。

第五十四条　市场监督管理部门的工作人员，玩忽职守、滥用职权、徇私舞弊，或者泄露、出售或者非法向他人提供在履行职责中所知悉的个人信息、隐私和商业秘密的，依法追究法律责任。

第五十五条　违反本办法规定，构成犯罪的，依法追究刑事责任。

第五章　附　　则

第五十六条　本办法自 2021 年 5 月 1 日起施行。2014 年 1 月 26 日原国家工商行政管理总局令第 60 号公布的《网络交易管理办法》同时废止。

规范互联网信息服务市场秩序若干规定

1. 2011 年 12 月 29 日工业和信息化部令第 20 号公布
2. 自 2012 年 3 月 15 日起施行

第一条　为了规范互联网信息服务市场秩序，保护互联网信息服务提供者和用户的合法权益，促进互联网行业的健康发展，根据《中华人民共和国电信条例》《互联网信息服务管理办法》等法律、行政法规的规定，制定本规定。

第二条　在中华人民共和国境内从事互联网信息服务及与互联网信息服务有关的活动，应当遵守本规定。

第三条　工业和信息化部和各省、自治区、直辖市通信管理局（以下统称"电信管理机构"）依法对互联网信息服务活动实施监督管理。

第四条　互联网信息服务提供者应当遵循平等、自愿、公平、诚信的原则提供服务。

第五条　互联网信息服务提供者不得实施下列侵犯其他互联网信息服务提供者合法权益的行为：

（一）恶意干扰用户终端上其他互联网信息服务提供者的服务，或者恶意干扰与互联网信息服务相关的软件等产品（"与互联网信息服务相关的软件等产品"以下简称"产品"）的下载、安装、运行和升级；

（二）捏造、散布虚假事实损害其他互联网信息服务提供者的合法权益，或者诋毁其他互联网信息服务提供者的服务或者产品；

（三）恶意对其他互联网信息服务提供者的服务或者产品实施不兼容；

（四）欺骗、误导或者强迫用户使用或者不使用其他互联网信息服务提供者的服务或者产品；

（五）恶意修改或者欺骗、误导、强迫用户修改其他互联网信息服务提供者的服务或者产品参数；

（六）其他违反国家法律规定，侵犯其他互联网信息服务提供者合法权益的行为。

第六条 对互联网信息服务提供者的服务或者产品进行评测，应当客观公正。

评测方公开或者向用户提供评测结果的，应当同时提供评测实施者、评测方法、数据来源、用户原始评价、评测手段和评测环境等与评测活动相关的信息。评测结果应当真实准确，与评测活动相关的信息应当完整全面。被评测的服务或者产品与评测方的服务或者产品相同或者功能类似的，评测结果中不得含有评测方的主观评价。

被评测方对评测结果有异议的，可以自行或者委托第三方就评测结果进行再评测，评测方应当予以配合。

评测方不得利用评测结果，欺骗、误导、强迫用户对被评测方的服务或者产品作出处置。

本规定所称评测，是指提供平台供用户评价，或者以其他方式对互联网信息服务或者产品的性能等进行评价和测试。

第七条 互联网信息服务提供者不得实施下列侵犯用户合法权益的行为：

（一）无正当理由拒绝、拖延或者中止向用户提供互联网信息服务或者产品；

（二）无正当理由限定用户使用或者不使用其指定的互联网信息服务或者产品；

（三）以欺骗、误导或者强迫等方式向用户提供互联网信息服务或者产品；

（四）提供的互联网信息服务或者产品与其向用户所作的宣传或者承诺不符；

（五）擅自改变服务协议或者业务规程，降低服务质量或者加重用户责任；

（六）与其他互联网信息服务提供者的服务或者产品不兼容时，未主动向用户提示和说明；

（七）未经提示并由用户主动选择同意，修改用户浏览器配置或者其他设置；

（八）其他违反国家法律规定，侵犯用户合法权益的行为。

第八条　互联网信息服务提供者在用户终端上进行软件下载、安装、运行、升级、卸载等操作的，应当提供明确、完整的软件功能等信息，并事先征得用户同意。

互联网信息服务提供者不得实施下列行为：

（一）欺骗、误导或者强迫用户下载、安装、运行、升级、卸载软件；

（二）未提供与软件安装方式同等或者更便捷的卸载方式；

（三）在未受其他软件影响和人为破坏的情况下，未经用户主动选择同意，软件卸载后有可执行代码或者其他不必要的文件驻留在用户终端。

第九条　互联网信息服务终端软件捆绑其他软件的，应当以显著的方式提示用户，由用户主动选择是否安装或者使用，并提供独立的卸载或者关闭方式，不得附加不合理条件。

第十条　互联网信息服务提供者在用户终端弹出广告或者其他与终端软件功能无关的信息窗口的，应当以显著的方式向用户提供关闭或者退出窗口的功能标识。

第十一条　未经用户同意，互联网信息服务提供者不得收集与用户相关、能够单独或者与其他信息结合识别用户的信息（以下简称"用户个人信息"），不得将用户个人信息提供给他人，但是法律、行政法规另有规定的除外。

互联网信息服务提供者经用户同意收集用户个人信息的，应当明确告知用户收集和处理用户个人信息的方式、内容和用途，不得收集其提供服务所必需以外的信息，不得将用户个人信息用于其提供服务之外的目的。

第十二条　互联网信息服务提供者应当妥善保管用户个人信息；保管的用户个人信息泄露或者可能泄露时，应当立即采取补救措施；造成或者可能造成严重后果的，应当立即向准予其互联网信息服务许可或者备案的电信管理机构报告，并配合相关部门进行的调查处理。

第十三条　互联网信息服务提供者应当加强系统安全防护，依法维护用户上载信息的安全,保障用户对上载信息的使用、修改和删除。

互联网信息服务提供者不得有下列行为:

(一)无正当理由擅自修改或者删除用户上载信息;

(二)未经用户同意,向他人提供用户上载信息,但是法律、行政法规另有规定的除外;

(三)擅自或者假借用户名义转移用户上载信息,或者欺骗、误导、强迫用户转移其上载信息;

(四)其他危害用户上载信息安全的行为。

第十四条 互联网信息服务提供者应当以显著的方式公布有效联系方式,接受用户及其他互联网信息服务提供者的投诉,并自接到投诉之日起十五日内作出答复。

第十五条 互联网信息服务提供者认为其他互联网信息服务提供者实施违反本规定的行为,侵犯其合法权益并对用户权益造成或者可能造成重大影响的,应当立即向准予该其他互联网信息服务提供者互联网信息服务许可或者备案的电信管理机构报告。

电信管理机构应当对报告或者发现的可能违反本规定的行为的影响进行评估;影响特别重大的,相关省、自治区、直辖市通信管理局应当向工业和信息化部报告。电信管理机构在依据本规定作出处理决定前,可以要求互联网信息服务提供者暂停有关行为,互联网信息服务提供者应当执行。

第十六条 互联网信息服务提供者违反本规定第五条、第七条或者第十三条的规定,由电信管理机构依据职权责令改正,处以警告,可以并处一万元以上三万元以下的罚款,向社会公告;其中,《中华人民共和国电信条例》或者《互联网信息服务管理办法》规定法律责任的,依照其规定处理。

第十七条 评测方违反本规定第六条的规定的,由电信管理机构依据职权处以警告,可以并处一万元以上三万元以下的罚款,向社会公告。

第十八条 互联网信息服务提供者违反本规定第八条、第九条、第十条、第十一条、第十二条或者第十四条的规定的,由电信管理机构依据职权处以警告,可以并处一万元以上三万元以下的罚款,向社会公告。

第十九条 互联网信息服务提供者违反本规定第十五条规定,不执行电信管理机构暂停有关行为的要求的,由电信管理机构依据职权处以警告,向社会公告。

第二十条 互联网信息服务提供者违反其他法律、行政法规规定的,依照其规定处理。

第二十一条 本规定自 2012 年 3 月 15 日起施行。

互联网新闻信息服务管理规定

1. 2017 年 5 月 2 日国家互联网信息办公室令第 1 号公布
2. 自 2017 年 6 月 1 日起施行

第一章 总 则

第一条 为加强互联网信息内容管理,促进互联网新闻信息服务健康有序发展,根据《中华人民共和国网络安全法》《互联网信息服务管理办法》《国务院关于授权国家互联网信息办公室负责互联网信息内容管理工作的通知》,制定本规定。

第二条 在中华人民共和国境内提供互联网新闻信息服务,适用本规定。

本规定所称新闻信息,包括有关政治、经济、军事、外交等社会公共事务的报道、评论,以及有关社会突发事件的报道、评论。

第三条 提供互联网新闻信息服务,应当遵守宪法、法律和行政法规,坚持为人民服务、为社会主义服务的方向,坚持正确舆论导向,发挥舆论监督作用,促进形成积极健康、向上向善的网络文化,维护国家利益和公共利益。

第四条 国家互联网信息办公室负责全国互联网新闻信息服务的监督管理执法工作。地方互联网信息办公室依据职责负责本行政区域内互联网新闻信息服务的监督管理执法工作。

第二章 许 可

第五条 通过互联网站、应用程序、论坛、博客、微博客、公众账号、即时通信工具、网络直播等形式向社会公众提供互联网新闻信息服务,应当取得互联网新闻信息服务许可,禁止未经许可或超越许可范围开展互联网新闻信息服务活动。

前款所称互联网新闻信息服务,包括互联网新闻信息采编发布服务、转载服务、传播平台服务。

第六条 申请互联网新闻信息服务许可,应当具备下列条件:

(一)在中华人民共和国境内依法设立的法人;

(二)主要负责人、总编辑是中国公民;

(三)有与服务相适应的专职新闻编辑人员、内容审核人员和技术保障人员;

(四)有健全的互联网新闻信息服务管理制度;

(五)有健全的信息安全管理制度和安全可控的技术保障措施;

(六)有与服务相适应的场所、设施和资金。

申请互联网新闻信息采编发布服务许可的,应当是新闻单位(含其控股的单位)或新闻宣传部门主管的单位。

符合条件的互联网新闻信息服务提供者实行特殊管理股制度,具体实施办法由国家互联网信息办公室另行制定。

提供互联网新闻信息服务,还应当依法向电信主管部门办理互联网信息服务许可或备案手续。

第七条 任何组织不得设立中外合资经营、中外合作经营和外资经营的互联网新闻信息服务单位。

互联网新闻信息服务单位与境内外中外合资经营、中外合作经营和外资经营的企业进行涉及互联网新闻信息服务业务的合作,应当报经国家互联网信息办公室进行安全评估。

第八条 互联网新闻信息服务提供者的采编业务和经营业务应当分开,非公有资本不得介入互联网新闻信息采编业务。

第九条 申请互联网新闻信息服务许可,申请主体为中央新闻单位(含其控股的单位)或中央新闻宣传部门主管的单位的,由国家互联网信息办公室受理和决定;申请主体为地方新闻单位(含其控股的单位)或地方新闻宣传部门主管的单位的,由省、自治区、直辖市互联网信息办公室受理和决定;申请主体为其他单位的,经所在地省、自治区、直辖市互联网信息办公室受理和初审后,由国家互联网信息办公室决定。

国家或省、自治区、直辖市互联网信息办公室决定批准的,核发《互联网新闻信息服务许可证》。《互联网新闻信息服务许可证》有效期为三年。有效期届满,需继续从事互联网新闻信息服务活动的,应当于有效期届满三十日前申请续办。

省、自治区、直辖市互联网信息办公室应当定期向国家互联网信息办公室报告许可受理和决定情况。

第十条 申请互联网新闻信息服务许可，应当提交下列材料：

（一）主要负责人、总编辑为中国公民的证明；

（二）专职新闻编辑人员、内容审核人员和技术保障人员的资质情况；

（三）互联网新闻信息服务管理制度；

（四）信息安全管理制度和技术保障措施；

（五）互联网新闻信息服务安全评估报告；

（六）法人资格、场所、资金和股权结构等证明；

（七）法律法规规定的其他材料。

第三章 运 行

第十一条 互联网新闻信息服务提供者应当设立总编辑，总编辑对互联网新闻信息内容负总责。总编辑人选应当具有相关从业经验，符合相关条件，并报国家或省、自治区、直辖市互联网信息办公室备案。

互联网新闻信息服务相关从业人员应当依法取得相应资质，接受专业培训、考核。互联网新闻信息服务相关从业人员从事新闻采编活动，应当具备新闻采编人员职业资格，持有国家新闻出版广电总局统一颁发的新闻记者证。

第十二条 互联网新闻信息服务提供者应当健全信息发布审核、公共信息巡查、应急处置等信息安全管理制度，具有安全可控的技术保障措施。

第十三条 互联网新闻信息服务提供者为用户提供互联网新闻信息传播平台服务，应当按照《中华人民共和国网络安全法》的规定，要求用户提供真实身份信息。用户不提供真实身份信息的，互联网新闻信息服务提供者不得为其提供相关服务。

互联网新闻信息服务提供者对用户身份信息和日志信息负有保密的义务，不得泄露、篡改、毁损，不得出售或非法向他人提供。

互联网新闻信息服务提供者及其从业人员不得通过采编、发布、转载、删除新闻信息，干预新闻信息呈现或搜索结果等手段谋取不正当利益。

第十四条 互联网新闻信息服务提供者提供互联网新闻信息传播平台服

务,应当与在其平台上注册的用户签订协议,明确双方权利义务。

对用户开设公众账号的,互联网新闻信息服务提供者应当审核其账号信息、服务资质、服务范围等信息,并向所在地省、自治区、直辖市互联网信息办公室分类备案。

第十五条　互联网新闻信息服务提供者转载新闻信息,应当转载中央新闻单位或省、自治区、直辖市直属新闻单位等国家规定范围内的单位发布的新闻信息,注明新闻信息来源、原作者、原标题、编辑真实姓名等,不得歪曲、篡改标题原意和新闻信息内容,并保证新闻信息来源可追溯。

互联网新闻信息服务提供者转载新闻信息,应当遵守著作权相关法律法规的规定,保护著作权人的合法权益。

第十六条　互联网新闻信息服务提供者和用户不得制作、复制、发布、传播法律、行政法规禁止的信息内容。

互联网新闻信息服务提供者提供服务过程中发现含有违反本规定第三条或前款规定内容的,应当依法立即停止传输该信息、采取消除等处置措施,保存有关记录,并向有关主管部门报告。

第十七条　互联网新闻信息服务提供者变更主要负责人、总编辑、主管单位、股权结构等影响许可条件的重大事项,应当向原许可机关办理变更手续。

互联网新闻信息服务提供者应用新技术、调整增设具有新闻舆论属性或社会动员能力的应用功能,应当报国家或省、自治区、直辖市互联网信息办公室进行互联网新闻信息服务安全评估。

第十八条　互联网新闻信息服务提供者应当在明显位置明示互联网新闻信息服务许可证编号。

互联网新闻信息服务提供者应当自觉接受社会监督,建立社会投诉举报渠道,设置便捷的投诉举报入口,及时处理公众投诉举报。

第四章　监督检查

第十九条　国家和地方互联网信息办公室应当建立日常检查和定期检查相结合的监督管理制度,依法对互联网新闻信息服务活动实施监督检查,有关单位、个人应当予以配合。

国家和地方互联网信息办公室应当健全执法人员资格管理制度。执法人员开展执法活动,应当依法出示执法证件。

第二十条 任何组织和个人发现互联网新闻信息服务提供者有违反本规定行为的,可以向国家和地方互联网信息办公室举报。

国家和地方互联网信息办公室应当向社会公开举报受理方式,收到举报后,应当依法予以处置。互联网新闻信息服务提供者应当予以配合。

第二十一条 国家和地方互联网信息办公室应当建立互联网新闻信息服务网络信用档案,建立失信黑名单制度和约谈制度。

国家互联网信息办公室会同国务院电信、公安、新闻出版广电等部门建立信息共享机制,加强工作沟通和协作配合,依法开展联合执法等专项监督检查活动。

第五章 法 律 责 任

第二十二条 违反本规定第五条规定,未经许可或超越许可范围开展互联网新闻信息服务活动的,由国家和省、自治区、直辖市互联网信息办公室依据职责责令停止相关服务活动,处一万元以上三万元以下罚款。

第二十三条 互联网新闻信息服务提供者运行过程中不再符合许可条件的,由原许可机关责令限期改正;逾期仍不符合许可条件的,暂停新闻信息更新;《互联网新闻信息服务许可证》有效期届满仍不符合许可条件的,不予换发许可证。

第二十四条 互联网新闻信息服务提供者违反本规定第七条第二款、第八条、第十一条、第十二条、第十三条第三款、第十四条、第十五条第一款、第十七条、第十八条规定的,由国家和地方互联网信息办公室依据职责给予警告、责令限期改正;情节严重或拒不改正的,暂停新闻信息更新,处五千元以上三万元以下罚款;构成犯罪的,依法追究刑事责任。

第二十五条 互联网新闻信息服务提供者违反本规定第三条、第十六条第一款、第十九条第一款、第二十条第二款规定的,由国家和地方互联网信息办公室依据职责给予警告,责令限期改正;情节严重或拒不改正的,暂停新闻信息更新,处二万元以上三万元以下罚款;构成犯罪的,依法追究刑事责任。

第二十六条 互联网新闻信息服务提供者违反本规定第十三条第一款、第十六条第二款规定的,由国家和地方互联网信息办公室根据《中华人民共和国网络安全法》的规定予以处理。

第六章 附　　则

第二十七条　本规定所称新闻单位，是指依法设立的报刊社、广播电台、电视台、通讯社和新闻电影制片厂。

第二十八条　违反本规定，同时违反互联网信息服务管理规定的，由国家和地方互联网信息办公室根据本规定处理后，转由电信主管部门依法处置。

国家对互联网视听节目服务、网络出版服务等另有规定的，应当同时符合其规定。

第二十九条　本规定自2017年6月1日起施行。本规定施行之前颁布的有关规定与本规定不一致的，按照本规定执行。

侵害消费者权益行为处罚办法（节录）

1. 2015年1月5日国家工商行政管理总局令第73号公布
2. 根据2020年10月23日国家市场监督管理总局令第31号《关于修改部分规章的决定》修订

第十一条　经营者收集、使用消费者个人信息，应当遵循合法、正当、必要的原则，明示收集、使用信息的目的、方式和范围，并经消费者同意。经营者不得有下列行为：

（一）未经消费者同意，收集、使用消费者个人信息；

（二）泄露、出售或者非法向他人提供所收集的消费者个人信息；

（三）未经消费者同意或者请求，或者消费者明确表示拒绝，向其发送商业性信息。

前款中的消费者个人信息是指经营者在提供商品或者服务活动中收集的消费者姓名、性别、职业、出生日期、身份证件号码、住址、联系方式、收入和财产状况、健康状况、消费情况等能够单独或者与其他信息结合识别消费者的信息。

个人信息出境标准合同办法

1. 2023年2月22日国家互联网信息办公室令第13号公布
2. 自2023年6月1日起施行

第一条 为了保护个人信息权益，规范个人信息出境活动，根据《中华人民共和国个人信息保护法》等法律法规，制定本办法。

第二条 个人信息处理者通过与境外接收方订立个人信息出境标准合同（以下简称标准合同）的方式向中华人民共和国境外提供个人信息，适用本办法。

第三条 通过订立标准合同的方式开展个人信息出境活动，应当坚持自主缔约与备案管理相结合、保护权益与防范风险相结合，保障个人信息跨境安全、自由流动。

第四条 个人信息处理者通过订立标准合同的方式向境外提供个人信息的，应当同时符合下列情形：

（一）非关键信息基础设施运营者；

（二）处理个人信息不满100万人的；

（三）自上年1月1日起累计向境外提供个人信息不满10万人的；

（四）自上年1月1日起累计向境外提供敏感个人信息不满1万人的。

法律、行政法规或者国家网信部门另有规定的，从其规定。

个人信息处理者不得采取数量拆分等手段，将依法应当通过出境安全评估的个人信息通过订立标准合同的方式向境外提供。

第五条 个人信息处理者向境外提供个人信息前，应当开展个人信息保护影响评估，重点评估以下内容：

（一）个人信息处理者和境外接收方处理个人信息的目的、范围、方式等的合法性、正当性、必要性；

（二）出境个人信息的规模、范围、种类、敏感程度，个人信息出境可能对个人信息权益带来的风险；

（三）境外接收方承诺承担的义务，以及履行义务的管理和技术措施、能力等能否保障出境个人信息的安全；

（四）个人信息出境后遭到篡改、破坏、泄露、丢失、非法利用等的风险，个人信息权益维护的渠道是否通畅等；

（五）境外接收方所在国家或者地区的个人信息保护政策和法规对标准合同履行的影响；

（六）其他可能影响个人信息出境安全的事项。

第六条　标准合同应当严格按照本办法附件订立。国家网信部门可以根据实际情况对附件进行调整。

个人信息处理者可以与境外接收方约定其他条款，但不得与标准合同相冲突。

标准合同生效后方可开展个人信息出境活动。

第七条　个人信息处理者应当在标准合同生效之日起 10 个工作日内向所在地省级网信部门备案。备案应当提交以下材料：

（一）标准合同；

（二）个人信息保护影响评估报告。

个人信息处理者应当对所备案材料的真实性负责。

第八条　在标准合同有效期内出现下列情形之一的，个人信息处理者应当重新开展个人信息保护影响评估，补充或者重新订立标准合同，并履行相应备案手续：

（一）向境外提供个人信息的目的、范围、种类、敏感程度、方式、保存地点或者境外接收方处理个人信息的用途、方式发生变化，或者延长个人信息境外保存期限的；

（二）境外接收方所在国家或者地区的个人信息保护政策和法规发生变化等可能影响个人信息权益的；

（三）可能影响个人信息权益的其他情形。

第九条　网信部门及其工作人员对在履行职责中知悉的个人隐私、个人信息、商业秘密、保密商务信息等应当依法予以保密，不得泄露或者非法向他人提供、非法使用。

第十条　任何组织和个人发现个人信息处理者违反本办法向境外提供个人信息的，可以向省级以上网信部门举报。

第十一条　省级以上网信部门发现个人信息出境活动存在较大风险或者发生个人信息安全事件的，可以依法对个人信息处理者进行约谈。个人信息处理者应当按照要求整改,消除隐患。

第十二条　违反本办法规定的,依据《中华人民共和国个人信息保护法》等法律法规处理;构成犯罪的,依法追究刑事责任。

第十三条　本办法自 2023 年 6 月 1 日起施行。本办法施行前已经开展的个人信息出境活动,不符合本办法规定的,应当自本办法施行之日起 6 个月内完成整改。

　　附件:个人信息出境标准合同(略)

五、规范性文件

常见类型移动互联网应用程序
必要个人信息范围规定

1. 2021年3月12日国家互联网信息办公室秘书局、工业和信息化部办公厅、公安部办公厅、国家市场监督管理总局办公厅印发
2. 国信办秘字〔2021〕14号
3. 自2021年5月1日起施行

第一条 为了规范移动互联网应用程序（App）收集个人信息行为，保障公民个人信息安全，根据《中华人民共和国网络安全法》，制定本规定。

第二条 移动智能终端上运行的App存在收集用户个人信息行为的，应当遵守本规定。法律、行政法规、部门规章和规范性文件另有规定的，依照其规定。

App包括移动智能终端预置、下载安装的应用软件，基于应用软件开放平台接口开发的、用户无需安装即可使用的小程序。

第三条 本规定所称必要个人信息，是指保障App基本功能服务正常运行所必需的个人信息，缺少该信息App即无法实现基本功能服务。具体是指消费侧用户个人信息，不包括服务供给侧用户个人信息。

第四条 App不得因为用户不同意提供非必要个人信息，而拒绝用户使用其基本功能服务。

第五条 常见类型App的必要个人信息范围：

（一）地图导航类，基本功能服务为"定位和导航"，必要个人信息为：位置信息、出发地、到达地。

（二）网络约车类，基本功能服务为"网络预约出租汽车服务、巡游出租汽车电召服务"，必要个人信息包括：

1. 注册用户移动电话号码；
2. 乘车人出发地、到达地、位置信息、行踪轨迹；

3.支付时间、支付金额、支付渠道等支付信息(网络预约出租汽车服务)。

(三)即时通信类,基本功能服务为"提供文字、图片、语音、视频等网络即时通信服务",必要个人信息包括:

1.注册用户移动电话号码;

2.账号信息:账号、即时通信联系人账号列表。

(四)网络社区类,基本功能服务为"博客、论坛、社区等话题讨论、信息分享和关注互动",必要个人信息为:注册用户移动电话号码。

(五)网络支付类,基本功能服务为"网络支付、提现、转账等功能",必要个人信息包括:

1.注册用户移动电话号码;

2.注册用户姓名、证件类型和号码、证件有效期限、银行卡号码。

(六)网上购物类,基本功能服务为"购买商品",必要个人信息包括:

1.注册用户移动电话号码;

2.收货人姓名(名称)、地址、联系电话;

3.支付时间、支付金额、支付渠道等支付信息。

(七)餐饮外卖类,基本功能服务为"餐饮购买及外送",必要个人信息包括:

1.注册用户移动电话号码;

2.收货人姓名(名称)、地址、联系电话;

3.支付时间、支付金额、支付渠道等支付信息。

(八)邮件快件寄递类,基本功能服务为"信件、包裹、印刷品等物品寄递服务",必要个人信息包括:

1.寄件人姓名、证件类型和号码等身份信息;

2.寄件人地址、联系电话;

3.收件人姓名(名称)、地址、联系电话;

4.寄递物品的名称、性质、数量。

(九)交通票务类,基本功能服务为"交通相关的票务服务及行程管理(如票务购买、改签、退票、行程管理等)",必要个人信息包括:

1.注册用户移动电话号码;

2.旅客姓名、证件类型和号码、旅客类型。旅客类型通常包括儿童、成人、学生等;

3.旅客出发地、目的地、出发时间、车次/船次/航班号、席别/舱位等级、座位号(如有)、车牌号及车牌颜色(ETC 服务);

4.支付时间、支付金额、支付渠道等支付信息。

(十)婚恋相亲类,基本功能服务为"婚恋相亲",必要个人信息包括:

1.注册用户移动电话号码;

2.婚恋相亲人的性别、年龄、婚姻状况。

(十一)求职招聘类,基本功能服务为"求职招聘信息交换",必要个人信息包括:

1.注册用户移动电话号码;

2.求职者提供的简历。

(十二)网络借贷类,基本功能服务为"通过互联网平台实现的用于消费、日常生产经营周转等的个人申贷服务",必要个人信息包括:

1.注册用户移动电话号码;

2.借款人姓名、证件类型和号码、证件有效期限、银行卡号码。

(十三)房屋租售类,基本功能服务为"个人房源信息发布、房屋出租或买卖",必要个人信息包括:

1.注册用户移动电话号码;

2.房源基本信息:房屋地址、面积/户型、期望售价或租金。

(十四)二手车交易类,基本功能服务为"二手车买卖信息交换",必要个人信息包括:

1.注册用户移动电话号码;

2.购买方姓名、证件类型和号码;

3.出售方姓名、证件类型和号码、车辆行驶证号、车辆识别号码。

(十五)问诊挂号类,基本功能服务为"在线咨询问诊、预约挂号",必要个人信息包括:

1.注册用户移动电话号码;

2.挂号时需提供患者姓名、证件类型和号码、预约挂号的医院和科室;

3.问诊时需提供病情描述。

(十六)旅游服务类,基本功能服务为"旅游服务产品信息的发布与订购",必要个人信息包括:

1.注册用户移动电话号码;

2. 出行人旅游目的地、旅游时间;

3. 出行人姓名、证件类型和号码、联系方式。

(十七)酒店服务类,基本功能服务为"酒店预订",必要个人信息包括:

1. 注册用户移动电话号码;

2. 住宿人姓名和联系方式、入住和退房时间、入住酒店名称。

(十八)网络游戏类,基本功能服务为"提供网络游戏产品和服务",必要个人信息为:注册用户移动电话号码。

(十九)学习教育类,基本功能服务为"在线辅导、网络课堂等",必要个人信息为:注册用户移动电话号码。

(二十)本地生活类,基本功能服务为"家政维修、家居装修、二手闲置物品交易等日常生活服务",必要个人信息为:注册用户移动电话号码。

(二十一)女性健康类,基本功能服务为"女性经期管理、备孕育儿、美容美体等健康管理服务",无须个人信息,即可使用基本功能服务。

(二十二)用车服务类,基本功能服务为"共享单车、共享汽车、租赁汽车等服务",必要个人信息包括:

1. 注册用户移动电话号码;

2. 使用共享汽车、租赁汽车服务用户的证件类型和号码,驾驶证件信息;

3. 支付时间、支付金额、支付渠道等支付信息;

4. 使用共享单车、分时租赁汽车服务用户的位置信息。

(二十三)投资理财类,基本功能服务为"股票、期货、基金、债券等相关投资理财服务",必要个人信息包括:

1. 注册用户移动电话号码;

2. 投资理财用户姓名、证件类型和号码、证件有效期限、证件影印件;

3. 投资理财用户资金账户、银行卡号码或支付账号。

(二十四)手机银行类,基本功能服务为"通过手机等移动智能终端设备进行银行账户管理、信息查询、转账汇款等服务",必要个人信息包括:

1. 注册用户移动电话号码;

2. 用户姓名、证件类型和号码、证件有效期限、证件影印件、银行卡号码、银行预留移动电话号码；

3. 转账时需提供收款人姓名、银行卡号码、开户银行信息。

（二十五）邮箱云盘类，基本功能服务为"邮箱、云盘等"，必要个人信息为：注册用户移动电话号码。

（二十六）远程会议类，基本功能服务为"通过网络提供音频或视频会议"，必要个人信息为：注册用户移动电话号码。

（二十七）网络直播类，基本功能服务为"向公众持续提供实时视频、音频、图文等形式信息浏览服务"，无须个人信息，即可使用基本功能服务。

（二十八）在线影音类，基本功能服务为"影视、音乐搜索和播放"，无须个人信息，即可使用基本功能服务。

（二十九）短视频类，基本功能服务为"不超过一定时长的视频搜索、播放"，无须个人信息，即可使用基本功能服务。

（三十）新闻资讯类，基本功能服务为"新闻资讯的浏览、搜索"，无须个人信息，即可使用基本功能服务。

（三十一）运动健身类，基本功能服务为"运动健身训练"，无须个人信息，即可使用基本功能服务。

（三十二）浏览器类，基本功能服务为"浏览互联网信息资源"，无须个人信息，即可使用基本功能服务。

（三十三）输入法类，基本功能服务为"文字、符号等输入"，无须个人信息，即可使用基本功能服务。

（三十四）安全管理类，基本功能服务为"查杀病毒、清理恶意插件、修复漏洞等"，无须个人信息，即可使用基本功能服务。

（三十五）电子图书类，基本功能服务为"电子图书搜索、阅读"，无须个人信息，即可使用基本功能服务。

（三十六）拍摄美化类，基本功能服务为"拍摄、美颜、滤镜等"，无须个人信息，即可使用基本功能服务。

（三十七）应用商店类，基本功能服务为"App搜索、下载"，无须个人信息，即可使用基本功能服务。

（三十八）实用工具类，基本功能服务为"日历、天气、词典翻译、计算器、遥控器、手电筒、针、时钟闹钟、文件传输、文件管理、壁纸铃声、截图录屏、录音、文档处理、智能家居助手、星座性格测试等"，无须个人信息，即可使用基本功能服务。

（三十九）演出票务类，基本功能服务为"演出购票"，必要个人信息包括：

1. 注册用户移动电话号码；
2. 观演场次、座位号（如有）；
3. 支付时间、支付金额、支付渠道等支付信息。

第六条　任何组织和个人发现违反本规定行为的，可以向相关部门举报。

相关部门收到举报后，应当依法予以处理。

第七条　本规定自 2021 年 5 月 1 日起施行。

App 违法违规收集使用个人信息行为认定方法

1. 2019 年 11 月 28 日国家互联网信息办公室秘书局、工业和信息化部办公厅、公安部办公厅、市场监管总局办公厅
2. 国信办秘字〔2019〕191 号

根据《关于开展 App 违法违规收集使用个人信息专项治理的公告》，为监督管理部门认定 App 违法违规收集使用个人信息行为提供参考，为 App 运营者自查自纠和网民社会监督提供指引，落实《网络安全法》等法律法规，制定本方法。

一、以下行为可被认定为"未公开收集使用规则"

1. 在 App 中没有隐私政策，或者隐私政策中没有收集使用个人信息规则；
2. 在 App 首次运行时未通过弹窗等明显方式提示用户阅读隐私政策等收集使用规则；
3. 隐私政策等收集使用规则难以访问，如进入 App 主界面后，需多于 4 次点击等操作才能访问到；
4. 隐私政策等收集使用规则难以阅读，如文字过小过密、颜色过淡、模糊不清，或未提供简体中文版等。

二、以下行为可被认定为"未明示收集使用个人信息的目的、方式和范围"

1. 未逐一列出 App（包括委托的第三方或嵌入的第三方代码、插件）

收集使用个人信息的目的、方式、范围等；

　　2. 收集使用个人信息的目的、方式、范围发生变化时，未以适当方式通知用户，适当方式包括更新隐私政策等收集使用规则并提醒用户阅读等；

　　3. 在申请打开可收集个人信息的权限，或申请收集用户身份证号、银行账号、行踪轨迹等个人敏感信息时，未同步告知用户其目的，或者目的不明确、难以理解；

　　4. 有关收集使用规则的内容晦涩难懂、冗长繁琐，用户难以理解，如使用大量专业术语等。

三、以下行为可被认定为"未经用户同意收集使用个人信息"

　　1. 征得用户同意前就开始收集个人信息或打开可收集个人信息的权限；

　　2. 用户明确表示不同意后，仍收集个人信息或打开可收集个人信息的权限，或频繁征求用户同意、干扰用户正常使用；

　　3. 实际收集的个人信息或打开的可收集个人信息权限超出用户授权范围；

　　4. 以默认选择同意隐私政策等非明示方式征求用户同意；

　　5. 未经用户同意更改其设置的可收集个人信息权限状态，如 App 更新时自动将用户设置的权限恢复到默认状态；

　　6. 利用用户个人信息和算法定向推送信息，未提供非定向推送信息的选项；

　　7. 以欺诈、诱骗等不正当方式误导用户同意收集个人信息或打开可收集个人信息的权限，如故意欺瞒、掩饰收集使用个人信息的真实目的；

　　8. 未向用户提供撤回同意收集个人信息的途径、方式；

　　9. 违反其所声明的收集使用规则，收集使用个人信息。

四、以下行为可被认定为"违反必要原则，收集与其提供的服务无关的个人信息"

　　1. 收集的个人信息类型或打开的可收集个人信息权限与现有业务功能无关；

　　2. 因用户不同意收集非必要个人信息或打开非必要权限，拒绝提供业务功能；

　　3. App 新增业务功能申请收集的个人信息超出用户原有同意范围，

若用户不同意,则拒绝提供原有业务功能,新增业务功能取代原有业务功能的除外;

4. 收集个人信息的频度等超出业务功能实际需要;

5. 仅以改善服务质量、提升用户体验、定向推送信息、研发新产品等为由,强制要求用户同意收集个人信息;

6. 要求用户一次性同意打开多个可收集个人信息的权限,用户不同意则无法使用。

五、以下行为可被认定为"未经同意向他人提供个人信息"

1. 既未经用户同意,也未做匿名化处理,App 客户端直接向第三方提供个人信息,包括通过客户端嵌入的第三方代码、插件等方式向第三方提供个人信息;

2. 既未经用户同意,也未做匿名化处理,数据传输至 App 后台服务器后,向第三方提供其收集的个人信息;

3. App 接入第三方应用,未经用户同意,向第三方应用提供个人信息。

六、以下行为可被认定为"未按法律规定提供删除或更正个人信息功能"或"未公布投诉、举报方式等信息"

1. 未提供有效的更正、删除个人信息及注销用户账号功能;

2. 为更正、删除个人信息或注销用户账号设置不必要或不合理条件;

3. 虽提供了更正、删除个人信息及注销用户账号功能,但未及时响应用户相应操作,需人工处理的,未在承诺时限内(承诺时限不得超过 15 个工作日,无承诺时限的,以 15 个工作日为限)完成核查和处理;

4. 更正、删除个人信息或注销用户账号等用户操作已执行完毕,但 App 后台并未完成的;

5. 未建立并公布个人信息安全投诉、举报渠道,或未在承诺时限内(承诺时限不得超过 15 个工作日,无承诺时限的,以 15 个工作日为限)受理并处理的。

个人信用信息基础数据库管理暂行办法

1. 2005年8月18日中国人民银行令〔2005〕第3号发布
2. 自2005年10月1日起施行

第一章　总　　则

第一条　为维护金融稳定，防范和降低商业银行的信用风险，促进个人信贷业务的发展，保障个人信用信息的安全和合法使用，根据《中华人民共和国中国人民银行法》等有关法律规定，制定本办法。

第二条　中国人民银行负责组织商业银行建立个人信用信息基础数据库（以下简称个人信用数据库），并负责设立征信服务中心，承担个人信用数据库的日常运行和管理。

第三条　个人信用数据库采集、整理、保存个人信用信息，为商业银行和个人提供信用报告查询服务，为货币政策制定、金融监管和法律、法规规定的其他用途提供有关信息服务。

第四条　本办法所称个人信用信息包括个人基本信息、个人信贷交易信息以及反映个人信用状况的其他信息。

　　前款所称个人基本信息是指自然人身份识别信息、职业和居住地址等信息；个人信贷交易信息是指商业银行提供的自然人在个人贷款、贷记卡、准贷记卡、担保等信用活动中形成的交易记录；反映个人信用状况的其他信息是指除信贷交易信息之外的反映个人信用状况的相关信息。

第五条　中国人民银行、商业银行及其工作人员应当为在工作中知悉的个人信用信息保密。

第二章　报送和整理

第六条　商业银行应当遵守中国人民银行发布的个人信用数据库标准及其有关要求，准确、完整、及时地向个人信用数据库报送个人信用信息。

第七条　商业银行不得向未经信贷征信主管部门批准建立或变相建立的个人信用信息基础数据库提供个人信用信息。

第八条　征信服务中心应当建立完善的规章制度和采取先进的技术手段确

保个人信用信息安全。

第九条 征信服务中心根据生成信用报告的需要,对商业银行报送的个人信用信息进行客观整理、保存,不得擅自更改原始数据。

第十条 征信服务中心认为有关商业银行报送的信息可疑时,应当按有关规定的程序及时向该商业银行发出复核通知。

商业银行应当在收到复核通知之日起5个工作日内给予答复。

第十一条 商业银行发现其所报送的个人信用信息不准确时,应当及时报告征信服务中心,征信服务中心收到纠错报告应当立即进行更正。

第三章 查 询

第十二条 商业银行办理下列业务,可以向个人信用数据库查询个人信用报告:

(一)审核个人贷款申请的;

(二)审核个人贷记卡、准贷记卡申请的;

(三)审核个人作为担保人的;

(四)对已发放的个人信贷进行贷后风险管理的;

(五)受理法人或其他组织的贷款申请或其作为担保人,需要查询其法定代表人及出资人信用状况的。

第十三条 除本办法第十二条第(四)项规定之外,商业银行查询个人信用报告时应当取得被查询人的书面授权。书面授权可以通过在贷款、贷记卡、准贷记卡以及担保申请书中增加相应条款取得。

第十四条 商业银行应当制定贷后风险管理查询个人信用报告的内部授权制度和查询管理程序。

第十五条 征信服务中心可以根据个人申请有偿提供其本人信用报告。

征信服务中心应当制定相应的处理程序,核实申请人身份。

第四章 异 议 处 理

第十六条 个人认为本人信用报告中的信用信息存在错误(以下简称异议信息)时,可以通过所在地中国人民银行征信管理部门或直接向征信服务中心提出书面异议申请。

中国人民银行征信管理部门应当在收到异议申请的2个工作日内将异议申请转交征信服务中心。

第十七条 征信服务中心应当在接到异议申请的2个工作日内进行内部

核查。

征信服务中心发现异议信息是由于个人信用数据库信息处理过程造成的,应当立即进行更正,并检查个人信用数据库处理程序和操作规程存在的问题。

第十八条 征信服务中心内部核查未发现个人信用数据库处理过程存在问题的,应当立即书面通知提供相关信息的商业银行进行核查。

第十九条 商业银行应当在接到核查通知的 10 个工作日内向征信服务中心作出核查情况的书面答复。异议信息确实有误的,商业银行应当采取以下措施:

(一)应当向征信服务中心报送更正信息;

(二)检查个人信用信息报送的程序;

(三)对后续报送的其他个人信用信息进行检查,发现错误的,应当重新报送。

第二十条 征信服务中心收到商业银行重新报送的更正信息后,应当在 2 个工作日内对异议信息进行更正。

异议信息确实有误,但因技术原因暂时无法更正的,征信服务中心应当对该异议信息作特殊标注,以有别于其他异议信息。

第二十一条 经过核查,无法确认异议信息存在错误的,征信服务中心不得按照异议申请人要求更改相关个人信用信息。

第二十二条 征信服务中心应当在接受异议申请后 15 个工作日内,向异议申请人或转交异议申请的中国人民银行征信管理部门提供书面答复;异议信息得到更正的,征信服务中心同时提供更正后的信用报告。

异议信息确实有误,但因技术原因暂时无法更正异议信息的,征信服务中心应当在书面答复中予以说明,待异议信息更正后,提供更正后的信用报告。

第二十三条 转交异议申请的中国人民银行征信管理部门应当自接到征信服务中心书面答复和更正后的信用报告之日起 2 个工作日内,向异议申请人转交。

第二十四条 对于无法核实的异议信息,征信服务中心应当允许异议申请人对有关异议信息附注 100 字以内的个人声明。个人声明不得包含与异议信息无关的内容,异议申请人应当对个人声明的真实性负责。

征信服务中心应当妥善保存个人声明原始档案,并将个人声明载入异议人信用报告。

第二十五条　征信服务中心应当对处于异议处理期的信息予以标注。

第五章　安全管理

第二十六条　商业银行应当根据中国人民银行的有关规定,制定相关信用信息报送、查询、使用、异议处理、安全管理等方面的内部管理制度和操作规程,并报中国人民银行备案。

第二十七条　商业银行应当建立用户管理制度,明确管理员用户、数据上报用户和信息查询用户的职责及操作规程。

商业银行管理员用户、数据上报用户和查询用户不得互相兼职。

第二十八条　商业银行管理员用户应当根据操作规程,为得到相关授权的人员创建相应用户。管理员用户不得直接查询个人信用信息。

管理员用户应当加强对同级查询用户、数据上报用户与下一级管理员用户的日常管理。查询用户工作人员调离,该用户应当立即予以停用。

第二十九条　商业银行管理员用户、数据上报用户和查询用户须报中国人民银行征信管理部门和征信服务中心备案。

前款用户工作人员发生变动,商业银行应当在2个工作日内向中国人民银行征信管理部门和征信服务中心变更备案。

第三十条　商业银行应当制定管理员用户和查询用户的口令控制制度,并定期检查口令控制执行情况。

第三十一条　商业银行应当建立保证个人信用信息安全的管理制度,确保只有得到内部授权的人员才能接触个人信用报告,不得将个人信用报告用于本办法第十二条规定以外的其它用。

第三十二条　征信服务中心应当制定信用信息采集、整理、保存、查询、异议处理、用户管理、安全管理等方面的管理制度和操作规程,明确岗位职责,完善内控制度,保障个人信用数据库的正常运行和个人信用信息的安全。

第三十三条　征信服务中心及其工作人员不得违反法律、法规及本办法的规定,篡改、毁损、泄露或非法使用个人信用信息,不得与自然人、法人、其它组织恶意串通,提供虚假信用报告。

第三十四条　征信服务中心应当建立个人信用数据库内部运行和外部访问的监控制度,监督个人信用数据库用户和商业银行用户的操作,防范对个人信用数据库的非法入侵。

第三十五条 征信服务中心应当建立灾难备份系统,采取必要的安全保障措施,防止系统数据丢失。

第三十六条 征信服务中心应当对商业银行的所有查询进行记录,并及时向商业银行反馈。

第三十七条 商业银行应当经常对个人信用数据库的查询情况进行检查,确保所有查询符合本办法的规定,并定期向中国人民银行及征信服务中心报告查询检查结果。

征信服务中心应当定期核查商业银行对个人信用数据库的查询情况。

第六章 罚 则

第三十八条 商业银行未按照本办法规定建立相应管理制度及操作规程的,由中国人民银行责令改正,逾期不改正的,给予警告,并处以三万元罚款。

第三十九条 商业银行有下列情形之一的,由中国人民银行责令改正,并处一万元以上三万元以下罚款;涉嫌犯罪的,依法移交司法机关处理:

(一)违反本办法规定,未准确、完整、及时报送个人信用信息的;

(二)违反本办法第七条规定的;

(三)越权查询个人信用数据库的;

(四)将查询结果用于本办法规定之外的其他目的的;

(五)违反异议处理规定的;

(六)违反本办法安全管理要求的。

第四十条 商业银行有本办法第三十八条至第三十九条规定情形的,中国人民银行可以建议商业银行对直接负责的董事、高级管理人员和其他直接责任人员给予纪律处分;涉嫌犯罪的,依法移交司法机关处理。

第四十一条 征信服务中心工作人员有下列情形之一的,由中国人民银行依法给予行政处分;涉嫌犯罪的,依法移交司法机关处理:

(一)违反本办法规定,篡改、毁损、泄露或非法使用个人信用信息的;

(二)与自然人、法人、其它组织恶意串通,提供虚假信用报告的。

第四十二条 中国人民银行其他工作人员有违反本办法规定的行为,造成个人信用信息被泄露的,依法给予行政处分;涉嫌犯罪的,依法移交司法机关处理。

第七章 附 则

第四十三条 本办法所称商业银行,是指在中华人民共和国境内设立的商业银行、城市信用合作社、农村信用合作社以及经国务院银行业监督管理机构批准的专门从事信贷业务的其他金融机构。

第四十四条 本办法由中国人民银行负责解释。

第四十五条 本办法自 2005 年 10 月 1 日起施行。

互联网个人信息安全保护指南

2019 年 4 月 10 日公安部公布

目 次

目 次

引 言

1 范围

2 规范性引用文件

3 术语和定义

4 管理机制

  4.1 管理制度

  4.2 管理机构

  4.3 管理人员

5 技术措施

  5.1 基本要求

  5.2 增强要求

6 业务流程

  6.1 收集

  6.2 保存

  6.3 应用

6.4 删除
6.5 第三方委托处理
6.6 共享和转让
6.7 公开披露
6.8 应急处置

引 言

为有效防范侵犯公民个人信息违法行为,保障网络数据安全和公民合法权益,公安机关结合侦办侵犯公民个人信息网络犯罪案件和安全监督管理工作中掌握的情况,组织北京市网络行业协会和公安部第三研究所等单位相关专家,研究起草了《互联网个人信息安全保护指南》,供互联网服务单位在个人信息保护工作中参考借鉴。

互联网个人信息安全保护指南

1 范围

本文件制定了个人信息安全保护的管理机制、安全技术措施和业务流程。

适用于个人信息持有者在个人信息生命周期处理过程中开展安全保护工作参考使用。本文件适用于通过互联网提供服务的企业,也适用于使用专网或非联网环境控制和处理个人信息的组织或个人。

2 规范性引用文件

下列文件对于本文件的应用是必不可少的。凡是注日期的引用文件,仅注日期的版本适用于本文件。凡是不注日期的引用文件,其最新版本(包括所有的修改单)适用于本文件。

GB/T 25069—2010 信息安全技术 术语

GB/T 35273—2017 信息安全技术 个人信息安全规范

GB/T 22239 信息安全技术 网络安全等级保护基本要求(信息系统安全等级保护基本要求)

3 术语和定义

3.1

个人信息

以电子或者其他方式记录的能够单独或者与其他信息结合识别自然人个人身份的各种信息,包括但不限于自然人的姓名、出生日期、身份证件号码、个人生物识别信息、住址、电话号码等。

［中华人民共和国网络安全法,第七十六条(五)］

注:个人信息还包括通信通讯联系方式、通信记录和内容、账号密码、财产信息、征信信息、行踪轨迹、住宿信息、健康生理信息、交易信息等。

3.2

个人信息主体

个人信息所标识的自然人。

［GB/T 35273－2017,定义 3.3］

3.3

个人信息持有

对个人信息及相关资源、环境、管理体系等进行计划、组织、协调、控制的相关活动或行为。

3.4

个人信息持有者

对个人信息进行控制和处理的组织或个人。

3.5

个人信息收集

获得对个人信息的控制权的行为,包括由个人信息主体主动提供、通过与个人信息主体交互或记录个人信息主体行为等自动采集,以及通过共享、转让、搜集公开信息间接获取等方式。

［GB/T 35273－2017,定义 3.5］

3.6

个人信息使用

通过自动或非自动方式对个人信息进行操作,例如记录、组织、排列、存储、改编或变更、检索、咨询、披露、传播或以其他方式提供、调整或组合、限制、删除等。

3.7

个人信息删除

在实现日常业务功能所涉及的系统中去除个人信息的行为,使其保持不可被检索、访问的状态。

［GB/T 35273－2017,定义 3.9］

3.8

个人信息生命周期

包括个人信息持有者收集、保存、应用、委托处理、共享、转让和公开披露、删除个人信息在内的全部生命历程。

3.9

个人信息处理系统

处理个人信息的计算机信息系统,涉及个人信息生命周期一个或多个阶段(收集、保存、应用、委托处理、共享、转让和公开披露、删除)。

4 管理机制

4.1 基本要求

个人信息处理系统的安全管理要求应满足 GB/T 22239 相应等级的要求。

4.2 管理制度

4.2.1 管理制度内容

a)应制定个人信息保护的总体方针和安全策略等相关规章制度和文件,其中包括本机构的个人信息保护工作的目标、范围、原则和安全框架等相关说明;

b)应制定工作人员对个人信息日常管理的操作规程;

c)应建立个人信息管理制度体系,其中包括安全策略、管理制度、操作规程和记录表单;

d)应制定个人信息安全事件应急预案。

4.2.2 管理制度制定发布

a)应指定专门的部门或人员负责安全管理制度的制定;

b)应明确安全管理制度的制定程序和发布方式,对制定的安全管理制度进行论证和审定,并形成论证和评审记录;

c)应明确管理制度的发布范围,并对发文及确认情况进行登记记录。

4.2.3 管理制度执行落实

a)应对相关制度执行情况进行审批登记;

b)应保存记录文件,确保实际工作流程与相关的管理制度内容相同;

c)应定期汇报总结管理制度执行情况。

4.2.4 管理制度评审改进

a)应定期对安全管理制度进行评审,存在不足或需要改进的予以修订;

b)安全管理制度评审应形成记录,如果对制度做过修订,应更新所有下发的相关安全管理制度。

4.3 管理机构

4.3.1 管理机构的岗位设置

a)应设置指导和管理个人信息保护的工作机构,明确定义机构的职责;

b)应由最高管理者或授权专人负责个人信息保护的工作;

c)应明确设置安全主管、安全管理各个方面的负责人,设立审计管理员和安全管理员等岗位,清晰、明确定义其职责范围。

4.3.2 管理机构的人员配置

a)应明确安全管理岗位人员的配备,包括数量、专职还是兼职情况等;配备负责数据保护的专门人员;

b)应建立安全管理岗位人员信息表,登记机房管理员、系统管理员、数据库管理员、网络管理员、审计管理员、安全管理员等重要岗位人员的信息,审计管理员和安全管理员不应兼任网络管理员、系统管理员、数据库管理员、数据操作员等岗位。

4.4 管理人员

4.4.1 管理人员的录用

a)应设立专门的部门或人员负责人员的录用工作;

b)应明确人员录用时对人员的条件要求,对被录用人的身份、背景和专业资格进行审查,对技术人员的技术技能进行考核;

c)录用后应签署相应的针对个人信息的保密协议;

d)应建立管理文档,说明录用人员应具备的条件(如学历、学位要求,技术人员应具备的专业技术水平,管理人员应具备的安全管理知识等);

e)应记录录用人身份、背景和专业资格等,记录审查内容和审查结果等;

f)应记录录用人录用时的技能考核文档或记录,记录考核内容和考核结果等;

g)应签订保密协议,其中包括保密范围、保密责任、违约责任、协议的有效期限和责任人签字等内容。

4.4.2 管理人员的离岗

a)人员离岗时应办理调离手续,签署调离后个人信息保密义务的承诺

书,防范内部员工、管理员因工作原因非法持有、披露和使用个人信息;

b)应对即将离岗人员具有控制方法,及时终止离岗人员的所有访问权限,取回其身份认证的配件,诸如身份证件、钥匙、徽章以及机构提供的软硬件设备;采用生理特征进行访问控制的,需要及时删除生理特征录入的相关信息;

c)应形成对离岗人员的安全处理记录(如交还身份证件、设备等的登记记录);

d)应具有按照离职程序办理调离手续的记录。

4.4.3 管理人员的考核

a)应设立专人负责定期对接触个人信息数据工作的工作人员进行全面、严格的安全审查、意识考核和技能考核;

b)应按照考核周期形成考核文档,被考核人员应包括各个岗位的人员;

c)应对违反违背制定的安全策略和规定的人员进行惩戒;

d)应定期考查安全管理员、系统管理员和网络管理员其对工作相关的信息安全基础知识、安全责任和惩戒措施、相关法律法规等的理解程度,并对考核记录进行记录存档。

4.4.4 管理人员的教育培训

a)应制定培训计划并按计划对各岗位员工进行基本的安全意识教育培训和岗位技能培训;

b)应制定安全教育和培训计划文档,明确培训方式、培训对象、培训内容、培训时间和地点等,培训内容包含信息安全基础知识、岗位操作规程等;

c)应形成安全教育和培训记录,记录包含培训人员、培训内容、培训结果等。

4.4.5 外部人员访问

a)应建立关于物理环境的外部人员访问的安全措施:

1)制定外部人员允许访问的设备、区域和信息的规定;

2)外部人员访问前需要提出书面申请并获得批准;

3)外部人员访问被批准后应有专人全程陪同或监督,并进行全程监控录像;

4)外部人员访问情况应登记备案。

b)应建立关于网络通道的外部人员访问的安全措施:

1）制定外部人员允许接入受控网络访问系统的规定；
2）外部人员访问前需要提出书面申请并获得批准；
3）外部人员访问时应进行身份认证；
4）应根据外部访问人员的身份划分不同的访问权限和访问内容；
5）应对外部访问人员的访问时间进行限制；
6）对外部访问人员对个人信息的操作进行记录。

5 技术措施

5.1 基本要求

个人信息处理系统其安全技术措施应满足 GB/T 22239 相应等级的要求，按照网络安全等级保护制度的要求，履行安全保护义务，保障网络免受干扰、破坏或者未经授权的访问，防止网络数据泄露或者被窃取、篡改。

5.2 通用要求

5.2.1 通信网络安全

5.2.1.1 网络架构

a）应为个人信息处理系统所处网络划分不同的网络区域，并按照方便管理和控制的原则为各网络区域分配地址；

b）个人信息处理系统应作为重点区域部署，并设有边界防护措施。

5.2.1.2 通信传输

a）应采用校验技术或密码技术保证通信过程中个人信息的完整性；

b）应采用密码技术保证通信过程中个人信息字段或整个报文的保密性。

5.2.2 区域边界安全

5.2.2.1 边界防护

a）应对跨越边界访问通信信息进行有效防护；

b）应对非授权设备跨越边界行为进行检查或限制。

5.2.2.2 访问控制

应在个人信息处理系统边界根据访问控制策略设置访问控制规则。

5.2.2.3 入侵防范

应在个人信息处理系统边界部署入侵防护措施，检测、防止或限制从外部、内部发起的网络攻击行为。

5.2.2.4 恶意代码防范

应在个人信息处理系统的网络边界处对恶意代码进行检测和清除，并维护恶意代码防护机制的升级和更新。

5.2.2.5 安全审计

a) 应在个人信息处理系统的网络边界、重要网络节点进行安全审计,审计应覆盖到每个用户、用户行为和安全事件;

b) 审计记录应包括事件的日期和时间、用户、事件类型、事件是否成功,以及个人信息的范围、类型、操作方式、操作人、流转双方及其他与审计相关的信息;

c) 应对审计记录进行保护,定期备份并避免受到未预期的删除、修改或覆盖等;

d) 审计记录的留存时间应符合法律法规的要求;

e) 应能够对远程访问的用户行为、访问互联网的用户行为等单独进行行为审计和数据分析。

5.2.3 计算环境安全

5.2.3.1 身份鉴别

a) 应对登录个人信息处理系统的用户进行身份标识和鉴别,身份鉴别标识具有唯一性,身份鉴别信息具有复杂度要求并定期更换;

b) 个人信息处理系统应启用登录失败处理功能,采取诸如结束会话、限制非法登录次数和自动退出等措施;

c) 个人信息处理系统进行远程管理时,应采取措施防止身份鉴别信息在网络传输过程中被窃听;

d) 个人信息处理系统应采用口令、密码技术、生物技术等两种或两种以上组合的鉴别技术对用户进行身份鉴别,且其中一种鉴别技术至少应使用密码技术来实现,密码技术应符合国家密码主管部门规范。

5.2.3.2 访问控制

a) 应对登录个人信息处理系统的用户分配账户和权限;

b) 个人信息处理系统应重命名或删除默认账户,修改默认账户的默认口令;

c) 个人信息处理系统应及时删除或停用多余的、过期的账户,避免共享账户的存在;

d) 个人信息处理系统应进行角色划分,并授予管理用户所需的最小权限,实现管理用户的权限分离;

e) 个人信息处理系统应由授权主体配置访问控制策略,访问控制策略应规定主体对客体的访问规则；

f) 个人信息处理系统的访问控制的粒度应达到主体为用户级或进程级，客体为文件、数据库表级；

g) 个人信息处理系统应对个人信息设置安全标记，并控制主体对有安全标记资源的访问。

5.2.3.3 安全审计

a) 个人信息处理系统应启用安全审计功能，并且审计覆盖到每个用户，应对重要的用户行为和重要的安全事件进行审计；

b) 审计记录应包括事件的日期和时间、用户、事件类型、事件是否成功及其他与审计相关的信息；

c) 应对审计记录进行保护，进行定期备份并避免受到未预期的删除、修改或覆盖等；

d) 审计记录的留存时间应符合法律法规的要求；

e) 应对审计进程进行保护，防止未经授权的中断。

5.2.3.4 入侵防范

a) 个人信息处理系统应遵循最小安装的原则，只安装需要的组件和应用程序；

b) 个人信息处理系统应关闭不需要的系统服务、默认共享和高危端口；

c) 个人信息处理系统应通过设定终端接入方式或网络地址范围对通过网络进行管理的管理终端进行限制；

d) 个人信息处理系统应能够发现存在的已知漏洞，并在经过充分测试评估后，及时修补漏洞；

e) 个人信息处理系统应能够检测到对重要节点的入侵行为并进行防御，并在发生严重入侵事件时提供报警。

5.2.3.5 恶意代码防范和程序可信执行

应采取免受恶意代码攻击的技术措施或可信验证机制对系统程序、应用程序和重要配置文件/参数进行可信执行验证，并在检测到其完整性受到破坏时采取恢复措施。

5.2.3.6 资源控制

a) 应限制单个用户或进程对个人信息处理和存储设备系统资源的最大使用限度；

b) 应提供重要节点设备的硬件冗余,保证系统的可用性;

c) 应对重要节点进行监视,包括监视 CPU、硬盘、内存等资源的使用情况;

d) 应能够对重要节点的服务水平降低到预先规定的最小值进行检测和报警。

5.2.4 应用和数据安全

5.2.4.1 身份鉴别

a) 个人信息处理系统应对登录的用户进行身份标识和鉴别,该身份标识应具有唯一性,鉴别信息应具有复杂度并要求定期更换;

b) 个人信息处理系统应提供并启用登录失败处理功能,并在多次登录后采取必要的保护措施;

c) 个人信息处理系统应强制用户首次登录时修改初始口令,当确定信息被泄露后,应提供提示全部用户强制修改密码的功能,在验证确认用户后修改密码;

d) 用户身份鉴别信息丢失或失效时,应采取技术措施保证鉴别信息重置过程的安全;

e) 应采取静态口令、动态口令、密码技术、生物技术等两种或两种以上的组合鉴别技术对用户进行身份鉴别,且其中一种鉴别技术使用密码技术来实现。

5.2.4.2 访问控制

a) 个人信息处理系统应提供访问控制功能,并对登录的用户分配账户和权限;

b) 应重命名或删除默认账户,修改默认账户的默认口令;

c) 应及时删除或停用多余的、过期的账户,避免共享账户的存在;

d) 应授予不同账户为完成各自承担任务所需的最小权限,在它们之间形成相互制约的关系;

e) 应由授权主体配置访问控制策略,访问控制策略规定主体对客体的访问规则;

f) 访问控制的粒度应达到主体为用户级,客体为文件、数据库表级、记录或字段级;

g) 个人信息应设置安全标记,控制主体对有安全标记资源的访问。

5.2.4.3 安全审计

a) 个人信息处理系统应提供安全审计功能,审计应覆盖到每个用户,应对重要的用户行为和重要的安全事件进行审计；

b) 审计记录应包括事件的日期和时间、用户、事件类型、事件是否成功及其他与审计相关的信息；

c) 应对审计记录进行保护，定期备份，并避免受到未预期的删除、修改或覆盖等；

d) 审计记录的留存时间应符合法律法规的要求；

e) 应对审计进程进行保护，防止未经授权的中断。

5.2.4.4 软件容错

a) 应提供个人信息的有效性校验功能，保证通过人机接口输入或通过通信接口输入的内容符合个人信息处理系统设定要求；

b) 应能够发现个人信息处理系统软件组件可能存在的已知漏洞，并能够在充分测试评估后及时修补漏洞；

c) 应能够在故障发生时，继续提供一部分功能，并能够实施必要的措施。

5.2.4.5 资源控制

a) 在通信双方中的一方在一段时间内未做任何响应时，另一方应能够自动结束会话；

b) 应对个人信息处理系统的最大并发会话连接数进行限制；

c) 应能够对单个用户的多重并发会话进行限制。

5.2.4.6 数据完整性

a) 应采取校验技术或密码技术保证重要数据在传输过程中的完整性，包括但不限于鉴别数据和个人信息；

b) 应采用校验技术或密码技术保证重要数据在存储过程中的完整性，包括但不限于鉴别数据和个人信息。

5.2.4.7 数据保密性

a) 应采用密码技术保证重要数据在传输过程中的保密性，包括但不限于鉴别数据和个人信息；

b) 应采用密码技术保证重要数据在存储过程中的保密性，包括但不限于鉴别数据和个人信息。

5.2.4.8 数据备份恢复

a) 应提供个人信息的本地数据备份与恢复功能，定期对备份数据进行恢复测试，保证数据可用性；

b）应提供异地实时备份功能,利用通信网络将重要数据实时备份至备份场地;

c）应提供重要数据处理系统的热冗余,保证系统的高可用性。

5.2.4.9 剩余信息保护

a）应保证鉴别信息所在的存储空间被释放或重新分配前得到完全清除;

b）应保证存有个人信息的存储空间被释放或重新分配前得到完全清除。

5.3 扩展要求

5.3.1 云计算安全扩展要求

a）应确保个人信息在云计算平台中存储于中国境内,如需出境应遵循国家相关规定;

b）应使用校验技术或密码技术保证虚拟机迁移过程中,个人信息的完整性,并在检测到完整性受到破坏时采取必要的恢复措施;

c）应使用密码技术保证虚拟机迁移过程中,个人信息的保密性,防止在迁移过程中的个人信息泄露。

5.3.2 物联网安全扩展要求

物联网感知节点设备采集信息回传应采用密码技术保证通信过程中个人信息的保密性。

6 业务流程

6.1 收集

个人信息的收集行为应满足以下要求:

a）个人信息收集前,应当遵循合法、正当、必要的原则向被收集的个人信息主体公开收集、使用规则,明示收集、使用信息的目的、方式和范围等信息;

b）个人信息收集应获得个人信息主体的同意和授权,不应收集与其提供的服务无关的个人信息,不应通过捆绑产品或服务各项业务功能等方式强迫收集个人信息;

c）个人信息收集应执行收集前签署的约定和协议,不应超范围收集;

d）不应大规模收集或处理我国公民的种族、民族、政治观点、宗教信仰等敏感数据;

e）个人生物识别信息应仅收集和使用摘要信息,避免收集其原始

信息;

f) 应确保收集个人信息过程的安全性:

1) 收集个人信息之前,应有对被收集人进行身份认证的机制,该身份认证机制应具有相应安全性;

2) 收集个人信息时,信息在传输过程中应进行加密等保护处理;

3) 收集个人信息的系统应落实网络安全等级保护要求;

4) 收集个人信息时应有对收集内容进行安全检测和过滤的机制,防止非法内容提交。

6.2　保存

个人信息的保存行为应满足以下要求:

a) 在境内运营中收集和产生的个人信息应在境内存储,如需出境应遵循国家相关规定;

b) 收集到的个人信息应采取相应的安全加密存储等安全措施进行处理;

c) 应对保存的个人信息根据收集、使用目的、被收集人授权设置相应的保存时限;

d) 应对保存的个人信息在超出设置的时限后予以删除;

e) 保存信息的主要设备,应对个人信息数据提供备份和恢复功能,确保数据备份的频率和时间间隔,并使用不少于以下一种备份手段:

1) 具有本地数据备份功能;

2) 将备份介质进行场外存放;

3) 具有异地数据备份功能。

6.3　应用

个人信息的应用应满足以下要求:

a) 对个人信息的应用,应符合与个人信息主体签署的相关协议和规定,不应超范围应用个人信息;

注:经过处理无法识别特定个人且不能复原的个人信息数据,可以超出与信息主体签署的相关使用协议和约定,但应提供适当的保护措施进行保护。

b) 个人信息主体应拥有控制本人信息的权限,包括:

1) 允许对本人信息的访问;

2) 允许通过适当方法对本人信息的修改或删除,包括纠正不准确和不

完整的数据,并保证修改后的本人信息具备真实性和有效性;

c) 完全依靠自动化处理的用户画像技术应用于精准营销、搜索结果排序、个性化推送新闻、定向投放广告等增值应用,可事先不经用户明确授权,但应确保用户有反对或者拒绝的权利;如应用于征信服务、行政司法决策等可能对用户带来法律后果的增值应用,或跨网络运营者使用,应经用户明确授权方可使用其数据;

d) 应对个人信息的接触者设置相应的访问控制措施,包括:

1) 对被授权访问个人信息数据的工作人员按照最小授权的原则,只能访问最少够用的信息,只具有完成职责所需的最少的数据操作权限;

2) 对个人信息的重要操作设置内部审批流程,如批量修改、拷贝、下载等;

3) 对特定人员超限制处理个人信息时配置相应的责任人或负责机构进行审批,并对这种行为进行记录。

e) 应对必须要通过界面(如显示屏幕、纸面)展示的个人信息进行去标识化的处理。

6.4 删除

a) 个人信息在超过保存时限之后应进行删除,经过处理无法识别特定个人且不能复原的除外;

b) 个人信息持有者如有违反法律、行政法规的规定或者双方的约定收集、使用其个人信息时,个人信息主体要求删除其个人信息的,应采取措施予以删除;

c) 个人信息相关存储设备,将存储的个人信息数据进行删除之后应采取措施防止通过技术手段恢复;

d) 对存储过个人信息的设备在进行新信息的存储时,应将之前的内容全部进行删除;

e) 废弃存储设备,应在进行删除后再进行处理。

6.5 第三方委托处理

a) 在对个人信息委托处理时,不应超出该信息主体授权同意的范围;

b) 在对个人信息的相关处理进行委托时,应对委托行为进行个人信息安全影响评估;

c) 对个人信息进行委托处理时,应签订相关协议要求受托方符合本文件;

d) 应向受托方进行对个人信息数据的使用和访问的授权;

e) 受托方对个人信息的相关数据进行处理完成之后,应对存储的个人信息数据的内容进行删除。

6.6 共享和转让

个人信息原则上不得共享、转让。如存在个人信息共享和转让行为时,应满足以下要求:

a) 共享和转让行为应经过合法性、必要性评估;

b) 在对个人信息进行共享和转让时应进行个人信息安全影响评估,应对受让方的数据安全能力进行评估确保受让方具备足够的数据安全能力,并按照评估结果采取有效的保护个人信息主体的措施;

c) 在共享、转让前应向个人信息主体告知转让该信息的目的、规模、公开范围数据接收方的类型等信息;

d) 在共享、转让前应得到个人信息主体的授权同意,与国家安全、国防安全、公共安全、公共卫生、重大公共利益或与犯罪侦查、起诉、审判和判决执行等直接相关的情形除外;

e) 应记录共享、转让信息内容,将共享、转让情况中包括共享、转让的日期、数据量、目的和数据接收方的基本情况在内的信息进行登记;

f) 在共享、转让后应了解接收方对个人信息的保存、使用情况和个人信息主体的权利,例如访问、更正、删除、注销等;

g) 当个人信息持有者发生收购、兼并、重组、破产等变更时,个人信息持有者应向个人信息主体告知有关情况,并继续履行原个人信息持有者的责任和义务,如变更个人信息使用目的时,应重新取得个人信息主体的明示同意。

6.7 公开披露

个人信息原则上不得公开披露。如经法律授权或具备合理事由确需公开披露时,应充分重视风险,遵守以下要求:

a) 事先开展个人信息安全影响评估,并依评估结果采取有效的保护个人信息主体的措施;

b) 向个人信息主体告知公开披露个人信息的目的、类型,并事先征得个人信息主体明示同意,与国家安全、国防安全、公共安全、公共卫生、重大公共利益或与犯罪侦查、起诉、审判和判决执行等直接相关的情形除外;

c) 公开披露个人敏感信息前,除6.7b)中告知的内容外,还应向个人信息主体告知涉及的个人敏感信息的内容;

d) 准确记录和保存个人信息的公开披露的情况,包括公开披露的日期、规模、目的、公开范围等;

e) 承担因公开披露个人信息对个人信息主体合法权益造成损害的相应责任;

f) 不得公开披露个人生物识别信息和基因、疾病等个人生理信息;

g) 不得公开披露我国公民的种族、民族、政治观点、宗教信仰等敏感数据分析结果。

7 应急处置

7.1 应急机制和预案

a) 应建立健全网络安全风险评估和应急工作机制,在个人信息处理过程中发生应急事件时具有上报有关主管部门的机制;

b) 应制定个人信息安全事件应急预案,包括应急处理流程、事件上报流程等内容;

c) 应定期(至少每半年一次)组织内部相关人员进行应急响应培训和应急演练,使其掌握岗位职责和应急处置策略和规程,留存应急培训和应急演练记录;

d) 应定期对原有的应急预案重新评估,修订完善。

7.2 处置和响应

a) 发现网络存在较大安全风险,应采取措施,进行整改,消除隐患;发生安全事件时,应及时向公安机关报告,协助开展调查和取证工作,尽快消除隐患;

b) 发生个人信息安全事件后,应记录事件内容,包括但不限于:发现事件的人员、时间、地点,涉及的个人信息及人数,发生事件的系统名称,对其他互联系统的影响,是否已联系执法机关或有关部门;

c) 应对安全事件造成的影响进行调查和评估,采取技术措施和其他必要措施,消除安全隐患,防止危害扩大;

d) 应按《国家网络安全事件应急预案》等相关规定及时上报安全事件,报告内容包括但不限于:涉及个人信息主体的类型、数量、内容、性质等总体情况,事件可能造成的影响,已采取或将要采取的处置措施,事件处置相关人员的联系方式;

e)应将事件的情况告知受影响的个人信息主体,并及时向社会发布与公众有关的警示信息。

移动互联网应用程序信息服务管理规定

1. 2022年6月14日国家互联网信息办公室公布
2. 自2022年8月1日起施行

第一章 总 则

第一条 为了规范移动互联网应用程序(以下简称应用程序)信息服务,保护公民、法人和其他组织的合法权益,维护国家安全和公共利益,根据《中华人民共和国网络安全法》、《中华人民共和国数据安全法》、《中华人民共和国个人信息保护法》、《中华人民共和国未成年人保护法》、《互联网信息服务管理办法》、《互联网新闻信息服务管理规定》、《网络信息内容生态治理规定》等法律、行政法规和国家有关规定,制定本规定。

第二条 在中华人民共和国境内提供应用程序信息服务,以及从事互联网应用商店等应用程序分发服务,应当遵守本规定。

本规定所称应用程序信息服务,是指通过应用程序向用户提供文字、图片、语音、视频等信息制作、复制、发布、传播等服务的活动,包括即时通讯、新闻资讯、知识问答、论坛社区、网络直播、电子商务、网络音视频、生活服务等类型。

本规定所称应用程序分发服务,是指通过互联网提供应用程序发布、下载、动态加载等服务的活动,包括应用商店、快应用中心、互联网小程序平台、浏览器插件平台等类型。

第三条 国家网信部门负责全国应用程序信息内容的监督管理工作。地方网信部门依据职责负责本行政区域内应用程序信息内容的监督管理工作。

第四条 应用程序提供者和应用程序分发平台应当遵守宪法、法律和行政法规,弘扬社会主义核心价值观,坚持正确政治方向、舆论导向和价值取向,遵循公序良俗,履行社会责任,维护清朗网络空间。

应用程序提供者和应用程序分发平台不得利用应用程序从事危害国

家安全、扰乱社会秩序、侵犯他人合法权益等法律法规禁止的活动。

第五条 应用程序提供者和应用程序分发平台应当履行信息内容管理主体责任，积极配合国家实施网络可信身份战略，建立健全信息内容安全管理、信息内容生态治理、数据安全和个人信息保护、未成年人保护等管理制度，确保网络安全，维护良好网络生态。

第二章 应用程序提供者

第六条 应用程序提供者为用户提供信息发布、即时通讯等服务的，应当对申请注册的用户进行基于移动电话号码、身份证件号码或者统一社会信用代码等方式的真实身份信息认证。用户不提供真实身份信息，或者冒用组织机构、他人身份信息进行虚假注册的，不得为其提供相关服务。

第七条 应用程序提供者通过应用程序提供互联网新闻信息服务的，应当取得互联网新闻信息服务许可，禁止未经许可或者超越许可范围开展互联网新闻信息服务活动。

应用程序提供者提供其他互联网信息服务，依法须经有关主管部门审核同意或者取得相关许可的，经有关主管部门审核同意或者取得相关许可后方可提供服务。

第八条 应用程序提供者应当对信息内容呈现结果负责，不得生产传播违法信息，自觉防范和抵制不良信息。

应用程序提供者应当建立健全信息内容审核管理机制，建立完善用户注册、账号管理、信息审核、日常巡查、应急处置等管理措施，配备与服务规模相适应的专业人员和技术能力。

第九条 应用程序提供者不得通过虚假宣传、捆绑下载等行为，通过机器或者人工刷榜、刷量、控评等方式，或者利用违法和不良信息诱导用户下载。

第十条 应用程序应当符合相关国家标准的强制性要求。应用程序提供者发现应用程序存在安全缺陷、漏洞等风险时，应当立即采取补救措施，按照规定及时告知用户并向有关主管部门报告。

第十一条 应用程序提供者开展应用程序数据处理活动，应当履行数据安全保护义务，建立健全全流程数据安全管理制度，采取保障数据安全技术措施和其他安全措施，加强风险监测，不得危害国家安全、公共利益，不得损害他人合法权益。

第十二条 应用程序提供者处理个人信息应当遵循合法、正当、必要和诚信原则,具有明确、合理的目的并公开处理规则,遵守必要个人信息范围的有关规定,规范个人信息处理活动,采取必要措施保障个人信息安全,不得以任何理由强制要求用户同意个人信息处理行为,不得因用户不同意提供非必要个人信息,而拒绝用户使用其基本功能服务。

第十三条 应用程序提供者应当坚持最有利于未成年人的原则,关注未成年人健康成长,履行未成年人网络保护各项义务,依法严格落实未成年人用户账号真实身份信息注册和登录要求,不得以任何形式向未成年人用户提供诱导其沉迷的相关产品和服务,不得制作、复制、发布、传播含有危害未成年人身心健康内容的信息。

第十四条 应用程序提供者上线具有舆论属性或者社会动员能力的新技术、新应用、新功能,应当按照国家有关规定进行安全评估。

第十五条 鼓励应用程序提供者积极采用互联网协议第六版(IPv6)向用户提供信息服务。

第十六条 应用程序提供者应当依据法律法规和国家有关规定,制定并公开管理规则,与注册用户签订服务协议,明确双方相关权利义务。

对违反本规定及相关法律法规及服务协议的注册用户,应用程序提供者应当依法依约采取警示、限制功能、关闭账号等处置措施,保存记录并向有关主管部门报告。

第三章 应用程序分发平台

第十七条 应用程序分发平台应当在上线运营三十日内向所在地省、自治区、直辖市网信部门备案。办理备案时,应当提交以下材料:

(一)平台运营主体基本情况;

(二)平台名称、域名、接入服务、服务资质、上架应用程序类别等信息;

(三)平台取得的经营性互联网信息服务许可或者非经营性互联网信息服务备案等材料;

(四)本规定第五条要求建立健全的相关制度文件;

(五)平台管理规则、服务协议等。

省、自治区、直辖市网信部门收到备案材料后,材料齐全的应当予以备案。

国家网信部门及时公布已经履行备案手续的应用程序分发平台

名单。

第十八条　应用程序分发平台应当建立分类管理制度,对上架的应用程序实施分类管理,并按类别向其所在地省、自治区、直辖市网信部门备案应用程序。

第十九条　应用程序分发平台应当采取复合验证等措施,对申请上架的应用程序提供者进行基于移动电话号码、身份证件号码或者统一社会信用代码等多种方式相结合的真实身份信息认证。根据应用程序提供者的不同主体性质,公示提供者名称、统一社会信用代码等信息,方便社会监督查询。

第二十条　应用程序分发平台应当建立健全管理机制和技术手段,建立完善上架审核、日常管理、应急处置等管理措施。

应用程序分发平台应当对申请上架和更新的应用程序进行审核,发现应用程序名称、图标、简介存在违法和不良信息,与注册主体真实身份信息不相符,业务类型存在违法违规等情况的,不得为其提供服务。

应用程序提供的信息服务属于本规定第七条规定范围的,应用程序分发平台应当对相关许可等情况进行核验;属于本规定第十四条规定范围的,应用程序分发平台应当对安全评估情况进行核验。

应用程序分发平台应当加强对在架应用程序的日常管理,对含有违法和不良信息,下载量、评价指标等数据造假,存在数据安全风险隐患,违法违规收集使用个人信息,损害他人合法权益等的,不得为其提供服务。

第二十一条　应用程序分发平台应当依据法律法规和国家有关规定,制定并公开管理规则,与应用程序提供者签订服务协议,明确双方相关权利义务。

对违反本规定及相关法律法规及服务协议的应用程序,应用程序分发平台应当依法依约采取警示、暂停服务、下架等处置措施,保存记录并向有关主管部门报告。

第四章　监　督　管　理

第二十二条　应用程序提供者和应用程序分发平台应当自觉接受社会监督,设置醒目、便捷的投诉举报入口,公布投诉举报方式,健全受理、处置、反馈等机制,及时处理公众投诉举报。

第二十三条　鼓励互联网行业组织建立健全行业自律机制,制定完善行业规范和自律公约,指导会员单位建立健全服务规范,依法依规提供信息服务,维护市场公平,促进行业健康发展。

第二十四条 网信部门会同有关主管部门建立健全工作机制,监督指导应用程序提供者和应用程序分发平台依法依规从事信息服务活动。

应用程序提供者和应用程序分发平台应当对网信部门和有关主管部门依法实施的监督检查予以配合,并提供必要的支持和协助。

第二十五条 应用程序提供者和应用程序分发平台违反本规定的,由网信部门和有关主管部门在职责范围内依照相关法律法规处理。

第五章 附 则

第二十六条 本规定所称移动互联网应用程序,是指运行在移动智能终端上向用户提供信息服务的应用软件。

本规定所称移动互联网应用程序提供者,是指提供信息服务的移动互联网应用程序所有者或者运营者。

本规定所称移动互联网应用程序分发平台,是指提供移动互联网应用程序发布、下载、动态加载等分发服务的互联网信息服务提供者。

第二十七条 本规定自 2022 年 8 月 1 日起施行。2016 年 6 月 28 日公布的《移动互联网应用程序信息服务管理规定》同时废止。

即时通信工具公众信息服务发展管理暂行规定

2014 年 8 月 7 日国家互联网信息办公室发布实施

第一条 为进一步推动即时通信工具公众信息服务健康有序发展,保护公民、法人和其他组织的合法权益,维护国家安全和公共利益,根据《全国人民代表大会常务委员会关于维护互联网安全的决定》、《全国人民代表大会常务委员会关于加强网络信息保护的决定》、《最高人民法院、最高人民检察院关于办理利用信息网络实施诽谤等刑事案件适用法律若干问题的解释》、《互联网信息服务管理办法》、《互联网新闻信息服务管理规定》等法律法规,制定本规定。

第二条 在中华人民共和国境内从事即时通信工具公众信息服务,适用本规定。

本规定所称即时通信工具,是指基于互联网面向终端使用者提供即时信息交流服务的应用。本规定所称公众信息服务,是指通过即时通信工具的公众账号及其他形式向公众发布信息的活动。

第三条　国家互联网信息办公室负责统筹协调指导即时通信工具公众信息服务发展管理工作,省级互联网信息内容主管部门负责本行政区域的相关工作。

互联网行业组织应当积极发挥作用,加强行业自律,推动行业信用评价体系建设,促进行业健康有序发展。

第四条　即时通信工具服务提供者应当取得法律法规规定的相关资质。即时通信工具服务提供者从事公众信息服务活动,应当取得互联网新闻信息服务资质。

第五条　即时通信工具服务提供者应当落实安全管理责任,建立健全各项制度,配备与服务规模相适应的专业人员,保护用户信息及公民个人隐私,自觉接受社会监督,及时处理公众举报的违法和不良信息。

第六条　即时通信工具服务提供者应当按照"后台实名、前台自愿"的原则,要求即时通信工具服务使用者通过真实身份信息认证后注册账号。

即时通信工具服务使用者注册账号时,应当与即时通信工具服务提供者签订协议,承诺遵守法律法规、社会主义制度、国家利益、公民合法权益、公共秩序、社会道德风尚和信息真实性等"七条底线"。

第七条　即时通信工具服务使用者为从事公众信息服务活动开设公众账号,应当经即时通信工具服务提供者审核,由即时通信工具服务提供者向互联网信息内容主管部门分类备案。

新闻单位、新闻网站开设的公众账号可以发布、转载时政类新闻,取得互联网新闻信息服务资质的非新闻单位开设的公众账号可以转载时政类新闻。其他公众账号未经批准不得发布、转载时政类新闻。

即时通信工具服务提供者应当对可以发布或转载时政类新闻的公众账号加注标识。

鼓励各级党政机关、企事业单位和各人民团体开设公众账号,服务经济社会发展,满足公众需求。

第八条　即时通信工具服务使用者从事公众信息服务活动,应当遵守相关法律法规。

对违反协议约定的即时通信工具服务使用者,即时通信工具服务提供者应当视情节采取警示、限制发布、暂停更新直至关闭账号等措施,并保存有关记录,履行向有关主管部门报告义务。

第九条 对违反本规定的行为,由有关部门依照相关法律法规处理。

第十条 本规定自公布之日起施行。

互联网用户账号信息管理规定

1. 2022年6月27日国家互联网信息办公室令第10号公布
2. 自2022年8月1日起施行

第一章 总 则

第一条 为了加强对互联网用户账号信息的管理,弘扬社会主义核心价值观,维护国家安全和社会公共利益,保护公民、法人和其他组织的合法权益,根据《中华人民共和国网络安全法》《中华人民共和国个人信息保护法》、《互联网信息服务管理办法》等法律、行政法规,制定本规定。

第二条 互联网用户在中华人民共和国境内的互联网信息服务提供者注册、使用互联网用户账号信息及其管理工作,适用本规定。法律、行政法规另有规定的,依照其规定。

第三条 国家网信部门负责全国互联网用户账号信息的监督管理工作。地方网信部门依据职责负责本行政区域内的互联网用户账号信息的监督管理工作。

第四条 互联网用户注册、使用和互联网信息服务提供者管理互联网用户账号信息,应当遵守法律法规,遵循公序良俗,诚实信用,不得损害国家安全、社会公共利益或者他人合法权益。

第五条 鼓励相关行业组织加强行业自律,建立健全行业标准、行业准则和自律管理制度,督促指导互联网信息服务提供者制定完善服务规范、加强互联网用户账号信息安全管理、依法提供服务并接受社会监督。

第二章 账号信息注册和使用

第六条 互联网信息服务提供者应当依照法律、行政法规和国家有关规定,制定和公开互联网用户账号管理规则、平台公约,与互联网用户签订服务协议,明确账号信息注册、使用和管理相关权利义务。

第七条　互联网个人用户注册、使用账号信息,含有职业信息的,应当与个人真实职业信息相一致。

互联网机构用户注册、使用账号信息,应当与机构名称、标识等相一致,与机构性质、经营范围和所属行业类型等相符合。

第八条　互联网用户注册、使用账号信息,不得有下列情形:

（一）违反《网络信息内容生态治理规定》第六条、第七条规定;

（二）假冒、仿冒、捏造政党、党政军机关、企事业单位、人民团体和社会组织的名称、标识等;

（三）假冒、仿冒、捏造国家(地区)、国际组织的名称、标识等;

（四）假冒、仿冒、捏造新闻网站、报刊社、广播电视机构、通讯社等新闻媒体的名称、标识等,或者擅自使用"新闻"、"报道"等具有新闻属性的名称、标识等;

（五）假冒、仿冒、恶意关联国家行政区域、机构所在地、标志性建筑物等重要空间的地理名称、标识等;

（六）以损害公共利益或者谋取不正当利益等为目的,故意夹带二维码、网址、邮箱、联系方式等,或者使用同音、谐音、相近的文字、数字、符号和字母等;

（七）含有名不副实、夸大其词等可能使公众受骗或者产生误解的内容;

（八）含有法律、行政法规和国家有关规定禁止的其他内容。

第九条　互联网信息服务提供者为互联网用户提供信息发布、即时通讯等服务的,应当对申请注册相关账号信息的用户进行基于移动电话号码、身份证件号码或者统一社会信用代码等方式的真实身份信息认证。用户不提供真实身份信息,或者冒用组织机构、他人身份信息进行虚假注册的,不得为其提供相关服务。

第十条　互联网信息服务提供者应当对互联网用户在注册时提交的和使用中拟变更的账号信息进行核验,发现违反本规定第七条、第八条规定的,应当不予注册或者变更账号信息。

对账号信息中含有"中国"、"中华"、"中央"、"全国"、"国家"等内容,或者含有党旗、党徽、国旗、国歌、国徽等党和国家象征和标志的,应当依照法律、行政法规和国家有关规定从严核验。

互联网信息服务提供者应当采取必要措施,防止被依法依约关闭的账号重新注册;对注册与其关联度高的账号信息,应当对相关信息从严核验。

第十一条　对于互联网用户申请注册提供互联网新闻信息服务、网络出版服务等依法需要取得行政许可的互联网信息服务的账号,或者申请注册从事经济、教育、医疗卫生、司法等领域信息内容生产的账号,互联网信息服务提供者应当要求其提供服务资质、职业资格、专业背景等相关材料,予以核验并在账号信息中加注专门标识。

第十二条　互联网信息服务提供者应当在互联网用户账号信息页面展示合理范围内的互联网用户账号的互联网协议(IP)地址归属地信息,便于公众为公共利益实施监督。

第十三条　互联网信息服务提供者应当在互联网用户公众账号信息页面,展示公众账号的运营主体、注册运营地址、内容生产类别、统一社会信用代码、有效联系方式、互联网协议(IP)地址归属地等信息。

第三章　账号信息管理

第十四条　互联网信息服务提供者应当履行互联网用户账号信息管理主体责任,配备与服务规模相适应的专业人员和技术能力,建立健全并严格落实真实身份信息认证、账号信息核验、信息内容安全、生态治理、应急处置、个人信息保护等管理制度。

第十五条　互联网信息服务提供者应当建立账号信息动态核验制度,适时核验存量账号信息,发现不符合本规定要求的,应当暂停提供服务并通知用户限期改正;拒不改正的,应当终止提供服务。

第十六条　互联网信息服务提供者应当依法保护和处理互联网用户账号信息中的个人信息,并采取措施防止未经授权的访问以及个人信息泄露、篡改、丢失。

第十七条　互联网信息服务提供者发现互联网用户注册、使用账号信息违反法律、行政法规和本规定的,应当依法依约采取警示提醒、限期改正、限制账号功能、暂停使用、关闭账号、禁止重新注册等处置措施,保存有关记录,并及时向网信等有关主管部门报告。

第十八条　互联网信息服务提供者应当建立健全互联网用户账号信用管理

体系,将账号信息相关信用评价作为账号信用管理的重要参考指标,并据以提供相应服务。

第十九条 互联网信息服务提供者应当在显著位置设置便捷的投诉举报入口,公布投诉举报方式,健全受理、甄别、处置、反馈等机制,明确处理流程和反馈时限,及时处理用户和公众投诉举报。

第四章 监督检查与法律责任

第二十条 网信部门会同有关主管部门,建立健全信息共享、会商通报、联合执法、案件督办等工作机制,协同开展互联网用户账号信息监督管理工作。

第二十一条 网信部门依法对互联网信息服务提供者管理互联网用户注册、使用账号信息情况实施监督检查。互联网信息服务提供者应当予以配合,并提供必要的技术、数据等支持和协助。

发现互联网信息服务提供者存在较大网络信息安全风险的,省级以上网信部门可以要求其采取暂停信息更新、用户账号注册或者其他相关服务等措施。互联网信息服务提供者应当按照要求采取措施,进行整改,消除隐患。

第二十二条 互联网信息服务提供者违反本规定的,依照有关法律、行政法规的规定处罚。法律、行政法规没有规定的,由省级以上网信部门依据职责给予警告、通报批评,责令限期改正,并可以处一万元以上十万元以下罚款。构成违反治安管理行为的,移交公安机关处理;构成犯罪的,移交司法机关处理。

第五章 附 则

第二十三条 本规定下列用语的含义是:

(一)互联网用户账号信息,是指互联网用户在互联网信息服务中注册、使用的名称、头像、封面、简介、签名、认证信息等用于标识用户账号的信息。

(二)互联网信息服务提供者,是指向用户提供互联网信息发布和应用平台服务,包括但不限于互联网新闻信息服务、网络出版服务、搜索引擎、即时通讯、交互式信息服务、网络直播、应用软件下载等互联网服务的主体。

第二十四条 本规定自 2022 年 8 月 1 日施行。本规定施行之前颁布的有关规定与本规定不一致的,按照本规定执行。

互联网信息搜索服务管理规定

1. 2016 年 6 月 25 日国家互联网信息办公室公布
2. 自 2016 年 8 月 1 日起施行

第一条 为规范互联网信息搜索服务，促进互联网信息搜索行业健康有序发展，保护公民、法人和其他组织的合法权益，维护国家安全和公共利益，根据《全国人民代表大会常务委员会关于加强网络信息保护的决定》和《国务院关于授权国家互联网信息办公室负责互联网信息内容管理工作的通知》，制定本规定。

第二条 在中华人民共和国境内从事互联网信息搜索服务，适用本规定。

本规定所称互联网信息搜索服务，是指运用计算机技术从互联网上搜集、处理各类信息供用户检索的服务。

第三条 国家互联网信息办公室负责全国互联网信息搜索服务的监督管理执法工作。地方互联网信息办公室依据职责负责本行政区域内互联网信息搜索服务的监督管理执法工作。

第四条 互联网信息搜索服务行业组织应当建立健全行业自律制度和行业准则，指导互联网信息搜索服务提供者建立健全服务规范，督促互联网信息搜索服务提供者依法提供服务、接受社会监督，提高互联网信息搜索服务从业人员的职业素养。

第五条 互联网信息搜索服务提供者应当取得法律法规规定的相关资质。

第六条 互联网信息搜索服务提供者应当落实主体责任，建立健全信息审核、公共信息实时巡查、应急处置及个人信息保护等信息安全管理制度，具有安全可控的防范措施，为有关部门依法履行职责提供必要的技术支持。

第七条 互联网信息搜索服务提供者不得以链接、摘要、快照、联想词、相关搜索、相关推荐等形式提供含有法律法规禁止的信息内容。

第八条 互联网信息搜索服务提供者提供服务过程中发现搜索结果明显含有法律法规禁止内容的信息、网站及应用，应当停止提供相关搜索结果，保存有关记录，并及时向国家或者地方互联网信息办公室报告。

第九条　互联网信息搜索服务提供者及其从业人员,不得通过断开相关链接或者提供含有虚假信息的搜索结果等手段,牟取不正当利益。

第十条　互联网信息搜索服务提供者应当提供客观、公正、权威的搜索结果,不得损害国家利益、公共利益,以及公民、法人和其他组织的合法权益。

第十一条　互联网信息搜索服务提供者提供付费搜索信息服务,应当依法查验客户有关资质,明确付费搜索信息页面比例上限,醒目区分自然搜索结果与付费搜索信息,对付费搜索信息逐条加注显著标识。

互联网信息搜索服务提供者提供商业广告信息服务,应当遵守相关法律法规。

第十二条　互联网信息搜索服务提供者应当建立健全公众投诉、举报和用户权益保护制度,在显著位置公布投诉、举报方式,主动接受公众监督,及时处理公众投诉、举报,依法承担对用户权益造成损害的赔偿责任。

第十三条　本规定自 2016 年 8 月 1 日起施行。

互联网直播服务管理规定

1. 2016 年 11 月 4 日国家互联网信息办公室公布
2. 自 2016 年 12 月 1 日起施行

第一条　为加强对互联网直播服务的管理,保护公民、法人和其他组织的合法权益,维护国家安全和公共利益,根据《全国人民代表大会常务委员会关于加强网络信息保护的决定》《国务院关于授权国家互联网信息办公室负责互联网信息内容管理工作的通知》《互联网信息服务管理办法》和《互联网新闻信息服务管理规定》,制定本规定。

第二条　在中华人民共和国境内提供、使用互联网直播服务,应当遵守本规定。

本规定所称互联网直播,是指基于互联网,以视频、音频、图文等形式向公众持续发布实时信息的活动;本规定所称互联网直播服务提供者,是指提供互联网直播平台服务的主体;本规定所称互联网直播服务使用者,包括互联网直播发布者和用户。

第三条 提供互联网直播服务，应当遵守法律法规，坚持正确导向，大力弘扬社会主义核心价值观，培育积极健康、向上向善的网络文化，维护良好网络生态，维护国家利益和公共利益，为广大网民特别是青少年成长营造风清气正的网络空间。

第四条 国家互联网信息办公室负责全国互联网直播服务信息内容的监督管理执法工作。地方互联网信息办公室依据职责负责本行政区域内的互联网直播服务信息内容的监督管理执法工作。国务院相关管理部门依据职责对互联网直播服务实施相应监督管理。

各级互联网信息办公室应当建立日常监督检查和定期检查相结合的监督管理制度，指导督促互联网直播服务提供者依据法律法规和服务协议规范互联网直播服务行为。

第五条 互联网直播服务提供者提供互联网新闻信息服务的，应当依法取得互联网新闻信息服务资质，并在许可范围内开展互联网新闻信息服务。

开展互联网新闻信息服务的互联网直播发布者，应当依法取得互联网新闻信息服务资质并在许可范围内提供服务。

第六条 通过网络表演、网络视听节目等提供互联网直播服务的，还应当依法取得法律法规规定的相关资质。

第七条 互联网直播服务提供者应当落实主体责任，配备与服务规模相适应的专业人员，健全信息审核、信息安全管理、值班巡查、应急处置、技术保障等制度。提供互联网新闻信息直播服务的，应当设立总编辑。

互联网直播服务提供者应当建立直播内容审核平台，根据互联网直播的内容类别、用户规模等实施分级分类管理，对图文、视频、音频等直播内容加注或播报平台标识信息，对互联网新闻信息直播及其互动内容实施先审后发管理。

第八条 互联网直播服务提供者应当具备与其服务相适应的技术条件，应当具备即时阻断互联网直播的技术能力，技术方案应符合国家相关标准。

第九条 互联网直播服务提供者以及互联网直播服务使用者不得利用互联网直播服务从事危害国家安全、破坏社会稳定、扰乱社会秩序、侵犯他人合法权益、传播淫秽色情等法律法规禁止的活动，不得利用互联网直播服务制作、复制、发布、传播法律法规禁止的信息内容。

第十条 互联网直播发布者发布新闻信息，应当真实准确、客观公正。转载新闻信息应当完整准确，不得歪曲新闻信息内容，并在显著位置注明来源,保证新闻信息来源可追溯。

第十一条　互联网直播服务提供者应当加强对评论、弹幕等直播互动环节的实时管理,配备相应管理人员。

互联网直播发布者在进行直播时,应当提供符合法律法规要求的直播内容,自觉维护直播活动秩序。

用户在参与直播互动时,应当遵守法律法规,文明互动,理性表达。

第十二条　互联网直播服务提供者应当按照"后台实名、前台自愿"的原则,对互联网直播用户进行基于移动电话号码等方式的真实身份信息认证,对互联网直播发布者进行基于身份证件、营业执照、组织机构代码证等的认证登记。互联网直播服务提供者应当对互联网直播发布者的真实身份信息进行审核,向所在地省、自治区、直辖市互联网信息办公室分类备案,并在相关执法部门依法查询时予以提供。

互联网直播服务提供者应当保护互联网直播服务使用者身份信息和隐私,不得泄露、篡改、毁损,不得出售或者非法向他人提供。

第十三条　互联网直播服务提供者应当与互联网直播服务使用者签订服务协议,明确双方权利义务,要求其承诺遵守法律法规和平台公约。

互联网直播服务协议和平台公约的必备条款由互联网直播服务提供者所在地省、自治区、直辖市互联网信息办公室指导制定。

第十四条　互联网直播服务提供者应当对违反法律法规和服务协议的互联网直播服务使用者,视情采取警示、暂停发布、关闭账号等处置措施,及时消除违法违规直播信息内容,保存记录并向有关主管部门报告。

第十五条　互联网直播服务提供者应当建立互联网直播发布者信用等级管理体系,提供与信用等级挂钩的管理和服务。

互联网直播服务提供者应当建立黑名单管理制度,对纳入黑名单的互联网直播服务使用者禁止重新注册账号,并及时向所在地省、自治区、直辖市互联网信息办公室报告。

省、自治区、直辖市互联网信息办公室应当建立黑名单通报制度,并向国家互联网信息办公室报告。

第十六条　互联网直播服务提供者应当记录互联网直播服务使用者发布内容和日志信息,保存六十日。

互联网直播服务提供者应当配合有关部门依法进行的监督检查,并提供必要的文件、资料和数据。

第十七条　互联网直播服务提供者和互联网直播发布者未经许可或者超出许可范围提供互联网新闻信息服务的，由国家和省、自治区、直辖市互联网信息办公室依据《互联网新闻信息服务管理规定》予以处罚。

对于违反本规定的其他违法行为，由国家和地方互联网信息办公室依据职责，依法予以处罚；构成犯罪的，依法追究刑事责任。通过网络表演、网络视听节目等提供网络直播服务，违反有关法律法规的，由相关部门依法予以处罚。

第十八条　鼓励支持相关行业组织制定行业公约，加强行业自律，建立健全行业信用评价体系和服务评议制度，促进行业规范发展。

第十九条　互联网直播服务提供者应当自觉接受社会监督，健全社会投诉举报渠道，设置便捷的投诉举报入口，及时处理公众投诉举报。

第二十条　本规定自 2016 年 12 月 1 日起施行。

寄递服务用户个人信息安全管理规定

1. 2023 年 2 月 13 日国家邮政局印发
2. 国邮发〔2023〕7 号

第一条　为加强寄递服务用户个人信息安全管理，保护用户合法权益，维护邮政通信与信息安全，促进邮政行业健康发展，根据《中华人民共和国邮政法》《中华人民共和国网络安全法》《中华人民共和国数据安全法》《中华人民共和国个人信息保护法》以及《快递暂行条例》《邮政业寄递安全监督管理办法》等法律、行政法规和有关规定，制定本规定。

第二条　在中华人民共和国境内经营和使用寄递服务涉及用户个人信息安全的活动以及邮政管理部门监督管理工作，适用本规定。

第三条　本规定所称寄递服务用户个人信息，是指用户在使用寄递服务过程中记录的个人信息，包括《中华人民共和国民法典》第一千零三十四条所列的姓名、身份证件号码、生物识别信息、住址、电话号码等信息以及运单号、时间、物品明细等信息。

第四条　邮政管理部门应当与有关部门相互配合，健全寄递服务用户个人信息安全保障机制，维护寄递服务用户个人信息安全。

第五条 寄递企业应当建立健全寄递服务用户个人信息安全保障制度和措施，明确企业部门、岗位的安全保护责任，合理确定寄递服务用户个人信息处理的操作权限，定期对从业人员进行安全教育和培训。

第六条 使用统一的商标、字号或者快递运单经营快递业务的，商标、字号或者快递运单所属企业应当对使用其商标、字号或者快递运单的企业的信息安全保障实行统一管理，发生寄递服务用户个人信息安全事件时，应当依法承担相应责任。

第七条 寄递企业收集寄递服务用户个人信息应仅限于完成寄递服务全流程操作目的的最小范围，不得过度收集用户个人信息。

寄递企业应当与其从业人员签订寄递服务用户个人信息保密协议，明确保密义务。

第八条 寄递企业为完成寄递服务全流程操作委托第三方或者其他寄递企业等开展代收代投、清关等业务，需要对寄递服务用户个人信息数据进行委托处理时，应当事前进行寄递服务用户个人信息保护影响评估，并依法约定委托处理的目的、期限、处理方式、个人信息种类、保护措施及双方权利义务，并对受托人的个人信息处理活动进行监督。

受托方发生寄递服务用户个人信息安全事件导致信息泄露、篡改、丢失的，寄递企业应当依法承担相应责任。

第九条 寄递企业应当建立寄递服务用户个人信息安全投诉处理及请求响应机制，公布有效联系方式，接受并及时处理有关投诉及请求。

第十条 寄递企业应当建立寄递服务用户个人信息安全应急处置机制。发现信息安全隐患、漏洞等风险的，或者发生信息安全突发事件的，应当立即采取处置措施，按照规定报告邮政管理部门，并配合邮政管理部门和相关部门的调查处理工作，不得迟报、漏报、谎报、瞒报。

第十一条 处理寄递服务用户个人信息达到国家网信部门规定数量的寄递企业应当指定寄递服务用户个人信息保护负责人，负责对信息处理活动以及采取的保护措施等进行监督，并公开寄递服务用户个人信息保护负责人的联系方式，将负责人的姓名、联系方式等向所在地市级邮政管理部门报送。负责人发生变更的，应在7个工作日内重新报送并公告。

前款规定的寄递企业同时符合《中华人民共和国个人信息保护法》第五十八条规定条件的，还应当依法履行该条规定的建立健全寄递服务用户个人信息保护合规制度体系、成立主要由外部成员组成的独立机构对个人信息保护情况进行监督、定期发布寄递服务用户个人信息保护社会责任报告并接受社会监督等义务。

第十二条 寄递企业因业务等需要,确需向中华人民共和国境外提供寄递服务用户个人信息的,应当按照相关法律法规的规定执行。

寄递企业应当将在中华人民共和国境内收集和产生的个人信息存储在境内。

第十三条 寄递企业应当对快递电子运单单号资源实施全过程管理,并采用射频识别、虚拟安全号码、电子纸等有效技术手段对快递电子运单信息进行去标识化处理,防止运单信息在寄递过程中泄露。

寄递企业与电商平台或者快递电子运单集成系统运营企业等第三方对接寄递信息或者授权使用分配本企业单号资源时,应要求其对快递电子运单信息进行去标识化处理,并确保不影响正常寄递服务。存在寄递服务用户个人信息安全风险或可能影响正常寄递服务的,寄递企业不得对接寄递信息或授权使用分配本企业单号资源。

法律、行政法规另有规定,或者用户有要求的,可以不对快递电子运单信息进行去标识化处理。

第十四条 寄递企业应当保证建设与寄递服务用户个人信息相关的信息系统时,在网络传输、访问控制、终端防护、恶意代码防护、监控审计等方面采取有效措施,确保同步规划、同步建设和同步使用。

寄递企业应当建立存储介质使用管理制度,使用独立物理区域采用加密方式存储用户个人信息,加强存储安全管理。

第十五条 寄递企业应当加强寄递服务用户个人信息的应用安全管理,对所有批量导出、复制、销毁等操作进行事先审核,采取防泄密措施,并记录保存操作人员、时间、地点和事项等信息,作为信息安全审计依据。

寄递企业应当加强对离岗人员的信息安全审计,删除或者禁用离岗人员系统账户。

第十六条 寄递企业应当强化对寄递服务用户个人信息安全的实时监测能力,严格落实安全管理和技术防范措施,防范和遏制重大安全风险、事件发生。

第十七条 寄递企业应当制定本企业与市场相关主体的信息系统互联的安全技术规则,对存储寄递服务用户个人信息的信息系统实行接入审查,定期进行安全风险评估。

第十八条 寄递企业应当加强营业场所、处理场所管理,严禁无关人员进出相关场所,严禁无关人员接触、翻阅、留存、拍照、摄录、复制、传抄运单信息。

第十九条 邮政管理部门应当依法监督寄递企业落实寄递服务用户个人信息安全责任制,加强个人信息安全管理,防范重大个人信息安全事件,及时处理有关举报。

第二十条 邮政管理部门可以在行业内通报寄递企业违反本规定的行为、个人信息安全事件,以及对有关责任人员进行处理的情况。必要时,可以向社会公布上述信息,但涉及国家秘密、商业秘密和个人隐私的除外。

第二十一条 邮政管理部门及其工作人员应当对在履行职责过程中知悉的寄递服务用户个人信息保密。在监督管理工作中滥用职权、玩忽职守、徇私舞弊,构成犯罪的,依法追究刑事责任;尚不构成犯罪的,依法给予处分。

第二十二条 邮政管理部门发现寄递企业存在违反本规定行为,妨害或者可能妨害个人信息安全保护的,应当依法调查处理。违法行为涉及其他部门管理职权的,应当依法向相关部门移送线索。

第二十三条 本规定自2023年2月13日起施行,2014年3月19日发布的《寄递服务用户个人信息安全管理规定》同时废止。

附　录

最高人民法院指导性案例

指导性案例 192 号：李某祥侵犯公民个人信息刑事附带民事公益诉讼案

（最高人民法院审判委员会讨论通过
2022 年 12 月 26 日发布）

关键词

刑事　侵犯公民个人信息　刑事附带民事公益诉讼　人脸识别　人脸信息

裁判要点

使用人脸识别技术处理的人脸信息以及基于人脸识别技术生成的人脸信息均具有高度的可识别性，能够单独或者与其他信息结合识别特定自然人身份或者反映特定自然人活动情况，属于刑法规定的公民个人信息。行为人未经公民本人同意，未具备获得法律、相关部门授权等个人信息保护法规定的处理个人信息的合法事由，利用软件程序等方式窃取或者以其他方法非法获取上述信息，情节严重的，应依照《最高人民法院、最高人民检察院关于办理侵犯公民个人信息刑事案件适用法律若干问题的解释》第五条第一款第四项等规定定罪处罚。

相关法条

《中华人民共和国刑法》第 253 条之一

基本案情

2020 年 6 月至 9 月间，被告人李某祥制作一款具有非法窃取安装者相册照片功能的手机"黑客软件"，打包成安卓手机端的"APK 安装包"，发布于暗网"茶马古道"论坛售卖，并伪装成"颜值检测"软件发布于"芥子论坛"(后更名为"快猫社区")提供访客免费下载。用户下载安装"颜值检测"软件使用时,"颜值检测"软件会自动在后台获取手机相册里的照片,并自动上传到被告人搭建的腾讯云服务器后台,从而窃取安装者相册照片共计1751张,其中部分照片含有人脸信息、自然人姓名、身份号码、联系方式、家庭住址等公民个人信息100余条。

2020年9月,被告人李某祥在暗网"茶马古道"论坛看到"黑客资料"帖子,后用其此前在暗网售卖"APK安装包"部分所得购买、下载标题为"社工库资料"数据转存于"MEGA"网盘,经其本人查看,确认含有个人真实信息。2021年2月,被告人李某祥明知"社工库资料"中含有户籍信息、QQ账号注册信息、京东账号注册信息、车主信息、借贷信息等,仍将网盘链接分享至其担任管理员的"翠湖庄园业主交流"QQ群,提供给群成员免费下载。经鉴定,"社工库资料"经去除无效数据并进行合并去重后,包含各类公民个人信息共计8100万余条。

上海市奉贤区人民检察院以社会公共利益受到损害为由,向上海市奉贤区人民法院提起刑事附带民事公益诉讼。

被告人李某祥对起诉指控的基本犯罪事实及定性无异议,且自愿认罪认罚。

辩护人提出被告人李某祥系初犯,到案后如实供述所犯罪行,且自愿认罪认罚等辩护意见,建议对被告人李某祥从轻处罚,请求法庭对其适用缓刑。辩护人另辩称,检察机关未对涉案8100万余条数据信息的真实性核实确认。

裁判结果

上海市奉贤区人民法院于2021年8月23日以(2021)沪0120刑初828号刑事判决,认定被告人李某祥犯侵犯公民个人信息罪,判处有期徒刑三年,宣告缓刑三年,并处罚金人民币一万元;扣押在案的犯罪工具予以没收。判决李某祥在国家级新闻媒体上对其侵犯公民个人信息的行为公开赔礼道歉、删除"颜值检测"软件及相关代码、删除腾讯云网盘上存储的涉案照片、删除存储在"MEGA"网盘上相关公民个人信息,并注销侵权所用QQ号码。一审判决后,没有抗诉、上诉,判决现已生效。

裁判理由

法院生效裁判认为:本案争议焦点为利用涉案"颜值检测"软件窃取的"人脸信息"是否属于刑法规制范畴的"公民个人信息"。法院经审理认为,

"人脸信息"属于刑法第二百五十三条之一规定的公民个人信息,利用"颜值检测"黑客软件窃取软件使用者"人脸信息"等公民个人信息的行为,属于刑法中"窃取或者以其他方法非法获取公民个人信息"的行为,依法应予惩处。主要理由如下:第一,"人脸信息"与其他明确列举的个人信息种类均具有明显的"可识别性"特征。《最高人民法院、最高人民检察院关于办理侵犯公民个人信息刑事案件适用法律若干问题的解释》(以下简称《解释》)中列举了公民个人信息种类,虽未对"人脸信息"单独列举,但允许依法在列举之外认定其他形式的个人信息。《解释》中对公民个人信息的定义及明确列举与民法典等法律规定中有关公民个人信息的认定标准一致,即将"可识别性"作为个人信息的认定标准,强调信息与信息主体之间被直接或间接识别出来的可能性。"人脸信息"属于生物识别信息,其具有不可更改性和唯一性,人脸与自然人个体一一对应,无需结合其他信息即可直接识别到特定自然人身份,具有极高的"可识别性"。第二,将"人脸信息"认定为公民个人信息遵循了法秩序统一性原理。民法等前置法将"人脸信息"作为公民个人信息予以保护。民法典第一千零三十四条规定了个人信息的定义和具体种类,个人信息保护法进一步将"人脸信息"纳入个人信息的保护范畴,侵犯"人脸信息"的行为构成侵犯自然人人格权益等侵权行为的,须承担相应的民事责任或行政、刑事责任。第三,采用"颜值检测"黑客软件窃取"人脸信息"具有较大的社会危害性和刑事可罚性。因"人脸信息"是识别特定个人的敏感信息,亦是社交属性较强、采集方便的个人信息,极易被他人直接利用或制作合成,从而破解人脸识别验证程序,引发侵害隐私权、名誉权等违法行为,甚至盗窃、诈骗等犯罪行为,社会危害较大。被告人李某祥操纵黑客软件伪装的"颜值检测"软件窃取用户自拍照片和手机相册中的存储照片,利用了互联网平台的开放性,以不特定公众为目标,手段隐蔽、欺骗性强、窃取面广,具有明显的社会危害性,需用刑法加以规制。

关于辩护人提出本案公民个人信息数量认定依据不足的辩护意见,法院经审理认为,公安机关侦查过程中采用了抽样验证的方法,随机挑选部分个人信息进行核实,能够确认涉案个人信息的真实性,被告人、辩护人亦未提出涉案信息不真实的线索或证据。司法鉴定机构通过去除无效信息,并采用合并去重的方法进行鉴定,检出有效个人信息8100万余条,公诉机关指控的公民个人信息数量客观、真实,且符合《解释》中确立的对批量公民个人信息具体数量的认定规则,故对辩护人的辩护意见不予采纳。

综上,被告人李某祥违反国家有关规定,非法获取并向他人提供公民个人信息,情节特别严重,其行为已构成侵犯公民个人信息罪。被告人李某祥到案后能如实供述自己的罪行,依法可以从轻处罚,且自愿认罪认罚,依法可以从宽处理。李某祥非法获取并向他人提供公民个人信息的侵权行为,侵害了众多公民个人信息安全,损害社会公共利益,应当承担相应的民事责任。故依法作出上述判决。

(生效裁判审判人员:李晓杰、管玉洁、高晔涛)

指导性案例 193 号:闻某等侵犯公民个人信息案

(最高人民法院审判委员会讨论通过
2022 年 12 月 26 日发布)

关键词

刑事　侵犯公民个人信息　居民身份证信息

裁判要点

居民身份证信息包含自然人姓名、人脸识别信息、身份号码、户籍地址等多种个人信息,属于《最高人民法院、最高人民检察院关于办理侵犯公民个人信息刑事案件适用法律若干问题的解释》第五条第一款第四项规定的"其他可能影响人身、财产安全的公民个人信息"。非法获取、出售或者提供居民身份证信息,情节严重的,依照刑法第二百五十三条之一第一款规定,构成侵犯公民个人信息罪。

相关法条

《中华人民共和国刑法》第 253 条之一

基本案情

2019 年 6 月至 8 月间,被告人闻某(时任上海好体信息科技有限公司运营总监)经事先联系,与微信、QQ 名为"发乐"、"来立中"、"我怕冷风吹"等人约定,以人民币 6 元/张的价格为上述人员批量注册激活该公司"爱球钱包"APP 应用的"中银通·魔方元"联名预付费卡,并从上述人员处通过利用微信、QQ 获得百度网盘分享链接的方式获取公民个人信息(居民身份证正反面照片），由被告人朱某东从该网盘链接中下载至移动硬盘内，交由中银通工作人员用于批量注册激活。

2019年9月至2020年2月间，被告人朱某东在被告人闻某离职后，负责上述联名预付费卡的批量注册激活工作，以人民币6元/张的价格以上述相同方式继续从"发乐"、"来立中"、"我怕冷风吹"等人处通过利用微信、QQ获得百度网盘分享链接的方式获取公民个人信息（居民身份证正反面照片）并存储于其百度网盘内，后下载至其电脑硬盘内，交由中银通工作人员用于批量注册激活。

2019年10月，被告人朱某东与张某（另案处理）经事先用微信联系，朱某东以人民币6元/张的价格以上述相同方式从张某处通过利用QQ获得百度网盘分享链接的方式获取公民个人信息（居民身份证正反面照片）并存储于其百度网盘内，后下载至其电脑硬盘内，交由中银通工作人员用于批量注册激活。

2019年12月，被告人张某涛通过其所在的QQ群向他人购买公民个人信息数据并转存在其百度网盘账号内，同时将数据分多次转卖给张某，分多次收取费用共计人民币19600元。

经核实，从被告人闻某"ErnieGullit"网盘内清点公民个人信息（居民身份证正反面照片）10000余组，从被告人朱某东网盘内清点公民个人信息（居民身份证正反面照片）3000余组，从张某分享给朱某东的网盘内清点公民个人信息（居民身份证正反面照片）41654组，从被告人张某涛的网盘内清点公民个人信息60101组。

上海市虹口区人民检察院指控被告人闻某、朱某东、张某涛犯侵犯公民个人信息罪，情节特别严重，其行为均应当以侵犯公民个人信息罪追究其刑事责任。

被告人闻某及朱某东的辩护人均提出本案指控的公民信息种类应认定为《最高人民法院、最高人民检察院关于办理侵犯公民个人信息刑事案件适用法律若干问题的解释》（以下简称《解释》）第五条第一款第五项中的普通信息范围，并非第五条第一款第四项中的特定信息种类范围，故根据现查获的数量，尚未构成情节特别严重。

裁判结果

上海市虹口区人民法院于2021年8月30日以（2020）沪0109刑初957号刑事判决，认定被告人闻某犯侵犯公民个人信息罪，判处有期徒刑三年，并处罚金人民币一万元；被告人朱某东犯侵犯公民个人信息罪，判处有期徒刑三年三个月，并处罚金人民币一万元；被告人张某涛犯侵犯公民个人信息罪，判处有期徒刑三年，并处罚金人民币二万元；违法所得及作案工具予以追缴没收。宣判后，被告人闻某、朱某东提起上诉。上海市第二中级人民法院于2021年11月11日以（2021）沪02刑终1055号刑事裁定，驳回上诉，维持原判。

裁判理由

法院生效裁判认为：本案争议焦点在于涉案居民身份证信息是否属于《解释》第五条第一款第四项中"其他可能影响人身、财产安全的公民个人信息"。根据《解释》第五条第一款第四项规定，非法获取、出售或者提供住宿信息、通讯信息、健康生理信息、交易信息等其它可能影响人身、财产安全的公民个人信息五百条以上的可认定为"情节严重"。同款第五项规定，非法获取、出售或者提供第三项、第四项规定以外的公民个人信息五千条以上的可认定为"情节严重"。即，如果认定涉案居民身份证信息属于《解释》第五条第一款第四项中"其他可能影响人身、财产安全的公民个人信息"的，那么交易五百条以上个人信息即可认定"情节严重"，五千条以上构成"情节特别严重"。

一审法院经审理认为，居民身份证上的住址是公民的实际居住地址或者名义户籍地址，无论何者，均与公民及其家人的人身安全、财产安全存在十分紧密而又重要的联系，家庭住址被非法曝光、泄露将对公民个人及其家人的人身安全、财产安全造成重大隐患，为精准实施各类违法犯罪行为大开方便之门，故理应予以重点保护，从举轻以明重的一般法理解释原则出发，其重要性也应高于作为公民临时性、过去性住所的"住宿信息"，故应被认定为《解释》第五条第一款第四项中所规定的信息种类。

二审法院经审理认为，居民身份证除包含户籍地址信息外，还是公民的姓名、人脸信息、唯一身份号码等信息的综合体，是公民重要的身份证件，在信息网络社会，居民身份证信息整体均系敏感信息，可用来注册、认证、绑定网络账号。公民的人脸信息、身份号码、姓名、地址信息结合后所形成的公民个人信息具备唯一性，可与公民个人精准匹配，并可诱发公民其他个人信息的进一步泄露，对公民个人信息权益侵害极大，应将居民身份证信息整体认定为涉公民人身、财产安全的信息。一审、二审法院虽认定思路和认定标准不同，但结论一致，认定一审法院对闻某、朱某东的定罪和适用法律正确，结合其犯罪手段、情节所作量刑并无不当,且审判程序合法。据此,裁定驳回上诉,维持原判。

(生效裁判审判人员:张松、白楠、张鹏飞)

指导性案例194号:熊某恒等侵犯公民个人信息案

(最高人民法院审判委员会讨论通过
2022年12月26日发布)

关键词

刑事　侵犯公民个人信息　微信号　社交媒体账号　非法获取　合理处理

裁判要点

1. 违反国家有关规定,购买已注册但未使用的微信账号等社交媒体账号,通过具有智能群发、添加好友、建立讨论群组等功能的营销软件,非法制作带有公民个人信息可用于社交活动的微信账号等社交媒体账号出售、提供给他人,情节严重的,属于刑法第二百五十三条之一第一款规定的"违反国家有关规定,向他人出售或者提供公民个人信息"行为,构成侵犯公民个人信息罪。

2. 未经公民本人同意,或未具备具有法律授权等个人信息保护法规定的理由,通过购买、收受、交换等方式获取在一定范围内已公开的公民个人信息进行非法利用,改变了公民公开个人信息的范围、目的和用途,不属于法律规定的合理处理,属于刑法第二百五十三条之一第三款规定的"以其他方法非法获取公民个人信息"行为,情节严重的,构成侵犯公民个人信息罪。

相关法条

《中华人民共和国刑法》第253条之一

基本案情

2020年6月份,被告人熊某恒邀集被告人熊某林、熊某浪、熊某强一起从事贩卖载有公民个人信息可用于社交活动的成品微信号的经营活动,因缺乏经验,在此期间获利较少。为谋取更多利益,2020年9月底,被告人熊某恒、熊某林、熊某浪、熊某强共同出资在网上购买了一款名叫"微骑兵"的软件(一款基于电脑版微信运行拥有多开、多号智能群发、加人、拉群、退群、清粉的营销软件),用于非法添加微信好友,并制作成品微信号予以贩卖。2020年10月份,被告人熊某恒的朋友秦某斌(在逃)投入5万元(占股百分之四十),熊某恒投入2万元(占股百分之二十),被告人熊某林、熊某浪、熊某强分别投入一定数量的电脑及手机(分别占股百分之十),被告人范某聪未投资(占股百分之五),另百分之五的股份收益用于公司日常开支。后结伙共同购置办公桌、电脑、二手手机等物品,租赁江西省丰城市河洲街道物华路玲珑阁楼,挂牌成立了"丰城市昌文贸易公司"。由秦某斌负责对外采购空白微信号、销售成品微信号。被告人熊某恒负责公司内部管理,并负责聘请公司员工。被告人熊某林、熊某浪、熊某强、范某聪与聘请的公司员工均直接参与,用"微骑兵"软件非法制作成品微信号。制作好的成品微信号通过秦某斌高价卖出,从中非法获取利益。

2021年1月,被告人熊某恒、熊某林、熊某浪、熊某强、范某聪与秦某斌结伙,在贩卖成品微信号的同时,通过网上购买的方式,非法获取他人求职信息(含姓名、性别、电话号码等公民个人基本身份信息)后,将求职人员的信息分发给公司工作人员。以员工每添加到一名求职人员的微信号,赚约10元不等佣金的奖励方法,让员工谎称自己是"公共科技传媒"的工作人员,并通过事先准备好的"话术"以刷单兼职为理由,让求职者添加"导师"的微信,招揽被害人进群,致使部分被害人上当受骗。

经营期间,被告人熊某恒、熊某林、熊某浪、熊某强、范某聪与秦某斌在支付工资及相关开支后,其获得的分红款共计人民币20余万元,按各自所占股份份额予以分配。具体获利数额如下:被告人熊某恒5.8万余元,被告人熊某林2.9万余元、被告人熊某浪2.9万余元、被告人熊某强2.9万余元、被告人范某聪1.45万余元。

裁判结果

江西省丰城市人民法院于2021年9月23日以(2021)赣0981刑初376号刑事判决,认定被告人熊某恒犯侵犯公民个人信息罪,判处有期徒刑三年零二个月,并处罚金人民币十万元;被告人熊某林犯侵犯公民个人信息罪,判处有期徒刑一年零十个月,并处罚金人民币六万元;被告人熊某浪犯侵犯公民个人信息罪,判处有期徒刑一年零十个月,并处罚金人民币六万元;被告人熊某强犯侵犯公民个人信息罪,判处有期徒刑一年零十个月,并处罚金人民币六万元;被告人范某聪犯侵犯公民个人信息罪,判处有期徒刑十个月,并处罚金人民币三万元(已缴纳);被告人范某聪退缴的违法所得人民币1.45万元予以没收,依法上缴国库;继续追缴被告人熊某恒的违法所得人民币5.8万元、被告人熊某林的违法所得人民币2.9万元、被告人熊某浪的违法所得人民币2.9万元、被告人熊某强的违法所得人民币2.9万元予以没收,依法上缴国库;扣押的手机予以没收,由扣押机关依法处理。

裁判理由

生效裁判认为,被告人熊某恒等人违反国家有关规定,结伙出资购买空白微信号和一款智能群发、加人、拉群的营销软件,以及通过网络购买他人求职信息等方式,非法添加微信好友,制作成品微信号出售或者将非法获取的公民个人信息提供给他人,并从中获利,情节特别严重,其行为均已构成侵犯公民个人信息罪。本罪中的公民个人信息是指与公民个人密切相关的、不愿该信息被特定人群以外的其他人群所知悉的信息,非法获取的公民个人信息如属于公民隐私类信息或泄露后可能会产生极其不良后果的信息,不仅严重侵害公民个人信息安全和合法权益,也为网络赌博、电信网络诈骗等违法犯罪活动提供了帮助,严重扰乱了社会公共秩序,具有极大的社会危害性。微信不仅作为一种通讯工具,同时还具备社交、支付等功能。微信号和手机实名绑定,与银行卡绑定,和自然人一一对应,故微信号可认为是公民个人信息。

被告人违法处理已公开的个人信息并从中获利,违背了该信息公开的目的或者明显改变其用途,该信息被进一步利用后危及个人的人身或财产安全,情节特别严重,其行为构成侵犯公民个人信息罪。

综上,各被告人在未取得权利人同意及授权的前提下,非法获取他人微信号并转卖牟利,或者非法处理已公开的公民个人信息,使他人个人信息陷入泄露、失控风险,并从中获取巨额违法所得,其行为违反国家规定,侵犯了公民个人信息权利,构成侵犯公民个人信息罪。

(生效裁判审判人员:王跃华、胡一波、李鸾芳)

指导性案例 195 号：罗某君、瞿某珍侵犯公民个人信息刑事附带民事公益诉讼案

（最高人民法院审判委员会讨论通过
2022 年 12 月 26 日发布）

关键词

刑事　侵犯公民个人信息　验证码　出售

裁判要点

服务提供者专门发给特定手机号码的数字、字母等单独或者其组合构成的验证码具有独特性、隐秘性，能够单独或者与其他信息结合识别特定自然人身份或者反映特定自然人活动情况的，属于刑法规定的公民个人信息。行为人将提供服务过程中获得的验证码及对应手机号码出售给他人，情节严重的，依照侵犯公民个人信息罪定罪处罚。

相关法条

《中华人民共和国刑法》第 253 条之一

基本案情

2019 年 12 月，被告人罗某君了解到通过获取他人手机号和随机验证码用以注册新的淘宝、京东等 APP 账号（简称"拉新"）可以赚钱，其便与微信昵称"悠悠×××××"（身份不明）、"A 我已成年×××"（身份不明）、"捷××"（身份不明）、"胖×"（身份不明）、"河北黑志伟 80 后的××"（身份不明）等专门从事"拉新"的人联系。"悠悠×××××"等人在知道罗某君手里有许多学员为电信员工，学员可以直接获取客户的手机号码和随机验证码等资源时，利用罗某君担任电信公司培训老师的便利，约定由罗某君建立、管理、维护微信群，并在群内公布"拉新"的规则、需求和具体价格；学员则根据要求，将非法获取的客户手机号码和随机验证码发送至群内；"悠悠×××××"等人根据发送的手机号及验证码注册淘宝、京东 APP 等新账号。罗某君可对每条成功"拉新"的手机号码信息，获取 0.2 - 2 元/条报酬；而学员以每条 1 至 13 元不等的价格获取报酬，该报酬由罗某君分发或者直接由"悠悠×××××"等人按照群内公布的价格发送给学员。

2019年12月至2021年7月期间，被告人罗某君利用株洲联盛通信有限责任公司渌口手机店、中国移动营业厅销售员瞿某珍和谢某、黄某、贺某青（三人均已被行政处罚）等人的职务之便，非法获取并且贩卖被害人彭某某、谭某某等个人信息手机号码和随机验证码给"悠悠××××××"等人。其中，被告人罗某君获利13000元，被告人瞿某珍获利9266.5元。

案发后，被告人瞿某珍已退缴违法所得9926.5元，罗某君已退缴违法所得13000元。被告人罗某君、瞿某珍均如实供述自己的犯罪事实并自愿认罪认罚。

另查明，株洲市渌口区人民检察院于2021年7月22日公告了案件情况，公告期内未有法律规定机关和有关组织提起民事公益诉讼，即株洲市渌口区人民检察院系提起附带民事公益诉讼的适格主体。

裁判结果

湖南省株洲市渌口区人民法院于2021年11月30日以（2021）湘0212刑初149号刑事判决，认定被告人罗某君犯侵犯公民个人信息罪，判处有期徒刑八个月，并处罚金人民币二万元。被告人瞿某珍犯侵犯公民个人信息罪，判处有期徒刑六个月，并处罚金人民币一万五千元。作案工具OPPO RENO手机1台、华为P30Pro手机1台，予以没收，依法处理。被告人罗某君的违法所得人民币13000元、瞿某珍违法所得人民币9266.5元，予以没收，上缴国库。

裁判理由

法院生效裁判认为：被告人罗某君违反国家有关规定，设立出售、提供公民个人信息的通讯群组，情节严重，其行为同时构成非法利用信息网络罪和侵犯公民个人信息罪，依法应以侵犯公民个人信息罪定罪；被告人瞿某珍违反国家有关规定，在提供服务过程中将获得的公民个人信息出售给他人，情节严重，其行为已构成侵犯公民个人信息罪。公诉机关指控的犯罪事实和罪名成立，予以支持。

在共同犯罪中，被告人罗某君、瞿某珍所起作用相当，均应以主犯论。被告人瞿某珍在提供服务过程中将获得的公民个人信息出售给他人，应从重处罚；罗某君、瞿某珍到案后，如实交代全部犯罪事实，均系坦白，积极退缴全部赃款，且认罪认罚，可以从宽处理。公诉机关的量刑建议适当，予以采纳。罗某君辩护人提出手机号和验证码不属于个人信息，且"拉新"未造成具体损失的辩护意见。经查，个人信息是以电子或者其他方式记录的能够单独或者与其他信息结合识别特定自然人的各种信息,包括电话号码等;验证码系专门发给特定手机号的独一无二的数字组合,且依规不能发送给他人,证明验证码系具有识别、验证个人身份的通信内容,即二者均为能识别自然人身份的个人信息;侵犯公民个人信息罪不以造成具体损失为构成要件,故该辩护意见不予采纳。罗某君辩护人提出罗某君没有自行提供手机号和验证码。经查,罗某君不仅纠集瞿某珍等人"拉新",还专门设立了提供、出售公民个人信息违法犯罪的通讯群组,并因此获利,依法应当从重处罚,故该意见不予采纳。罗某君辩护人提出对罗某君适用缓刑的意见。经查,综合本案的犯罪情节、对于社会的危害程度及被告人的悔罪表现,对被告人罗某君不适用缓刑,故该意见不予采纳。但其提出罗某君其他可从轻处罚的辩护意见与事实相符,予以采纳。瞿某珍辩护人提出瞿某珍有立功情节。经查,瞿某珍提供了罗某君的住址及联系方式等基本信息,系其应当交代的、与本人犯罪事实有关联的事实,不构成立功,故该意见不予采纳。其提出的可从轻处罚的辩护意见与事实相符,予以采纳。被告人罗某君、瞿某珍侵犯公民个人信息,其在承担刑事责任的同时,还应承担相应的民事责任。鉴于二被告对侵权行为均无异议,且均表示愿意公开赔礼道歉,以及永久删除涉案个人信息,故对附带民事公益诉讼起诉人的诉请,予以支持。

（生效裁判审判人员：王欣、周晓玲、赖国清、刘智群、刘云、袁水莲、曹玉婷）

最高人民检察院典型案例

关于印发检察机关依法惩治侵犯
公民个人信息犯罪典型案例的通知

2022年12月2日

各省、自治区、直辖市人民检察院,解放军军事检察院,新疆生产建设兵团人民检察院：

近年来，全国检察机关坚持以习近平新时代中国特色社会主义思想为指导，依法能动履职，切实加强对公民个人信息的司法保护。2019年至2022年10月，共批准逮捕涉嫌侵犯公民个人信息犯罪嫌疑人1.3万余人，提起公诉2.8万余人，有力保护了被害人的合法权益。为深入学习贯彻党的二十大精神，全面贯彻习近平法治思想，积极回应社会关切，切实加强公民个人信息保护，加强办案指导，持续推动《中华人民共和国个人信息保护法》贯彻实施，最高人民检察院选编了"解某某、辛某某等人侵犯公民个人信息案"等5件检察机关依法惩治侵犯公民个人信息犯罪典型案例，现印发你们，供参考借鉴。

本批典型案例有以下特点：一是体现了依法从严惩治侵犯公民个人信息犯罪的政策导向，注重全面打击上下游犯罪。如案例三中，天津检察机关通过加强检警协作，深挖上下游犯罪，从窃取信息的源头到出售末端全面排查、精准打击，彻底斩断犯罪链条。二是体现了对公民个人信息的全面保护。个人信息内涵丰富，民法典、个人信息保护法专门进行了定义。本批案例涵盖了对公民征信信息、生物识别信息、行踪轨迹信息、健康生理信息等不同类型信息的全面保护。三是强调发挥指导检察办案的作用。如案例一提出，对客观上无法排查计算信息数量的，可以通过确定违法所得数额作为定罪量刑的事实依据。案例二提出，对批量公民个人信息的条数，根据查获的数量直接认定，但是有证据证明信息不真实或者重复的除外。对信息的真实性，可以采取抽样方式进行验证。四是强调法治宣传教育和促进诉源治理。通过发布典型案例，提醒广大人民群众提高自我保护意识，谨防个人信息泄露。如案例二中被告人将开发的窃取被害人照片的软件伪装成"颜值检测"软件，迷惑性极强，只要用户下载打开使用就会造成个人信息的泄露。针对行业"内鬼"泄露公民个人信息案件中反映出的管理漏洞和内部监管机制不到位等问题，检察机关通过制发检察建议，督促相关单位履行监管职责，完善管理制度，预防和杜绝泄露公民个人信息问题的发生。

下一步，各级检察机关要进一步强化履职，结合打击治理电信网络诈骗犯罪等深挖关联犯罪，加强对上游信息采集、提供、倒卖等环节犯罪行为全链条打击，加强对公民个人信息"信息类型"和刑事处罚标准的研究，充分发挥检察监督职能优势，协同推进个人信息保护刑事检察和公益诉讼检察一体化办案，促进平台、行业完善内部管控，推动形成个人信息保护多元共治新格局。

检察机关依法惩治侵犯公民个人信息犯罪典型案例

案例一 解某某、辛某某等人侵犯公民个人信息案

【关键词】

侵犯公民个人信息 征信信息 信息数量 违法所得数额

【基本案情】

被告人解某某,北京某信息咨询有限公司法定代表人。

被告人辛某某,北京某信息咨询有限公司股东。

被告人吴某某、郝某、李某某等基本情况略。

该公司2015年7月成立后,最初主要是网络商业推广,后公司出现亏损。解某某、辛某某便决定出售公民信息牟利。2018年1月至2019年6月,解某某、辛某某雇佣吴某某、郝某、李某某等50余人通过在网上刊登贷款广告、在公司的"点有钱"微信公众号设置贷款广告链接,吸引有贷款需求的人填写"姓名、手机号、有无本地社保和公积金、有无负债、房产和车辆持有状况、工资收入、有无保险、征信情况、借款需求、还款周期"等信息。获取上述信息后,解某某、辛某某指使员工将上述信息上传到公司开发的"点有钱"APP,再通过在微信群搜集、在"点有钱"微信公众号发放广告,获取银行、金融公司信贷员的姓名和手机号。通过与信贷员联系,吸引他们在APP注册充值。信贷员充值后,解某某、辛某某等人在未经信息权利人同意的情况下,将信息以每条30元至150元的价格出售给信贷员。通过出售上述信息,解某某、辛某某等人违法所得共计450余万元。

2019年6月,公安机关立案侦查,将解某某、辛某某等人抓获,从网站后台提取到公民个人信息共计31万余条。

【检察机关履职过程】

(一)审查逮捕

2019年8月5日,北京市昌平区人民检察院以涉嫌侵犯公民个人信息罪对解某某等人批准逮捕。批捕后,检察机关建议公安机关围绕涉案公民个人信息的内容、数量、是否属于单位犯罪等问题进一步侦查。

(二)审查起诉

2019年12月30日,公安机关将解某某等人移送审查起诉。检察机关

审查认为,2017年底,解某某、辛某某决定实施犯罪,招募员工,收集、出售公民信息,除此之外公司并无其他合法经营活动,依法应以自然人犯罪论处。由于存放数据的服务器域名过期未续费导致原始信息被删除,通过后台提取的信息包含"*",客观上无法对具体信息条数排重计算。于是,检察机关通过审查银行流水、业绩单等电子证据等认定每名被告人的违法所得均超过5万元,属于"情节特别严重"。在共同犯罪中,解某某、辛某某起主要作用,系主犯;其余被告人系被雇佣,在犯罪中分工合作,实施信息上传、筛选、销售等,起次要作用,系从犯。经释法说理,解某某、辛某某等人均自愿认罪认罚。

2020年6月24日,昌平区人民检察院以解某某、辛某某等人涉嫌侵犯公民个人信息罪提起公诉。

(三)指控与证明犯罪

2020年9月16日,昌平区人民法院依法公开审理。

庭审中,被告人对指控的事实与罪名均无异议。但有的辩护人提出,一是本案属于单位犯罪。二是信息数量没有排重,故数量认定不准确。三是指控的违法所得包含了公司其他合法经营所得,该部分不应当作为犯罪金额。

公诉人答辩指出,一是谢某某、辛某某成立公司后,虽然最初是合法经营,但公司出现亏损后,自2017年底就预谋收集、出售公民信息,并招募员工等,2018年以后除实施收集、出售公民信息犯罪活动以外,并无其他合法经营。根据《最高人民法院关于审理单位犯罪案件具体应用法律有关问题的解释》的规定,公司、企业、事业单位设立后,以实施犯罪为主要活动的,不以单位犯罪论处。二是本案在客观上无法实现信息排重,但有确实、充分的证据可以证实各被告人违法所得数额均在5万元以上。根据《最高人民法院、最高人民检察院关于办理侵犯公民个人信息刑事案件适用法律若干问题的解释》的规定,信息数量、违法所得数额中某一项达到刑事追诉标准,即构成侵犯公民个人信息罪。本案虽然无法确定信息数量,但可以证实被告人违法所得数额达到5万元以上,属于"情节特别严重"。三是被告人供述、公司银行流水、业绩单及各被告人之间的微信聊天记录等证据可以证实谢某某、辛某某自2018年1月以后除出售公民个人信息外并无其他合法经营活动,所以指控的金额均系犯罪所得。

(四)裁判结果

2020年12月11日,昌平区人民法院采纳检察机关指控意见和量刑建议,以侵犯公民个人信息罪判处解某某、辛某某等被告人有期徒刑三年六个月至一年四个月不等,并处罚金。

【典型意义】

(一)非法获取、出售征信信息,情节严重的,应以侵犯公民个人信息罪依法惩处。个人征信信息属于公民个人信息,包括个人基本信息、个人信贷交易信息,以及反映个人信用状况的其他信息。具有非法获取、出售征信信息50条以上,或者违法所得5000元以上情形之一的,属于"情节严重",依法应以侵犯公民个人信息罪定罪处罚。数量或者数额达到上述规定标准十倍以上的,属于"情节特别严重",依法应处三年以上七年以下有期徒刑,并处罚金。

(二)对客观上无法排重计算信息数量的,可以通过确定违法所得数额作为定罪量刑的事实依据。信息数量、违法所得数额是侵犯公民个人信息罪定罪量刑的重要依据。其中之一达到司法解释规定的标准,即可认定为"情节严重"或者"情节特别严重",按照侵犯公民个人信息罪定罪量刑。如果二者分别属于不同的量刑幅度的,可以按照处罚较重的量刑幅度处理。

(三)提高自我保护意识,防止个人信息泄露。征信信息全面反映个人信贷状况,与公民人身、财产安全直接相关,被泄露后容易成为电信网络诈骗、套路贷等违法犯罪活动的被害人。生活中,要注意选择正规的金融机构贷款,不随意点击不明贷款链接,不轻易透露个人财产状况,谨防信息泄露。

案例二 李某侵犯公民个人信息案

【关键词】

侵犯公民个人信息 人脸信息 生物识别信息 信息数量

【基本案情】

被告人李某,某网络科技有限公司软件开发人员。

2020年6月至9月,李某制作了一款可以窃取安装者手机内的照片的软件。当手机用户下载安装该软件打开使用时,软件就会自动获取手机相册的照片并且上传到李某搭建的服务器后台。李某将该软件发布在暗网某论坛售卖,截至2021年2月9日,共卖得网站虚拟币30$。后李某为炫耀技术、满足虚荣心,又将该软件伪装成"颜值检测"软件,发布在某论坛供网友免费下载安装,以此方式窃取安装者手机相册照片1751张。其中,含有人脸信息、姓名、身份证号码、联系方式、家庭住址等100余条公民个人信息。

2020年9月,李某又用虚拟币在该暗网的论坛购买"社工库资料"并转存于网盘。2021年2月,李某为炫耀自己的能力,明知"社工库资料"含有户籍信息、车主信息等,仍将网盘链接分享到"业主交流"QQ群(150名成员)。经去除无效数据、合并去重后,该"社工库资料"包含公民个人信息共计8100余万条。

2021年3月9日,公安机关将李某抓获。经侦查,因"社工库资料"内容庞大且存储于境外网盘,未查到有人下载使用。

【检察机关履职过程】

(一)审查逮捕

2021年3月26日,公安机关对李某提请批准逮捕。上海市奉贤区人民检察院审查认为,李某非法获取并在QQ群内提供8100余万条公民个人信息,信息数量巨大,符合"情节特别严重"的规定,且李某利用"颜值检测"软件窃取"人脸信息"等事实需继续侦查,本案存在毁灭证据的可能,遂于4月2日批准逮捕。

(二)审查起诉

2021年5月28日,公安机关将该案移送审查起诉。奉贤区人民检察院审查认为,李某非法获取并提供公民个人信息,已涉嫌侵犯公民个人信息罪,且信息数量符合"情节特别严重"的规定,鉴于李某主观上没有出售牟利的目的,客观上未造成信息传播、扩散,且系初犯,自愿认罪认罚,8月10日,奉贤区人民检察院以李某涉嫌侵犯公民个人信息罪提起公诉,提出有期徒刑三年,缓刑三年的量刑建议。

(三)指控与证明犯罪

2021年8月23日,奉贤区人民法院依法公开审理。

庭审中,辩护人提出,一是本案未对涉案8100余万条信息的真实性核实确认,数量认定依据不足。二是被告人到案后如实供述自己利用黑客软件窃取照片的事实,还主动交代公安机关未掌握的在暗网非法购买公民个人信息并分享至QQ群的事实,对于该事实应当认定为自首。

公诉人答辩指出,一是司法鉴定机构去除无效信息,合并去重进行鉴定,鉴定出有效个人信息8100余万条,信息数量客观、真实,符合《最高人民法院、最高人民检察院关于办理侵犯公民个人信息刑事案件适用法律若干问题的解释》规定的对批量公民个人信息具体数量的认定规则,且公安机关抽样验证,随机抽取部分个人信息进行核实,能够确认涉案个人信息的真实性。二是公安机关抓获李某前已掌握其在暗网非法购买公民个人信息并分享到 QQ 群的事实,与其利用黑客软件窃取照片的行为属同种罪行,依法不能认定为自首。

(四)裁判结果

奉贤区人民法院审理认为,李某具有坦白情节,且自愿认罪认罚,对其依法从宽处理,以侵犯公民个人信息罪判处李某有期徒刑三年,缓刑三年,并处罚金。

【典型意义】

(一)对批量公民个人信息的条数,根据查获的数量直接认定,但是有证据证明信息不真实或者重复的除外。侵犯公民个人信息犯罪中,涉案信息动辄上万乃至数十万条,在海量信息状态下,对信息逐一核实在客观上较难实现。所以,实践中允许适用推定规则,即根据查获的数量直接认定,但这不意味着举证责任倒置,对通过技术手段可以去重的,应当作去重处理,排除重复的信息。对信息的真实性,可以采取抽样方式进行验证。

(二)人脸信息是具有不可更改性和唯一性的生物识别信息。人脸识别技术给生活带来便利的同时,也容易被犯罪分子窃取利用或者制作合成,破解人脸识别验证程序,侵害隐私、名誉和财产。生活中,要谨慎下载使用"颜值检测"等"趣味"软件,防范个人信息泄露,造成合法权益受损。

案例三 谢某、李某甲等人侵犯公民个人信息案

【关键词】

侵犯公民个人信息　全链条打击　宽严相济　诉源治理

【基本案情】

被告人谢某,无业。

被告人李某甲,无业。

被告人李某乙、张某、刘某甲、高某、刘某乙等基本情况略。

2020 年,某公司针对新型农村社会养老保险(简称"新农保")研发了一款具备快速注册和人脸识别功能的 APP。谢某获悉后,联系该公司表示可免费承接认证操作业务。2021 年 4 月至 7 月,谢某先后组织杨某等 10 人

前往吉林、辽宁多地农村,使用该APP对参保村民进行认证。

其间,天津市宁河区的李某甲、李某乙等人与谢某联系,向谢某提供事先已经批量注册的百家号"白号"(未实名认证),由谢某等人借"新农保"认证之机采集村民姓名、身份证号码和人脸信息,将上述"白号"激活为具备发布功能和商业营销价值的实名认证账号,再向李某甲、李某乙等人出售。

通过此种方式,李某甲、李某乙从谢某处购得账号1.9万余个,连同从张某、刘某甲等人处非法获取的其他账号,在宁河区又向高某、刘某乙等20余人出售。高某、刘某乙等人将所得账号再出售或者批量运营,致使包含公民个人信息的实名账号被多次转卖,被用于运营收益等。

2021年7月至11月,上述人员被陆续抓获。经查,李某甲违法所得70余万元,谢某等11人违法所得共计31余万元,李某乙、刘某甲等26人违法所得数千元至10余万元不等。

【检察机关履职过程】

(一)引导侦查

应公安机关商请,天津市宁河区人民检察院提出犯罪嫌疑人的行为涉嫌侵犯公民个人信息罪,建议围绕信息获取方式、数量、流向、违法所得等收集证据,固定关键电子证据防止灭失。公安机关及时开展侦查,排查控制了其他上下游涉案人员,同步扣押手机、电脑等作案工具。

(二)审查逮捕

公安机关将谢某、李某甲等29人提请批准逮捕。宁河区人民检察院审查认为,上述犯罪嫌疑人在主观恶性、犯罪层级、违法所得数额等方面存在较大差异,应区分处理。审查后,对谢某等直接窃取公民个人信息的犯罪团伙成员、李某甲等专门从事网络账号灰产的购买者及其他情节较重、违法所得数额较高的犯罪嫌疑人依法作出批捕决定;对情节较轻、违法所得数额较低的中末端购买者,评估社会危险性后作出不批捕决定。根据这一标准,公安机关对后续拟提请批准逮捕的9名犯罪嫌疑人采取了非羁押强制措施。批捕后,检察机关制发继续侦查提纲,建议公安机关继续深挖上下游犯罪。

(三)审查起诉

2021年10月29日、12月10日,公安机关陆续将谢某、李某甲等38人移送审查起诉。宁河区人民检察院全面审查案件事实、证据,开展认罪认罚和追赃工作。审查后,检察机关对窃取信息源头的主犯、与谢某直接联络的始端购买者李某甲、李某乙等9人依法起诉并建议判处实刑;对团伙从犯、销售环节赚取差价及仅有购买行为的27名中末端人员,结合情节、获利、退赃情况依法起诉并建议判处缓刑;对犯罪情节轻微,依法不需要判处刑罚的1名未成年犯罪嫌疑人,1名在校就读的大学生犯罪嫌疑人作出相对不起诉处理。上述38名犯罪嫌疑人均认罪认罚,退赃共计100余万元。

(四)指控与证明犯罪

2021年12月14日、2022年3月9日,宁河区人民检察院陆续将谢某、李某甲等36人提起公诉。

庭审中,各被告人均当庭认罪认罚。李某甲的辩护人提出,被告人系先买入后卖出的行为,计算违法所得时应将购买信息的费用作为成本扣减。

公诉人答辩指出,违法所得是犯罪分子因实施违法犯罪活动而取得的全部财产。根据《检察机关办理侵犯公民个人信息案件指引》的规定,对于违法所得,直接以被告人出售公民个人信息的收入予以认定,不必扣减其购买信息的犯罪成本。

(五)裁判结果

2022年6月8日、21日,宁河区人民法院采纳检察机关全部指控事实和量刑建议,认定谢某、李某甲等36人构成侵犯公民个人信息罪,对谢某、李某甲等9人分别判处有期徒刑四年至二年不等,并处罚金,对李某乙等27人分别判处有期徒刑三年至六个月不等,适用缓刑,并处罚金。

(六)综合治理

对办案中发现的社保认证工作的管理漏洞,宁河区人民检察院向有关职能部门制发检察建议,建议规范"新农保"认证工作流程和保密规定,加强委托合作方的资质审核及转委托监督,加强个人信息保护法治宣传。

【典型意义】

(一)从严惩处,全面打击上下游犯罪。侵犯公民个人信息犯罪往往呈现链条化、产业化特征,严重影响人民群众安全感,对"上游窃取信息—中间购买加工—下游运营获利"的链条式犯罪,通过加强检警协作,深挖上下游犯罪,从窃取源头到出售末端,全面排查、精准打击,彻底斩断犯罪链条。

(二)区分情形、区别对待,落实宽严相济刑事政策。对犯罪嫌疑人众多的侵犯公民个人信息犯罪,要结合犯罪嫌疑人在共同犯罪中的地位、作用、主观恶性、犯罪情节等,依法区分主从犯,分类处理。对主犯、"职业惯犯"以及利用未成年人实施犯罪的,要依法从严处理,当捕则捕,当诉则诉,并建议从严判处实刑。对认罪认罚、积极退赃退赔、初犯、偶犯、作用较小、获利较少的从犯,要依法从宽处理,采取非羁押措施,依法不起诉或者建议判处缓刑。

(三)延伸职能,注重诉源治理。检察机关在办案中,要注意分析案件反映出的问题,加强与相关职能部门沟通,通过检察建议等方式提示风险、督促改进,及时堵塞社会治理漏洞,促进形成保护公民个人信息的合力。

案例四 陈某甲、于某、陈某乙侵犯公民个人信息案

【关键词】

侵犯公民个人信息 行踪轨迹信息 情节特别严重

【基本案情】

被告人陈某甲,无业。

被告人于某,无业。

被告人陈某乙,无业。

2018年,陈某甲了解到"私家侦探"获利高。2020年,陈某甲决定从事"私家侦探"活动,后在网上发布信息,称可找人、查人,并注册了昵称为"专业商务调查"的微信号承揽业务。2020年12月,闫某(另案处理)通过网络搜索,联系到陈某甲,要求陈某甲寻找其离家出走的妻子郭某,并将郭某的姓名、照片、手机号码等提供给陈某甲。陈某甲于2021年1月、3月将郭某的手机号码交给他人(网络用名,正在进一步侦查确认),由该人获得郭某的手机定位后反馈给陈某甲。陈某甲则伙同于某等人在山西省吕梁市柳林县采取蹲点守候的方式,确认了郭某的具体位置,并向闫某提供。

2021年6月,闫某再次联系陈某甲要求帮助寻找其妻子。6月17日,陈某甲又采取上述方法获得了郭某的手机定位信息、快递地址信息。6月18日,陈某甲与于某、陈某乙三人驾车到达山西省吕梁市柳林县,与闫某一起蹲点守候到6月23日。后被害人郭某出现后,陈某甲等三人驾车离开。当日13时左右,闫某将郭某杀害。

经查,闫某先后支付陈某甲39500元。陈某甲分给于某9000元、分给陈某乙6000元。

【检察机关履职过程】

(一)审查逮捕

山西省柳林县人民检察院在审查逮捕闫某涉嫌故意杀人案时,发现陈

某甲、于某、陈某乙虽然不能认定为闵某故意杀人罪的共犯,但涉嫌侵犯公民个人信息犯罪,遂建议公安机关立案侦查。后公安机关以陈某甲、于某、陈某乙涉嫌侵犯公民个人信息罪提请批准逮捕。

2021年8月5日,柳林县人民检察院审查认为,陈某甲、于某、陈某乙出售公民行踪轨迹信息,被他人用于犯罪,造成被害人死亡的严重后果,属于侵犯公民个人信息"情节特别严重",依法对三人作出批捕决定。批捕后,检察机关制发继续侦查提纲,建议公安机关进一步梳理闵某给陈某甲的转账证据,继续查找其他犯罪嫌疑人。

(二)审查起诉

2021年9月22日,公安机关将该案移送审查起诉。其间,陈某甲、于某的家属对被害人家属进行了赔偿,被害人家属对二人表示谅解。三人均认罪认罚,在辩护人见证下自愿签署具结书。检察机关根据被告人在犯罪中的地位、作用,认定陈某甲在共同犯罪中起主要作用,系主犯;于某、陈某乙在共同犯罪中起次要、辅助作用,系从犯。10月22日,检察机关将三名被告人以涉嫌侵犯公民个人信息罪提起公诉,并提出量刑建议。

(三)指控与证明犯罪

2021年12月16日,柳林县人民法院公开开庭审理。

审理期间,陈某乙对被害人家属进行了赔偿。三名被告人及辩护人对检察机关指控的事实、罪名均无异议。陈某甲的辩护人提出,被害人家属已谅解,陈某甲自愿认罪认罚,建议从轻处罚,并适用缓刑。

公诉人答辩指出,被告人通过采用手机定位、查看快递信息、蹲点守候等手段非法获取被害人郭某的个人信息并提供给闵某,闵某据此信息将被害人郭某找到并杀害。根据《最高人民法院、最高人民检察院关于办理侵犯公民个人信息刑事案件适用法律若干问题的解释》的规定,出售或者提供行踪轨迹信息,被他人用于犯罪的,应当认定为"情节严重";造成被害人死亡的,应当认定为"情节特别严重"。本案被告人陈某甲即属于"情节特别严重"的情形,依法应判处三年以上七年以下有期徒刑,虽然认罪认罚,可以依法从宽处理,但仍应判处三年以上有期徒刑,不符合适用缓刑的条件。

(四)裁判结果

2021年12月25日,柳林县人民法院采纳检察机关指控事实和量刑建议,认定三名被告人构成侵犯公民个人信息罪,判处陈某甲、于某、陈某乙有期徒刑三年至一年三个月不等,并处罚金。

【典型意义】

(一)非法获取、出售或者提供行踪轨迹信息,构成犯罪的,应当依法从严惩处。行踪轨迹信息属于公民个人信息。行为人出售或者提供行踪轨迹信息,被他人用于犯罪的,应认定为"情节严重",依法构成侵犯公民个人信息罪。实施前述行为,造成被害人死亡等严重后果的,属于侵犯公民个人信息罪"情节特别严重",依法应判处三年以上七年以下有期徒刑。

(二)强化行踪轨迹信息保护意识,维护自身安全。行踪轨迹信息可以直接定位特定自然人的具体位置,与公民的生命、健康、财产、隐私等息息相关。犯罪分子通过窃取、非法提供行踪轨迹信息谋取不法利益,严重危害公民人身、财产安全和社会管理秩序。生活中,要注意提高对快递地址、手机号码、定位信息等个人信息的保护意识和安全防范意识,防止被不法分子窃取利用。

案例五　韦某、吴某甲、吴某乙侵犯公民个人信息案

【关键词】

侵犯公民个人信息　行业"内鬼"　健康生理信息　诉源治理

【基本案情】

被告人韦某,某医院产科主管护师。

被告人吴某甲、吴某乙,二人均系保健按摩中心个体经营者。

吴某甲、吴某乙在广西南宁市江南区经营一家保健按摩中心,主要是向产妇提供服务。为扩大客源,吴某甲向南宁市某医院产科主管护师韦某提出,由韦某提供产妇信息,并承诺每发展一名客户就给韦某50元或60元报酬,若客户后续办卡消费则另外向韦某支付10%的提成。

2018年至2020年6月,韦某便以写论文需要数据为由,通过欺骗有权限的同事登录该医院"护士站"系统查询产妇信息后拍照发给自己,或者自行通过科室办公电脑查询该医院"桂妇儿"系统产妇信息后拍照,不定期将上述产妇信息照片通过微信发给吴某甲,吴某甲、吴某乙则利用上述信息安排员工通过电话联系产妇发展客户。

经查,韦某向吴某甲、吴某乙出售包括产妇姓名、家庭住址、电话号码、分娩日期、分娩方式等在内的产妇健康生理信息500余条。

附 录　241

【检察机关履职过程】
（一）审查逮捕
2020年7月10日，公安机关对韦某、吴某甲、吴某乙提请批准逮捕。广西南宁青秀区人民检察院审查认为，韦某、吴某甲、吴某乙涉嫌侵犯公民个人信息罪，可能判处徒刑以上刑罚，因部分事实需进一步查证，不采取逮捕措施可能导致证据被毁灭，遂作出批捕决定。

（二）审查起诉
2020年9月11日，公安机关将该案移送审查起诉。10月12日，青秀区人民检察院将该案移送有管辖权的江南区人民检察院审查起诉。检察机关通过梳理韦某获取产妇健康生理信息的渠道、交易方式等，认定韦某非法获取、出售产妇公民个人信息数量500余条，依法应予定罪处罚。而且，韦某将其在履职过程中获得的信息出售给他人，依法应从重处罚。经释法说理，韦某等三人均认罪认罚，在辩护人见证下自愿签署具结书。10月26日，江南区人民检察院对韦某、吴某甲、吴某乙以侵犯公民个人信息罪提起公诉。

（三）指控与证明犯罪
2020年11月12日，江南区人民法院依法公开审理。

审理期间，韦某主动退赔违法所得。韦某、吴某甲及辩护人提出，涉案公民个人信息大部分隐私性不高，且未被用于其他违法犯罪活动；吴某乙及辩护人提出，吴某乙没有直接参与获取产妇信息，是从犯的辩护意见。

公诉人答辩指出，涉案信息不仅有产妇姓名、家庭住址、电话号码等一般信息，还涉及分娩日期、分娩方式等隐私信息，敏感程度高，韦某将在履职或者提供服务过程中获得的信息出售给他人，不仅侵害孕产妇的个人权益，还危害了整个医疗体系的信用，依法应从重处罚。吴某乙虽未直接参与获取信息，但与吴某甲共同出资购买信息，并用于经营活动，在共同犯罪中起主要作用，系主犯，应当按照其所参与的全部犯罪处罚。

（四）裁判结果
2020年12月16日，江南区人民法院采纳检察机关的指控事实和意见，认定韦某、吴某甲、吴某乙犯侵犯公民个人信息罪，分别判处韦某、吴某甲、吴某乙有期徒刑十个月，缓刑两年至有期徒刑六个月不等，并处罚金。

（五）综合治理
针对涉案医院对公民个人信息管理不善、对从业人员纪律约束不强、法治教育不足等问题,江南区人民检察院制发检察建议,促进涉案医院倒查信息安全管理状况,完善患者信息安全管理措施与制度,从源头防范公民个人信息泄露。

【典型意义】

(一)依法打击"行业"内鬼内外勾连出售公民个人信息犯罪活动。产妇分娩信息等是医院在开展医疗活动过程中掌握的公民健康生理信息。对于医护人员将其在履行职责或者提供服务中获得的产妇健康生理信息出售或者提供给他人的行为,构成犯罪的,应依法予以打击。对下游非法获取公民个人信息的犯罪也应依法打击,实现全链条惩处。

(二)通过检察建议促进诉源治理。行业"内鬼"泄露公民个人信息,反映出部分重点领域公民个人信息管理存在漏洞,内部监管机制不到位,相关从业人员法律意识淡薄。检察机关办案中应通过制发检察建议,督促医疗单位履行监管职责,完善对患者健康生理信息的安全管理制度,预防和杜绝泄露公民个人信息问题的发生。

其 他 案 例

民法典颁布后人格权司法保护典型民事案例(节录)[①]

案例九

大规模非法买卖个人信息侵害人格权和社会公共利益
——非法买卖个人信息民事公益诉讼案

一、简要案情

2019年2月起,被告孙某以34000元的价格,将自己从网络购买、互换得到的4万余条含姓名、电话号码、电子邮箱等的个人信息,通过微信、QQ

[①] 《民法典颁布后人格权司法保护典型民事案例》,载最高人民法院网2022年4月11日,https://www.court.gov.cn/zixun-xiangqing-354261.html。

等方式贩卖给案外人刘某。案外人刘某在获取相关信息后用于虚假的外汇业务推广。公益诉讼起诉人认为,被告孙某未经他人许可,在互联网上公然非法买卖、提供个人信息,造成4万余条个人信息被非法买卖、使用,严重侵害社会众多不特定主体的个人信息权益,致使社会公共利益受到侵害,据此提起民事公益诉讼。

二、裁判结果

杭州互联网法院经审理认为,民法典第一百一十一条规定,任何组织或者个人需要获取他人个人信息的,应当依法取得并确保信息安全,不得非法收集、使用、加工、传输他人个人信息,不得非法买卖、提供或者公开他人个人信息。被告孙某在未取得众多不特定自然人同意的情况下,非法获取不特定主体个人信息,又非法出售牟利,侵害了承载在不特定社会主体个人信息之上的公共信息安全利益。遂判决孙某按照侵权行为所获利益支付公共利益损害赔偿款34000元,并向社会公众赔礼道歉。

三、典型意义

本案是民法典实施后首例个人信息保护民事公益诉讼案件。本案准确把握民法典维护个人信息权益的立法精神,聚焦维护不特定社会主体的个人信息安全,明确大规模侵害个人信息行为构成对公共信息安全领域社会公共利益的侵害,彰显司法保障个人信息权益、社会公共利益的决心和力度。

人民法院贯彻实施民法典典型案例(第二批)(节录)[①]

九、孙某燕与某通信公司某市分公司等隐私权、个人信息保护纠纷案

(一)典型意义

民法典在总则编和人格权编对隐私权和个人信息保护作出专门规定,丰富和完善了隐私权和个人信息保护的规则。特别是第一千零三十三条第

[①] 参见《人民法院贯彻实施民法典典型案例(第二批)》,载最高人民法院网2023年1月12日,https://www.court.gov.cn/zixun-xiangqing-386521.html。

一项对群众反映强烈的以电话、短信、即时通信工具、电子邮件等方式侵扰他人私人生活安宁的行为进行了严格规制,回应了社会关切。本案中,原告孙某燕使用被告某通信公司某市分公司提供的移动通信号码,并向其支付费用,故原、被告之间存在电信服务合同关系。某通信公司某市分公司在孙某燕多次明确表示不接受电话推销业务后,仍继续向孙某燕进行电话推销,其行为构成对孙某燕隐私权的侵犯。本案虽系依据《民法总则》作出裁判,但也充分体现了民法典第一千零三十二条、第一千零三十三条第一项的规定精神,其裁判结果不仅维护了当事人的隐私权,更对当前群众反映强烈的问题作出了回应,亮明了司法态度。

(二)基本案情

2011年7月,原告孙某燕在被告某通信公司某市分公司处入网,办理了电话卡。2020年6月至12月,孙某燕持续收到营销人员以某通信公司某市分公司工作人员名义拨打的推销电话,以"搞活动""回馈老客户""赠送""升级"等为由数次向孙某燕推销套餐升级业务。期间,原告孙某燕两次拨打该通信公司客服电话进行投诉,该通信公司客服在投诉回访中表示会将原告的手机号加入"营销免打扰",以后尽量避免再向原告推销。后原告孙某燕又接到了被告的推销电话,经拨打该通信公司客服电话反映沟通未得到回复,遂通过工业和信息化部政务平台"电信用户申诉受理平台"进行申诉。该平台回复"在处理过程中,双方未能达成一致意见,依据《电信用户申诉处理办法》第十七、十九、二十条等规定,因调解不成,故视为办结,建议依照国家有关法律规定就申诉事项向仲裁机构申请仲裁或者向人民法院提起诉讼"。原告孙某燕遂向人民法院提起诉讼,请求被告承担侵权责任。

(三)裁判结果

生效裁判认为,自然人的私人生活安宁不受侵扰和破坏。本案中,孙某燕与某通信公司某市分公司之间的电信服务合同依法成立生效。某通信公司某市分公司应当在服务期内为孙某燕提供合同约定的电信服务。孙某燕提交的证据能够证明某通信公司某市分公司擅自多次向孙某燕进行电话推销,侵扰了孙某燕的私人生活安宁,构成了对孙某燕隐私权的侵犯。故判决被告某通信公司某市分公司未经原告孙某燕的同意不得向其移动通信号码拨打营销电话,并赔偿原告孙某燕交通费用782元、精神损害抚慰金3000元。

(四)民法典条文指引

第一百一十条　自然人享有生命权、身体权、健康权、姓名权、肖像权、名誉权、荣誉权、隐私权、婚姻自主权等权利。

法人、非法人组织享有名称权、名誉权和荣誉权。

第一千零三十二条　自然人享有隐私权。任何组织或者个人不得以刺探、侵扰、泄露、公开等方式侵害他人的隐私权。

隐私是自然人的私人生活安宁和不愿为他人知晓的私密空间、私密活动、私密信息。

第一千零三十三条　除法律另有规定或者权利人明确同意外，任何组织或者个人不得实施下列行为：

（一）以电话、短信、即时通讯工具、电子邮件、传单等方式侵扰他人的私人生活安宁；

（二）进入、拍摄、窥视他人的住宅、宾馆房间等私密空间；

（三）拍摄、窥视、窃听、公开他人的私密活动；

（四）拍摄、窥视他人身体的私密部位；

（五）处理他人的私密信息；

（六）以其他方式侵害他人的隐私权。

个人信息保护检察公益诉讼典型案例[①]

案例一

江苏省无锡市新吴区人民检察院督促保护服务场所消费者个人信息行政公益诉讼案

【关键词】

行政公益诉讼诉前程序　服务场所　消费者敏感个人信息　数字技术

[①] 参见《个人信息保护检察公益诉讼典型案例》，载最高人民检察院网，https://www.spp.gov.cn/xwfbh/dxal/202303/t20230330_609820.shtml。

【要旨】

针对服务场所强制采集、非加密传输、违法存储、未定期删除消费者敏感个人信息,造成信息泄露安全隐患的行为,检察机关开展专项监督,制发诉前检察建议,督促职能部门依法履行监管职责,维护消费者个人信息安全。

【基本案情】

江苏省无锡市新吴区某健身房使用具有人脸识别、指纹识别等功能的信息管理系统,强制要求会员刷脸或录入指纹进入。由于该管理系统采用分级分层、前后端分离等技术,消费者在前端平台界面仅能看到被采集的个人身份信息,未被告知个人信息收集清单及权限。在部分会员明确拒绝人脸采集识别后,该健身房擅自将会员办卡时提供的照片录入系统作为刷脸进出凭证,且在会员要求删除照片等信息时,以无管理权限为由拒绝删除,其行为侵害众多消费者合法权益,损害社会公共利益。

【调查和督促履职】

2022年6月21日,"益心为公"检察云平台志愿者向江苏省无锡市新吴区人民检察院(以下简称新吴区院)反映,新吴区某健身房存在侵犯消费者敏感个人信息的情形。新吴区院运用公益损害风险防控平台,通过数据交叉比对、智能分析,排查易发生非法收集个人信息的服务场所,绘制风险防控"数字地图",发现全市案件线索16件,其中涉及新吴区5件。经初步调查,新吴区院于2022年8月11日正式立案。

新吴区院引入专业技术机构协助调查取证,现场勘验涉案服务场所信息管理系统,出具专家意见,认为该系统在个人信息传输、存储等方面存在安全风险。针对涉案服务场所采集、存储个人信息的必要性和合理性,邀请公安、市场监管、第三方专业机构等召开论证会。新吴区院审查认为,根据《中华人民共和国个人信息保护法》第二十六条、第二十八条、第四十七条、《最高人民法院关于审理使用人脸识别技术处理个人信息相关民事案件适用法律若干问题的规定》第一条第三款等规定,消费者的人脸、指纹等属于生物识别类敏感个人信息,涉案服务场所系公共场所,非维护公共安全必需且未取得消费者单独同意,强制采集、非加密传输、违法存储、未定期删除敏感个人信息的行为,损害了众多消费者合法权益。根据《中华人民共和国个人信息保护法》第六十条、第六十一条、《中华人民共和国消费者权益保护法》第二十九条、第三十二条第一款、第五十六条第一款第九项的规定,新吴区院于 2022 年 8 月 12 日向新吴区市场监督管理局制发行政公益诉讼诉前检察建议,督促对涉案服务场所依法处理,切实履行保护消费者合法权益的职责;开展行业规范整治,加大监管力度,建立长效机制,防范类似违法行为发生。

新吴区市场监督管理局收到检察建议后,对涉案 5 家服务场所进行集体谈话、责令改正,组织开展专项执法行动,并建立定期检查、约谈、通报等监管机制。涉案服务场所及时整改,改变进入场所方式,采取安全措施传输、定期删除个人信息,向监管部门报送个人信息管理情况。

新吴区院联合区市场监督管理局开展"回头看",进行现场验收,确认涉案服务场所均整改到位。同时,新吴区院将其他 11 件案件线索移送无锡市人民检察院(以下简称无锡市院)。无锡市院开展服务场所公民个人信息保护专项监督活动,组织全市检察机关排查健身房、超市等服务场所 126 处,督促整改问题场所 56 处,删除违法采集信息 9300 余条,向经营者、消费者普法宣传 3000 多人次,有效保障公民个人信息安全。

【典型意义】

健身房、超市等公共服务场所采集的信息量大、面广、敏感度高,监管不到位,将严重危害众多消费者人身、财产安全。本案中,检察机关积极发挥公益诉讼检察职能,运用数字技术,通过"专业取证+专门论证+专家意见"等方式,破解公民个人信息保护领域线索发现、调查取证、损害认定等难题,制发诉前检察建议,开展专项监督,督促行政机关依法履职,推动服务场所规范收集、传输、存储、删除个人信息,加强数据安全管控,促进个人信息全链条保护。

案例二

湖南省长沙市望城区人民检察院督促保护个人生物识别信息行政公益诉讼案

【关键词】

行政公益诉讼诉前程序　个人生物识别信息　个人信息处理原则　公开听证

【要旨】

针对信息化建设对指纹和人脸识别等个人生物识别信息过度收集、未落实网络安全等级保护制度等问题,检察机关明确个人信息处理"合法、正当、必要和诚信原则"的内涵与外延,厘清各职能部门法定职责,督促其依法全面履职、协调联动,消除公民个人信息泄露风险,切实维护社会公共利益。

【基本案情】

湖南省长沙市望城区卫生健康局(以下简称区卫健局)为推进数字化门诊建设,自2019年7月12日起,要求长沙市望城区辖区内17家医疗卫生机构陆续使用电子签核系统推送疫苗接种知情告知书,疫苗受种者或监护人点击"同意"时系统自动采集指纹和人脸识别信息,收集电子数据的存储及主机均由各社区卫生服务中心管理。截至2022年3月11日,上述机构共收集83万余条涉及指纹、人脸识别等个人生物识别信息。

【调查和督促履职】

2022年2月11日,湖南省长沙市望城区人民检察院(以下简称望城区院)接到群众举报,反映自己和孩子的指纹和人脸等个人生物识别信息被医疗卫生机构过度收集,存在泄露风险。望城区院经初步调查确认属实,遂于2022年3月19日、5月16日分别对望城区卫健局、长沙市公安局望城分局(以下简称区公安分局)立案调查。

望城区院通过现场勘验、委托第三方单位对电子签核系统进行安全检测、调取相关书证与电子数据、询问相关人员、咨询专业人员等方式进行调查取证,查明:根据《中华人民共和国个人信息保护法》第五条、第六条、第二十八条至第三十条的规定,望城区17家医疗卫生机构违反个人信息处理的合法、正当、必要和诚信原则,过度收集服务对象指纹和人脸等个人生物识别信息,未按要求解决电子签核系统的弱口令、数据未加密等安全漏洞,未能防患未经授权的访问及个人信息泄露、篡改、丢失等高风险,未落实网络安全等级保护制度要求,对敏感个人信息保护的内部管理不到位。望城区卫健局和区公安分局对上述医疗卫生机构收集、处理敏感个人信息活动未尽到监管职责。

2022年5月11日、16日,望城区院分别向区卫健局、区公安分局送达行政公益诉讼诉前检察建议,建议区卫健局改进征求知情同意的方式,避免过度收集指纹或人脸识别信息等个人生物识别信息;完善技术和管理措施,防止未经授权的访问及个人信息泄露、篡改、丢失。建议区公安分局对17

家医疗卫生机构未履行网络安全等级保护责任的行为依法处理。同时将上述检察建议抄送望城区网信部门。

望城区卫健局、区公安分局收到检察建议后高度重视,部署开展了专项行动。望城区卫健局认真进行调研,研究解决方案,并向长沙市卫生健康委员会(以下简称市卫健委)专题汇报,长沙市卫健委以望城整改方案为蓝本推进全市医疗卫生机制规范、合法处理个人信息。望城区公安分局召开专门网络安全会议,对全区医疗卫生机构进行网络安全检查。望城区卫健局、区公安分局召集医疗卫生机构、系统开发单位、网络安全检测公司、区数据中心等单位多次召开座谈会,望城区院和区委网信办受邀参会。截至2022年6月10日,全区23家单位均已完成电子签核系统升级,取消生物识别信息功能;21家单位已彻底删除既往数据,并按照保密文件要求将已收集个人生物识别信息交区疾控中心代为封存保管,疫苗有效期满后进行硬盘格式化删除;升级后的电子签核系统完善了内部信息安全管理制度、加强系统物理隔离、对数据传输和存储加密保护、新增限制授权访问等安全防护措施,信息安全等级保护经专家评定为1级,系统改为局域网内部运行,于2022年8月初在全区正式启用。

2022年8月8日,望城区院跟进监督发现,升级后的电子签核系统采用电子屏签字的方式确认接种告知并在局域网运行;收集的电子签字、疫苗接种等个人信息已加密;已收集的个人生物识别信息已在医疗卫生机构彻底删除。上述整改方式在全市范围内推广已显成效。同年8月11日,该院组织召开听证会,邀请人大代表、政协委员、"益心为公"志愿者及专家学者担任听证员,与会人员一致认为行政机关已采取积极有效措施全面履职,敏感个人信息被侵害的重大风险已消除。

【典型意义】

检察机关聚焦民生关切,依法能动履行公益诉讼检察职能,通过现场勘验和委托安全检测等智慧检察手段,发现公益事业单位个人信息保护安全风险,督促行政机关对过度收集的个人生物识别信息数据采取"备份封存+本地彻底删除+到期彻底删除"方式消除安全风险,并进行"电子签核系统升级改造+网络安全等级保护"技术整改,平衡好个人信息保护与公共事务管理中个人信息合理利用的关系,充分实现"互联网+"与公共卫生服务领域保障数据信息安全的良好结合,推动加强个人信息保护与公共卫生服务信息化建设的协同发展。通过办案将个人信息处理"合法、正当、必要和诚信原则"的内涵和外延予以具体化,落实网络安全等级保护制度,推动相关法律制度在司法办案中落地见效。

案例三

浙江省湖州市检察机关诉浙江G旅游发展有限公司侵害公民个人信息民事公益诉讼案

【关键词】

民事公益诉讼　游客个人信息　人脸识别　数据删除

【要旨】

检察机关针对景区违法采集游客人脸信息的情形,坚持上下联动、一体化推进,督促行政机关加强监管,促使景区运营企业合法收集、使用和存储人脸信息数据,开展人脸信息数据删除现场勘验,充分保障游客的知情权和选择权等合法权益,切实保护游客个人信息安全。

【基本案情】

A景区由浙江G旅游发展有限公司(以下简称G公司,其控股股东是某国有公司)负责实际运营。2020年7月,A景区通过招标委托浙江H科技有限公司(以下简称H公司)建设完成人脸识别系统,并投入运行。系统使用期间,A景区在采集游客人脸信息时未依法履行告知义务,存在强制要求购票游客录入人脸信息、"刷脸"入园的情形,且景区未对采集到的人脸信息定期予以删除,致使游客个人信息被侵害,损害了社会公共利益。

【调查和督促整改】

2021年10月,最高人民检察院(以下简称最高检)根据志愿者反映,将A景区要求游客"刷脸"入园、涉嫌侵害游客人脸信息的线索交由浙江省人民检察院(以下简称浙江省院)办理。2021年11月初,湖州市人民检察院(以下简称湖州市院)、湖州市南浔区人民检察院(以下简称南浔区院)联合成立专案组对该线索立案调查,对A景区人脸识别系统前端完成电子取证。经调查发现,A景区现场购票除要求游客提供身份证外,还要求游客进行"刷脸"认证,且未告知"刷脸"入园的必要性及后续如何处理刷脸信息,对游客人脸信息储存和使用缺乏具体制度规范。同年11月12日,浙江省院、湖州市院、南浔区院会同当地旅游度假区管委会、G公司等景区运营主体,同时邀请了浙江省消费者权益保护委员会相关工作人员和法律专家,围绕涉案人脸信息被侵害问题召开磋商会,就 G 公司删除景区前期采集储存的人脸信息数据,规范人脸信息的收集和使用等事项达成共识。同时,湖州市院与湖州市网信办开展磋商,网信部门对 G 公司提出整改要求。同年 11 月 18 日,湖州市院向 G 公司制发检察建议,督促 G 公司积极整改,确保依法运营。

2021 年 11 月 24 日,G 公司回复检察机关称,已委托 H 公司通过远程操作,将景区违规收集储存的人脸信息数据进行删除。为确保删除工作符合规范,切实维护公民信息安全,浙江省院组织技术力量会同办案人员赴现场开展技术勘验,湖州市院邀请人大代表、人民监督员进行现场见证。在相关人员的监督下,A 景区前期采集、储存游客人脸信息共计 120 万余条完全删除。同时,G 公司已建立起人脸信息采集和使用的制度规范。目前,景区门口和购票处已设置告知牌,告知游客"刷脸"入园的相关事项,征求游客意愿,游客可以自由选择人脸识别、购买纸质门票、网络购票等多种方式进入景区。对于采用人脸识别进入景区的游客,景区会根据游客入园的需要合理设置人脸数据删除的期限,并在游客游玩结束后自动删除人脸信息,确保游客人脸信息安全。

【典型意义】

人脸信息属于敏感个人信息,一旦被泄露或者非法使用,容易导致人格尊严受到侵害或者人身、财产安全受到危害。本案中,景区违法采集游客人脸信息,严重侵害了游客个人信息安全,检察机关充分发挥一体化办案优势,坚持依法办案与服务营商环境、个人信息保护与景区智能化建设有机结合,融合社会公众力量共同参与监督,督促行政机关加强监管,促使信息处理者依法整改,在提升景区管理智能化水平的同时,推动形成个人信息保护合力,实现办案效果最优化。

案例四

江西省宜春市人民检察院督促保护
医疗健康个人信息行政公益诉讼案

【关键词】

行政公益诉讼诉前程序　医疗健康个人信息　保险营销　行业治理

【要旨】

针对医疗机构非法向保险代理机构提供患者医疗健康信息进行保险营销的行为，检察机关可以通过诉前检察建议督促行政机关依法履职，消除个人信息泄露隐患，推动行业规范治理，切实保护公民个人信息安全。

【基本案情】

2021年以来，部分保险代理机构与江西省宜春市中心城区5家大型医院达成协议，由保险代理机构在合作医院推销相关保险产品。部分保险代理机构业务人员在推销保险产品过程中，为精准销售"手术意外险"等险种，通过合作医院违法获取大量患者的姓名、手术类型、联系电话等医疗健康信息，对相关患者进行保险推销，患者不堪其扰。该行为严重侵害患者的合法权益，损害了社会公共利益。

【调查和督促履职】

2022年2月，江西省宜春市人民检察院（以下简称宜春市院）收到群众举报，称其家属办完住院手续后，有保险代理机构业务人员向其推销"手术意外险"。宜春市院立案办理并进行全面摸排核实，一是查明医疗健康信息泄露源头。通过走访宜春市中心城区各大医院，了解医院与保险代理机构签订合作协议情况，并初步核实保险代理机构业务人员通过医院手术科室护士站查询病人纸质病历或登录病历管理系统违法获取大量患者医疗健康信息（包括病人姓名、身份证号、联系方式、手术类型等）的情况。二是通过大数据比对分析，发现保险代理机构业务人员手机通话记录与患者办理住院手续时间点相吻合，手机通话的先后顺序反映患者在办理住院手续后不久即会接到保险代理机构业务人员电话，进一步印证了患者个人信息泄露的事实。

宜春市院审查认为，根据《中华人民共和国个人信息保护法》《医疗机构病历管理规定》等法律法规，医疗健康等信息属于敏感个人信息，未经公民本人同意，或未具备具有法律授权等个人信息保护法规定的理由，医院向保险代理机构提供患者医疗健康信息，改变了公民公开个人信息的范围、目的和用途，不属于法律规定的合理处理；保险从业人员收集、使用获取的医疗健康信息从事保险营销违反国家规定，侵害了不特定多数患者个人信息权利。卫生健康部门对侵害医疗患者个人信息的行为负有监管职责。

2022年7月8日，宜春市院向宜春市卫生健康委员会（以下简称宜春市卫健委）制发行政公益诉讼诉前检察建议，要求其依法处理相关医院，采取有效整改措施,及时堵塞患者个人信息保护漏洞;加强日常监管,对本辖区范围内所有医疗机构开展全面清查;加强个人信息保护宣传教育,切实增强医护人员关于患者个人信息的保护意识。

宜春市卫健委收到检察建议后,组织召开加强患者诊疗信息安全管理工作部署会,督促5家涉案医院限期整改,制定出台《第三方保险业务关于患者医疗健康信息的保密规定》,明确规定保险代理机构业务人员接触患方时间、不得私自提前与患方联系等,并规范患者诊疗信息查询程序,堵塞信息泄露漏洞。同时,宜春市卫健委在全市439家医疗机构部署开展为期一个月的患者诊疗信息安全专项整顿活动,共发现并整改重大信息安全隐患37个,推动建立风险防范机制256项,组织12994名医务人员分期分批参加患者诊疗信息安全培训,进一步增强医疗健康信息保护意识,筑牢公民个人信息安全防护网。

【典型意义】

医疗健康信息属于可能影响公民人身、财产安全的敏感个人信息。本案中,医疗机构违反法律规定的合法、正当、必要和诚信的原则,未经患者同意向保险代理机构提供相关个人信息,严重侵害公民个人信息安全和合法权益,扰乱了社会公共秩序。检察机关运用大数据比对等方式全面调查取证,依法发出检察建议,督促行政机关查处医疗机构违法违规行为,并通过开展专项整顿、安全培训等方式,堵塞医疗健康信息安全漏洞,推动医疗机构、医疗从业人员增强风险防范意识,强化行业自律,健全医疗健康信息保护长效机制。

案例五

宁夏回族自治区青铜峡市人民检察院诉张某某等人侵犯公民个人信息刑事附带民事公益诉讼案

【关键词】

刑事附带民事公益诉讼　股民个人信息　电信网络诈骗　公益损害赔偿金　二审改判

【要旨】

针对非法利用信息网络侵害众多公民个人信息违法行为,检察机关可以提起刑事附带民事公益诉讼，依法追究行为人的刑事与民事双重责任，对侵犯公民个人信息违法犯罪行为起到有效震慑作用，有力维护法律权威尊严、社会公平正义和社会公共利益。

【基本案情】

张某某非法获取股民电话号码、相关证券公司信息及创建虚假股票投资微信群码，提供给吴某"吸粉引流"话务团伙用于电信网络诈骗。2020年11月至2021年5月，吴某组织"吸粉引流"话务团伙10余人先后在宁夏青铜峡、湖北武汉、湖北鄂州租住房屋，冒充相关证券公司客服拨打客户电话5万余次，为200多个涉电信网络诈骗群"吸粉引流"14130人。每拉1人进群视为做成一单，每单获利10元不等。吴某自组织"吸粉引流"话务以来，收到上线张某某扣除每单获利后转账资金703142.7元，其在扣除每单获利后按照下线做成单数将款层层转至下线人员。公安机关以张某某等人非法利用信息网络罪移送检察机关审查起诉。

【调查和诉讼】

2021年9月10日，宁夏回族自治区青铜峡市人民检察院（以下简称青铜峡市院）在办理张某某等人非法利用信息网络罪一案过程中，发现该案存在侵犯众多公民个人信息行为，可能损害社会公共利益。2021年10月8日，青铜峡市院依法以刑事附带民事公益诉讼立案。检察机关经审查认为：违法所得是行为人实施违法犯罪活动而获取的不法财物，依法应予追缴；公益损害赔偿是行为人因实施民事侵权行为对社会公共利益造成损害应承担的民事赔偿责任。追缴违法所得与公益损害赔偿的责任性质、侵害主体均不同，追缴违法所得和承担公益损害赔偿可以同时适用。2021年11月29日，青铜峡市院向青铜峡市人民法院提起刑事附带民事公益诉讼，请求依法判令各被告删除所有非法获取的公民个人信息，解散、删除创建的微信群，消除潜在的公民信息泄露风险，依据违法所得数额支付公益损害赔偿金，并在国家级媒体上向社会公众赔礼道歉。

开庭审理时，一审法院结合公安机关补充侦查结果，认定被告张某某等16人为实施电信诈骗等违法犯罪发布信息，违法所得数额为739581.08元，其行为构成非法利用信息网络罪，应依法判处有期徒刑，没收违法所得并处罚金。刑事没收违法所得与民事公益损害赔偿金属于双罚，同时适用加重了对被告的惩罚，仅支持在国家级媒体公开道歉、删除信息和解散微信群的诉讼请求。一审宣判后，被告人朱某、王某某对刑事判决不服提出上诉。青铜峡市院认为一审判决对公益损害赔偿金不予支持，混淆了刑事责任与民事责任的界线，属适用法律错误，经请示吴忠市人民检察院同意，于2022年2月21日依法提出上诉。

2022年6月7日，吴忠市中级人民法院经开庭审理后，对朱某、王某某当庭提出的撤诉请求，裁定准许撤诉，并作出二审判决，认为检察机关起诉要求民事赔偿，符合法律规定。原判追缴各被上诉人违法所得与附带民事公益诉讼起诉人要求承担民事赔偿责任并不矛盾，各被上诉人被追缴违法所得，再行承担民事赔偿责任，不属于重复赔偿，一审判决适用法律错误，应予纠正。同时认定张某某等16人犯非法利用信息网络罪事实清楚，证据确实、充分，定罪准确，量刑适当，维持原判。以犯非法利用信息网络罪判处张某某等16人七个月至一年六个月有期徒刑不等，没收违法所得，并处3千元至6千元罚金不等；依法支持检察机关公益诉讼损害赔偿金诉请，判决各被告按照没收的违法所得金额承担民事赔偿责任，共计赔偿损失739581.08元。目前，案件已进入执行程序。

【典型意义】

侵犯公民个人信息犯罪严重危害公民个人信息安全，易引发电信网络诈骗等衍生犯罪，社会危害性较大。本案中，检察机关充分发挥刑事、公益诉讼检察职能联动优势，依法对非法利用信息网络犯罪提起刑事附带民事公益诉讼，追究违法行为人的刑事与民事双重责任，追缴违法所得并承担民事公益损害赔偿金，对非法获取、使用公民个人信息的行为形成惩治震慑，实现了"三个效果"的有机统一。

案例六

上海市浦东新区人民检察院诉张某侵犯公民个人信息刑事附带民事公益诉讼案

【关键词】

刑事附带民事公益诉讼　客户订单个人信息　公益损害赔偿金　调解

【要旨】

检察机关在办理涉网络的侵犯公民个人信息刑事案件时，对侵害众多个人信息权益的，可依法提起刑事附带民事公益诉讼，诉请被告承担停止侵害、消除危险、赔偿损失等民事责任。相关公益损失难以直接计算的,按照侵权人通过网络交易获得的利益确定赔偿金额。

【基本案情】

2021年7月下旬,张某通过网络技术手段非法侵入某软件公司计算机信息系统,获取该公司系统内客户订单信息6万余条。客户订单信息中包含消费者姓名、手机、住址、交易记录等信息。之后,张某将上述个人信息出售给他人,并在暗网获利人民币38760元。因客户交易信息泄露,某软件公司被第三方交易平台索赔,部分客户接到诈骗电话,众多消费者面临诈骗风险,公共利益处于持续受损状态。

【调查和诉讼】

上海市浦东新区人民检察院(以下简称浦东区院)通过上海市检察机关"公益诉讼全息办案智能辅助系统"发现张某侵犯公民个人信息线索。2021年12月8日,浦东区院以张某侵犯公民个人信息刑事附带民事公益诉讼立案。检察机关统筹发挥刑事检察与公益诉讼检察职能作用,引导公安机关调取某软件公司被索赔、消费者接到诈骗电话及张某通过网络交易获利等证据,证明张某实施违法侵权行为、社会公共利益受损及二者存在因果关系。

2022年1月24日,浦东区院以张某犯侵犯公民个人信息罪向浦东新区人民法院提起刑事附带民事公益诉讼,诉请判令张某在国家级新闻媒体上对其侵犯公民个人信息的行为公开赔礼道歉,删除保存在阿里云等存储介质内的公民个人信息数据,并按其侵犯公民个人信息的获利赔偿人民币38760元。

2022年3月2日,浦东新区人民法院公开开庭审理本案。围绕公益损害与私益损害的区别及违法所得的庭审焦点,浦东区院认为,张某窃取及转卖行为导致众多消费者人身财产损失风险及个人信息保护秩序的破坏,无法通过张某与技术公司赔偿等私益赔偿得以实现。通过提起公益损害赔偿可以更好的修复受损公益,起到惩罚及预防违法行为的作用。根据《中华人民共和国民法典》第一千一百八十二条规定,赔偿数额按照被侵权人因此受到的损失或者侵权人因此获得的利益予以确定。据此检察机关认定张某应赔偿数额为通过网络获利的金额人民币38760元。在浦东新区人民法院主持下,张某认可检察机关附带民事公益诉讼提出的诉讼请求,双方达成调解。

2022年6月1日，浦东新区人民法院在互联网上公告调解协议，公告期满后未收到任何意见或建议。2022年7月1日，浦东新区人民法院作出调解书。张某已按照调解书内容履行全部诉讼请求。2022年8月12日，浦东新区人民法院判决被告人张某犯侵犯公民个人信息罪，判处有期徒刑三年、缓刑四年，并处罚金。

【典型意义】

通过非法入侵计算机系统的方式获取大量公民个人信息并通过网络出售牟利，是侵害众多公民个人信息权益的一种表现形式。本案中，检察机关在依法追究其刑事责任的同时，通过公益诉讼追究侵权人应承担的民事责任，体现保护公益、全面追责的独特价值。检察机关在提起附带民事公益诉讼时，可提出停止侵害、删除数据、赔偿损失等诉请。公益诉讼损害赔偿是建立在维护个人信息安全秩序基础上对受损公益提出的补偿。针对网络侵害的特点，相关公益损失难以直接计算的，可以按照侵权人通过网络交易获得的利益确定公益损害赔偿金额，对于办理同类案件具有一定的借鉴意义。

案例七

广东省深圳市宝安区人民检察院诉付某等人侵犯公民个人信息刑事附带民事公益诉讼案

【关键词】

刑事附带民事公益诉讼　快递面单个人信息　数据采集工具　企业数据合规

【要旨】

对于快递行业龙头企业内部员工利用工作便利泄露信息，因快递业数据采集工具"巴枪"管理不善导致大量公民个人信息受到侵害的情形，检察机关以刑事附带民事公益诉讼追究违法者民事责任，通过制发社会治理类检察建议督促企业依法规范寄递用户信息采集管理，全面维护用户个人信息安全。

【基本案情】

2020年10月以来，某快递公司营业点主管以及仓库管理员付某等8人，利用职务便利通过营业点主管账户查询指定手机号码对应的快递单号，再通过手机拍照将快递单号发至购买方,购买方通过"巴枪"(快递业数据采集工具)获取快递单号在某快递公司的所有信息,包括寄收方姓名、联系方式、收寄货地址、物品信息等,严重侵犯公民个人信息安全,损害了社会公共利益。

【调查和诉讼】

广东省深圳市宝安区人民检察院(以下简称宝安区院)通过该院综合指挥中心案件集中评估平台,在刑事案件中发现付某等8人侵犯公民个人信息民事公益诉讼案件线索。公益诉讼检察部门发挥一体化办案优势,全程参与刑事案件调查,厘清证据链条,全面掌握付某等8人违法事实和社会公共利益受损情况,并多次走访某快递公司了解其日常监管模式及操作流程。

2021年8月,宝安区院依法提起刑事附带民事公益诉讼,诉请判令付某等8人支付其侵犯公民个人信息赔偿金240183.08元。人民法院经审理于2022年5月作出判决,支持宝安区院全部诉讼请求,以侵犯公民个人信息罪判处付某等8人有期徒刑十个月至三年不等并处罚金;判决付某等8人支付公益诉讼赔偿金共计240183.08元。目前,付某等8人已全额支付公益诉讼赔偿金。

案件办理过程中,宝安区院发现快递行业普遍存在快递查单系统权限设置过大、查单系统账号和密码安保级别低、"巴枪"管理不到位等问题。某快递公司作为快递行业龙头企业,虽然已采取多种安全保障措施,但在硬件设置和管理流程风控上仍然存在改进空间。2022年10月9日,宝安区院向某快递公司发出检察建议,建议其针对涉案个人信息的管理漏洞整改治理,依法规范个人信息收集、管理措施。

某快递公司收到检察建议后积极开展整改,聘请专业机构针对个人信息泄露风险点进行全流程梳理。一是优化用户个人信息保密制度,落实保密内容、细化保密环节及明确保密责任。严格设置不同级别员工的查询、访问权限,实行"账号负责制";二是根据服务范围或服务对象分配内部人员的最小所需数据访问权限,快递员仅可查询其服务客户相关地址信息,通过一键拨号功能隐藏客户真实手机号;三是严控账号安全风险,采用CAS框架对应用进行统一的用户登陆管理;四是另行开发APP逐步取代"巴枪",同步加强对现有"巴枪"的管理,宝安区院及时跟进监督,邀请人大代表走访某快递公司营业点,现场抽查管理人员登陆系统、"巴枪"查询权限等整

附　录　259

改情况,经组织整改验收确认相关公益损害风险已消除。

【典型意义】

物流行业掌握大量公民个人生活信息,通过大数据分析后可精准画出用户购物习惯、消费水平、生活轨迹的图谱,极易滋生诈骗、不正当竞争等违法行为。本案中,检察机关通过刑事附带民事公益诉讼加大侵权成本、震慑违法犯罪,同时通过制发社会治理检察建议,着力实现"后端惩治"到"全流程风控"转化,引导快递行业龙头企业良性运行,建立快递企业个人信息安全保护通用标准,实现"由点到线,由线到面"的辐射效应。

案例八

辽宁省沈阳市大东区人民检察院督促规范
政务公开个人信息保护行政公益诉讼案

【关键词】

行政公益诉讼诉前程序　保障性住房个人信息　政务公开　去标识化处理

【要旨】

检察机关针对政府行政部门在政务公开过程中出现的未能对公民个人信息进行有效保护的问题,通过履行公益诉讼监督职责,实现对公民个人信息保护的同时,为行政部门的政务公开工作提供了法律支持并推动形成信息公开的标准化方案。

【基本案情】

"沈阳市住房保障网"公示了2013年至2022年期间多个公租房项目申请公租房保障人员的摇号结果、配租结果等信息,公开的各类名单包含有公民个人的姓名、身份证号、户籍所在地、申请住房门牌号、申请家庭人口情况、人均居住建筑面积、人均可支配月收入等信息,共计87000余条。上述公民个人敏感信息未进行任何去标识化、匿名化处理,存在严重安全隐患,社会公共利益持续受到侵害。

【调查和督促履职】

2022年5月12日,辽宁省沈阳市大东区人民检察院(以下简称大东区院)接到群众举报反映上述问题线索。经沈阳市人民检察院指定管辖,大东区院于同年5月18日立案调查。经查,沈阳市保障房行政主管部门在政务公开过程中,对足以确定公民身份的个人敏感信息未依法进行去标识化、匿名化处理,致使87000余条个人信息存在严重安全隐患。2022年5月31日,大东区院向沈阳市保障房行政主管部门发出行政公益诉讼诉前检察建议,建议其加强对已发布的政府公开信息审查力度,对本案涉及的个人信息及时进行去标识化处理,防止个人信息泄露。

该部门收到检察建议后高度重视,第一时间派员与大东区院座谈会商并达成整改共识。随后,该部门就双方共商的整改方案向上级部门及审计部门请示批准后,对"沈阳市住房保障网"相关信息进行梳理排查,组织对各工作网站开展全面排查,并对涉公民个人敏感信息采取点对点的去标识及隐匿化举措。对已超过公示期限的信息,立即从互联网上撤除。对后续要进行公示的信息,通过办公软件程序设计,将信息上传网络之前先按照既定整改方案进行处理:两字姓名中的第二个字用符号替代;三字姓名中间的字用符号替代;身份证号码第7-14位数字用符号替代;公租房申请人公示信息中,家庭住址公示至区县街道,不再具体到楼号门牌号;电脑派位结果公示中"电脑派位房间号"公示至街路名,具体小区及楼号门牌号用符号替代;低收入住房困难家庭公示信息中,不再公示申请人身份证号码、家庭所在社区、家庭成员关系、家庭人口数、困难具体情况等。

2022年8月,大东区院进行跟进监督,登录相关网站查询,发现网站公示的所有涉及公民个人的信息,均已对身份证号码和姓名实现了去标识化处理,对非必要公示项目不再进行公示,公示内容均按照整改后标准执行,公益损害风险已消除。

【典型意义】

公民个人信息保护问题在诸多政府部门的政务公开过程中普遍存在,基于保障房信息必须公开公示的要求,往往忽略了对个人敏感信息的保护。本案中,检察机关就政务公开活动和公民个人信息保护之间如何兼顾、平衡的问题进行了有益探索,并没有"就案办案",而是与行政机关共商解决方案,通过检察建议督促其主动作为,既保证行政机关全面展示其工作程序的公平公正公开,又兼顾其中的公民个人信息安全,体现了双赢多赢共赢的办案司法理念,取得了良好的法律效果和社会效果。